Leben im 21sten Jahrhundert
Die ZukunftsBibliothek

> Wir freuen uns über Ihr Interesse an diesem Buch. Gerne stellen wir Ihnen kostenlos zusätzliche Informationen zu diesem Programmsegment zur Verfügung. Bitte sprechen Sie uns an:
>
> **E-Mail: metropolitan@walhalla.de**
> **http://www.metropolitan.de**
>
> Metropolitan Verlag, Uhlandstraße 44, 40237 Düsseldorf,
> Telefon: 02 11 / 6 80 42 11, Telefax: 02 11 / 6 80 20 82

Lester C. Thurow

Die Reichtums-Pyramide

Metropolitan Verlag

Titel der Originalausgabe: Building Wealth.
New Rules for Individuals, Companies and Nations
in a Knowledge-Based Economy
Copyright © Lester C. Thurow, 1999. All Rights Reserved.
Published by HarperCollins, June 1999

Die Deutsche Bibliothek – CIP-Einheitsaufnahme

Thurow, Lester C.:
Die Reichtumspyramide / Lester C. Thurow. Aus dem
Amerikan. von Birgit Schöbitz – Düsseldorf ; Regensburg :
Metropolitan-Verl. 1999
(Leben im 21sten Jahrhundert – ZukunftsBibliothek)
Einheitssacht.: Building wealth <dt.>
ISBN 3-89623-176-6 (Metropolitan-Verl.)
ISBN 3-8029-0176-2 (Walhalla-Fachverl.)

Zitiervorschlag:
Lester C. Thurow, Die Reichtumspyramide,
Metropolitan Verlag, Düsseldorf, Regensburg 1999

Aus dem Amerikanischen übertragen von Birgit Schöbitz.

Copyright © der deutschen Ausgabe 1999 by
Metropolitan Verlag GmbH, Regensburg, Düsseldorf
Alle Rechte, insbesondere das Recht der Vervielfältigung
und Verbreitung sowie der Übersetzung vorbehalten. Kein
Teil des Werkes darf in irgendeiner Form (durch Fotokopie,
Datenübertragung oder ein anderes Verfahren) ohne
schriftliche Genehmigung des Verlages reproduziert oder
unter Verwendung elektronischer Systeme gespeichert,
verarbeitet, vervielfältigt oder verbreitet werden.
Umschlaggestaltung: Gruber + König, Augsburg
Druck und Bindung: Westermann Druck Zwickau GmbH
Printed in Germany
ISBN 3-89623-176-6 (Metropolitan Verlag)
ISBN 3-8029-0176-2 (Walhalla Fachverlag)

Schnellübersicht

Vorwort 7

1 Die wissensbasierte Wirtschaft .. 15

2 Die Entstehungsgeschichte
der Reichtumspyramide 63

3 Auf der Suche nach dem Schatz
der Reichtumspyramide 197

4 Die Baumeister 223

Werden wir Baumeister
unserer Zukunft? 275

Anmerkungen 281

Stichwortverzeichnis 289

Vorwort

Die Rückseite der amerikanischen Dollarnote zeigt eine Pyramide, auf deren unvollendeter Spitze ein von einem Strahlenkranz umrahmtes Auge thront. Präsident F. D. Roosevelt übernahm dieses Motiv von der wenig beachteten Rückseite des Großsiegels der Vereinigten Staaten und ließ es 1935, während der Großen Depression, auf die Geldscheine drucken. Die Pyramide sollte die künftige Kraft und Beständigkeit der amerikanischen Wirtschaft symbolisieren.

Die Pyramide blieb absichtlich unvollendet, um den Möglichkeiten für einen ständig wachsenden Wohlstand in den USA Ausdruck zu verleihen. Was das amerikanische Volk brauchte, war die Hoffnung darauf, daß sein zusammenbrechendes Wirtschaftssystem von einem neuen ersetzt würde, das ewig Bestand haben konnte, und daß Amerikas beste Tage noch vor, und nicht bereits hinter ihm lagen. Eine der lateinischen Inschriften (Annuit Coeptis) versichert den Amerikanern, daß Gott ihren Unternehmungen seinen Segen erteilt, die andere Inschrift (Novus Ordo Seclorum) prophezeit ihnen ein Zeitalter neuen Wohlstands. In den schwärzesten Tagen der amerikanischen Wirtschaft griffen die Amerikaner so auf die ältesten Symbole der Menschheit zurück, die beständigen Erfolg repräsentieren. Hinter dem strahlenden Auge, dem Symbol göttlicher Führung, ist die unvollendete Spitze der Pyramide zu erkennen, die erst noch errichtet werden muß.

Dies symbolisierte den Amerikanern, welche Aufgaben bewältigt werden mußten, um erfolgreich zu sein: Sie mußten den Entschluß fassen, die Baumeister ihres Erfolges zu werden.[1]

Heute ist Asien mit einer Situation konfrontiert, die durchaus mit der Amerikas in den dreißiger Jahren verglichen werden kann. Ein außergewöhnlicher Aufschwung endete in einer ernsthaften Krise. Der Wohlstand des Einzelnen, der Unternehmen und der Gesellschaft verfällt zusehends. Der indonesische Aktienmarkt beispiels-

Vorwort

weise ist um mehr als 80 Prozent gefallen.[2] Was bis vor kurzem noch als unaufhaltbarer Wirtschaftsmoloch angesehen wurde, der das 21. Jahrhundert beherrschen würde, hinterläßt nun den Eindruck, als könne er sich nie wieder völlig erholen. Das ökonomische Wachstum, das so unerschütterlich erschien, fällt nun in sich zusammen wie ein Kartenhaus.

Das asiatische Modell eines exportorientierten Wirtschaftswachstums, das fast alle Drittweltnationen hoffen ließ, auch sie könnten die ökonomische Kluft zu den Industrienationen schnell überbrücken, liegt in Trümmern. Die Erfolgreichen sind gescheitert. Die asiatische Finanzkrise gefährdet in vielen Ländern der Dritten Welt, wie zum Beispiel Brasilien, die Grundlagen ihres vorherigen Erfolgs. Der Kapital- und Technologiefluß aus der ersten Welt in diese Länder verebbt. Wirtschaftsanalytiker prognostizieren einen beständigen Rückgang des Wirtschaftswachstums. Die Frage lautet nun: Welcher neue Weg zum Wohlstand kann beschritten werden?

Auf dem europäischen Festland gelangt man zunehmend zu der Einsicht, daß das gepriesene Modell der sozialen Marktwirtschaft mit hohen Sozialleistungen und beträchtlichen staatlichen Interventionen zur Verteilung des Wohlstands auf breiter Ebene nicht funktioniert. Während sich immer wieder kurzfristige und konjunkturell bedingte Höhen und Tiefen auf dem europäischen Markt einstellen, ist doch nicht zu übersehen, daß sich an den erschreckend hohen Arbeitslosenzahlen auf Dauer nichts verändert. Zweistellige Arbeitslosenquoten, wie es sie zuletzt in den dreißiger Jahren gab, werden inzwischen als Normalität angesehen. Die Regierungen eines ganzen Kontinents, die dachten, sie könnten jedem Bürger seinen Arbeitsplatz garantieren, stellen fest, daß sie dazu nicht in der Lage sind. Politiker versprechen zwar vage »Gegenmaßnahmen«, doch jeder weiß, daß nichts geschehen wird.

In den neuen Industriezweigen des 21. Jahrhunderts, den wissensbasierten Technologien, nimmt kein einziges europäisches Land eine Spitzenposition ein. Nirgends ist eine industrielle Führungs-

Vorwort

macht erkennbar. Der letzte europäische Computerhersteller wurde 1998 an Taiwan verkauft. Man spricht in Europa zwar davon, die technologische Kluft zu den Vereinigten Staaten bald überbrücken zu können, doch wird diese Tag für Tag breiter. Der Kontinent, der einst die Wiege von Kultur und Bildung war, importiert heute Bildung aus Amerika. Auf nahezu allem Neuen in Europa könnte »Intel Inside« oder eine Entsprechung dieses Werbeslogans stehen. In Europa etabliert sich der Kapitalismus nach amerikanischer Art, den es einst zu vermeiden galt, mit all seinen Umstrukturierungen, Personalkürzungen und seiner Verlagerung auf die Offshore-Produktion.

In Europa, Asien und vielen Ländern der Dritten Welt blickt man zutiefst besorgt in die wirtschaftliche Zukunft. Alle sehen sich nach der dauerhaften Stärke, welche die Pyramide auf den amerikanischen Geldscheinen symbolisiert.

Die einzige Nation, die sich von der um sich greifenden Zukunftsangst nicht anstecken läßt, scheint Amerika zu sein. Die USA sind wieder da! Amerika steht in den neunziger Jahren an der Spitze der industriellen Welt. Die ökonomische Kluft zwischen Amerika und dem Rest der Welt wird wieder einmal größer. Die Steigerung des amerikanischen Bruttoinlandsprodukts (BIP) um 1,9 Billionen Dollar im letzten Jahrzehnt des ausgehenden Jahrhunderts ist höher als in allen anderen Ländern – mit einer Ausnahme: Japan.[3] Die USA erzielten 1998 eine konstante Wachstumsrate von 4 Prozent und sind damit weit davon entfernt, sich von der Krise in Asien mitreißen zu lassen. Die Arbeitslosigkeit in Amerika ist auf dem niedrigsten Stand seiner Geschichte, und Inflation ist so gut wie nicht vorhanden.

Auch der reichste Mann der Welt ist ein Amerikaner. Und selbst die wohlhabenden Ölscheichs werden im Vergleich mit den Hunderten amerikanischer Milliardäre in den Schatten gestellt. Amerikanische Unternehmen sind wieder zurück an der Spitze! Im Jahre 1990 zählten lediglich zwei amerikanische Firmen zu den zehn

Vorwort

größten Unternehmen der Welt, doch bereits 1998, nur acht Jahre später, sind neun dieser zehn Firmen amerikanisch.[4] Ebenso war zu Beginn des Jahrzehnts unter den fünfzehn größten Banken der Welt keine amerikanische vertreten, doch Ende 1998 waren neun dieser fünfzehn Banken amerikanische Unternehmen. Und auf dem Spielfeld der wissensbasierten Wirtschaft ist Amerika unschlagbar – denn schließlich wurde dieses Spiel auch in den USA ins Leben gerufen.

Das Zugpferd Amerika zieht wieder einmal den Rest der Welt. 1999 wäre das Jahr der globalen Rezession, gäbe es nicht die Exportmöglichkeiten in den wachsenden amerikanischen Markt. Die Wirtschaftskraft Amerikas hat sich erholt und steht im Einklang mit seiner militärischen Vormachtstellung.

Doch auch in Amerika lauern unterschwellig Zukunftsängste. Trotz der expandierenden Wirtschaft scheint es für viele rasant abwärts zu gehen. Die meisten Amerikaner sind davon überzeugt, daß ihre Kinder einmal einen schlechteren Lebensstandard haben werden als sie selbst. Keine überraschende Einschätzung der Lage, wenn man bedenkt, daß bei zwei Dritteln der Erwerbstätigen das Realeinkommen unter dem des Jahres 1973 liegt. Was die Amerikaner für ihre Kinder befürchten, trifft bereits auf sie selbst zu.

Die Mittelklasse schwindet. Zwar gelingt manchen der Aufstieg, doch die Mehrheit sieht sich mit einem wirtschaftlichen Abschwung konfrontiert. Dies ist zwar nicht weiter verwunderlich, betrachtet man die Entwicklung der Gehälter für Tätigkeiten durchschnittlicher Qualifikation, aber dennoch ein Grund zur Beunruhigung. Obwohl die Finanzblätter täglich über den Boom des Aktienmarktes berichten, sinkt das durchschnittliche Einkommen der Mittelschicht, und die Vermögenswerte liegen unter $10000.

Inmitten eines Wirtschaftsbooms werden jedes Jahr fünf- bis siebenhunderttausend Arbeiter und Angestellte erfolgreicher Unternehmen aufgrund von Rationalisierungsmaßnahmen entlassen.

Vorwort

1998 traf beispielsweise 680 000 Menschen dieses Los.[5] Die über 55jährigen finden keinen neuen Arbeitsplatz zu auch nur annähernd denselben Bedingungen, die unter 55jährigen müssen sich bei der Suche nach einer neuen Stelle mit erheblichen Lohn- und Gehaltskürzungen abfinden. Die Planung einer langfristigen beruflichen Laufbahn hat sich zu einem Mysterium entwickelt – auch für College-Abgänger.

Wie gelingt es, auf der Seite der Gewinner zu bleiben? Wo gibt es noch finanzielle Sicherheit? Es macht zwar Spaß, Hochseilakrobaten zuzuschauen – doch wer will schon gerne mit ihnen tauschen? Wie bereits zu Zeiten der Großen Depression möchte auch heutzutage jeder an der Spitze einer standfesten Reichtumspyramide stehen, die für die Ewigkeit gebaut wurde.

Das Auge mit dem Strahlenkranz an der Spitze der Pyramide zieht die Blicke auf sich, den Sockel der Pyramide hingegen nimmt kaum ein Betrachter wahr. Genauso stellt der Glanz des enormen Reichtums an der Spitze der Reichtumspyramide – die neuen Milliardäre – das Fundament dieser Pyramide in den Schatten, obwohl darauf der gesamte Wohlstand aufbaut. Auch wenn der Reiz darin liegt, an der Spitze zu sein, darf nicht vergessen werden, daß jede Pyramide vom Fundament nach oben, und nicht umgekehrt, errichtet werden muß.

Im ausgehenden 20. und zu Beginn des 21. Jahrhunderts lassen sechs neue Technologien – die Mikroelektronik, Computer- und Telekommunikationstechnik, neuartige Werkstoffe, Roboter- und Biotechnik – eine neue und ganz andere Wirtschaftswelt entstehen.

Die Entwicklungen in der Grundlagenforschung, die diesen Technologien zugrunde liegen, führten zu bahnbrechenden Errungenschaften, die wiederum völlig neuartige Industriezweige entstehen ließen: Computer-, Halbleiter- und Laserindustrie. Selbst die alten Industriezweige können dank der neuen Technologien moderni-

Vorwort

siert und umgestaltet werden. On-line-Shopping verdrängt konventionelle Einkaufszentren, fast jeder trägt ständig ein Handy bei sich. Völlig neue Möglichkeiten eröffnen sich: Genmanipulierte Pflanzen und Tiere werden geschaffen. Zum ersten Mal in der Menschheitsgeschichte rückt eine globale Ökonomie in greifbare Nähe. Man könnte dies als eine vom Menschen erschaffene Wissens-Industrie beschreiben.

Die alten Grundlagen des Erfolgs gehören der Vergangenheit an. Seit Menschengedenken waren natürliche Ressourcen – Land, Öl, Gold – die Schlüssel zum Erfolg. Heute lautet das Zauberwort: »Wissen«. Der reichste Mann der Welt, Bill Gates, besitzt kein greifbares Vermögen – kein Land, keine Gold- oder Ölvorkommen, keine Fabriken oder produzierende Industrie, keine militärische Macht. Zum ersten Mal in der Geschichte der Menschheit besitzt der reichste Mensch der Welt nichts als Wissen. Wissen ist die neue Voraussetzung für Reichtum. Noch niemals zuvor hat es so etwas gegeben. Sogar die sprachlichen Gepflogenheiten der Wohlstandsgeneration ändern sich. Man kann durchaus davon reden, Sachkapital oder natürliche Ressourcen zu besitzen. Eigentums- und Besitzverhältnisse sind klar definiert. Doch keiner kann in gleicher Weise davon sprechen, Wissen zu besitzen. Wissen ist nicht materiell und daher schwer greifbar. Menschen, die über ein bestimmtes Wissen verfügen, können nicht versklavt werden. Die Frage, wie jemand ganz konkret Wissen kontrolliert (besitzt?), ist für eine wissensbasierte Wirtschaft von zentraler Bedeutung.

Die gegenwärtige Umgestaltung wird oft irreführenderweise als »Informationsrevolution« oder »Informationsgesellschaft« bezeichnet. Doch es ist weit mehr als das. Schnellere oder kostengünstigere Informationen stellen keinen besonderen Wert an sich dar. Information ist nur ein Mittel von vielen, mit denen eine andersartige Wirtschaft geschaffen wird, in der es ganz andere Produkte und Dienstleistungen gibt. Eine größere Fülle an Informationen spielt beim Aufbau dieser wissensbasierten Wirtschaft keine

Vorwort

wichtigere Rolle als die neuen Werkstoffe, die genmanipulierten Geschöpfe oder die neuen Roboter.

Wie muß eine Gesellschaft umstrukturiert werden, damit Wissen Wohlstand schaffen kann? Was veranlaßt Unternehmer dazu, die notwendigen Änderungen vorzunehmen und Reichtum zu schaffen, der auch wachsen kann? Wie entsteht wissensbasierter Wohlstand? Welche Fähigkeiten sind dafür nötig? Wie lassen sich natürliche Ressourcen mit dieser neuen Wissensökonomie vereinbaren? Welche Rolle spielen Maschinen und Werkzeuge im wissensbasierten Kapitalismus? Wie kann aus den Grundbausteinen der neuen wissensbasierten Ökonomie marktfähiges Privateigentum geschaffen werden? Ganz grundsätzlich: Wie kann mit »Wissen« eine neue Reichtumspyramide erbaut werden, an der jeder einzelne, jedes Unternehmen und jede Gesellschaft teilhat? Diese Fragen gilt es zu beantworten, will man in einer wissensbasierten Wirtschaft erfolgreich sein und bleiben.

Das Geheimnis einer jeden Pyramide kann niemals ergründet werden, indem man die Spitze erklimmt. Das wäre ja auch zu einfach. Es zählt alleine, die Eingänge zu den Wegen ins Innere der Pyramide zu finden, die zu den verborgenen Schätzen führen. Wie nutzt man die Vorteile neuer Technologien, um die Produktion herkömmlicher Waren zu revolutionieren und bahnbrechende neue Produkte zu schaffen? Mit welchen neuen Bautechniken können immer größere Steine an ihren Platz geschafft werden (immer höhere Produktivität erzielt werden)? Wie ist es möglich, mit Hilfe dieser neuen Technologien noch größere Reichtumspyramiden zu errichten?

Der erste Schritt für den Bau einer beständigen Reichtumspyramide besteht darin, die neuen, gerade erst entdeckten ökonomischen Gebiete zu erforschen. Irgendwo auf diesem neu entdeckten Kontinent gibt es eine Reichtumspyramide, die es zu finden gilt. Sobald wir sie ausfindig gemacht haben, müssen wir ihre Entstehungsweise sorgfältig studieren. Wie wurde sie konstruiert? Wo liegen die Eingänge ins Innere der Pyramide verborgen? Ohne diese Informa-

Vorwort

tionen werden die Schatzsucher die enormen Reichtümer, die sich im Innern verbergen, niemals entdecken können.

Und erst nachdem wir uns als Forscher, Archäologen und Schatzsucher betätigt haben, können wir uns unserer eigentlichen Aufgabe zuwenden – wir müssen lernen, wie wir uns, unseren Unternehmen und Gesellschaften eine neue große Reichtumspyramide erbauen können.

Die wissensbasierte Wirtschaft   1

Die ökonomische Landschaft 17

Das strahlende Auge an der Spitze
der Reichtumspyramide 28

Bereit zur Selbstzerstörung 38

Die ökonomische Landschaft

Vor rund zweihundert Jahren, also im ausgehenden 18. und am Anfang des 19. Jahrhunderts, brachte die Industrielle Revolution das Ende des 8000 Jahre lang gewachsenen, durch die Agrikultur bedingten Wohlstandes mit sich. Während im 18. Jahrhundert die landwirtschaftliche Arbeit noch für 98 Prozent der Bevölkerung die einzige Einkommensquelle darstellte, leben gegen Ende des 20. Jahrhunderts nur noch 2 Prozent der amerikanischen Bevölkerung ausschließlich von ihr. Die Erfindung der Dampfmaschine, einer Energiequelle, deren Leistung weder von Arbeitstieren noch vom Menschen hätte erbracht werden können, eröffnete Möglichkeiten, die vorher undenkbar waren.

Weitere hundert Jahre später, im ausgehenden 19. und zu Beginn des 20. Jahrhunderts, leiteten die Elektrifizierung und der Aufbau einer systematischen industriellen Forschung und Entwicklung die von Wirtschaftshistorikern als zweite Industrielle Revolution bezeichnete Umwälzung ein. Die Nacht wurde buchstäblich zum Tag. Neue Industriezweige taten sich auf – das Telefon, Kino, Aluminium – und alte Industriezweige wurden umgestaltet (die alte Dampfeisenbahn verschwand unter die Erde und wurde zur U-Bahn). Man überließ technologische Grenzen nicht dem Zufall, und so wurden sie schneller überwunden als je zuvor. Regional begrenzte Wirtschaftssysteme starben aus und neue nationale bildeten sich.

Amerika und der Rest der Welt verbrachten die erste Hälfte des 20. Jahrhunderts damit, den Umgang mit diesen nationalen Wirt-

Die wissensbasierte Wirtschaft

schaftssystemen zu lernen. Es bedurfte einer Anti-Trust-Gesetzgebung zur Regelung der monopolistischen Tendenzen dieser neuen nationalen Unternehmen. Die Firmen hatten nur allzu schnell gelernt, daß sie durch ihren Zusammenschluß eine Monopolstellung schaffen konnten, und daß sich in diesem Rahmen durch Produktionsbeschränkung wesentlich mehr Profit erwirtschaften ließ als durch Produktionssteigerung.

Erst die bitteren Erfahrungen der großen Depression lehrten die Amerikaner, daß unkontrollierte Finanzmärkte zusammenbrechen und damit ganze Wirtschaftszweige in den Abgrund stürzen können. Als Reaktion darauf wurden staatliche Regelungen erlassen, um die Schwächen in der Finanzstruktur (Insiderhandel, »gezinkte« Buchführung) auszumerzen. Die Börsenaufsichtsbehörde (SEC) wurde ins Leben gerufen. Die große Depression hatte gezeigt, daß es Banken nicht erlaubt sein durfte, ihre Einleger nicht fristgerecht auszuzahlen, wenn der Wohlstand gesichert werden sollte. Aus diesem Grund wurde eine Depotversicherung geschaffen.

Der Zweite Weltkrieg lehrte Amerika dann, daß ein großartiger technologischer Vorsprung (Radar, Atombombe) geschaffen werden konnte, wenn Regierungen die Grundlagenforschung in den jeweiligen Wissenschaften finanzierten. Die industrielle F & E (Forschung und Entwicklung) konnte dadurch wesentlich produktiver gestaltet werden. Neue Produkte rollten schneller vom Fließband, als es die Amerikaner je zu träumen wagten.

Die Amerikaner nahmen an, daß sich nach Ende des Zweiten Weltkriegs der Kapitalismus in Europa und Japan von selbst durchsetzen würde; dies war jedoch nicht der Fall. Drei Jahre nach Kriegsende, 1948, mußte Amerika feststellen, daß sich weder Europa noch Japan von den Kriegsfolgen erholt hatten. Es bestand die reale Gefahr, daß Europa und Japan sich vom Kapitalismus ab- und dem Kommunismus zuwenden könnten. Massive Hilfe, etwa in Form des Marshall-Plans, war erforderlich, um dem Kapitalismus wieder Aufschwung zu geben.

Die ökonomische Landschaft

Zur Sicherung seines eigenen Wohlstands blieb Amerika keine andere Wahl, als sich um die wirtschaftliche Gesundung der restlichen Welt zu kümmern.

Heute stehen wir der dritten Industriellen Revolution gegenüber. Mikroelektronik, Computer- und Telekommunikationstechnik, Designerwerkstoffe, Roboter- und Biotechnik gestalten das Leben in all seinen Aspekten um – was wir tun und wie wir es tun. Die Biotechnik verändert das Leben an sich. Erbkrankheiten müssen nicht länger als gegeben hingenommen werden. Neue Pflanzen und Tiere mit anderen Eigenschaften werden gezüchtet.

Was war zuerst da? Das Internet, das einen schnelleren und kostengünstigeren Informationsfluß ermöglicht, oder die neuen Werkstoffe, Glasfaserkabel und Lichtwellenleiter, durch die das Internet erst geschaffen werden konnte? Die eigentliche Änderung betrifft nicht die Informationen, die uns über Produkte, die wir vielleicht kaufen wollen, zur Verfügung stehen, sondern die Art und Weise, wie wir Waren für den alltäglichen Bedarf kaufen – und was wir kaufen. Der typische Einzelhandelsladen verliert an Bedeutung, während elektronisches Shopping sich immer mehr durchsetzt.

Mit Hilfe der Mikroelektronik können Laser zum Betrieb der Hauptleitungen der Telekommunikationsindustrie eingesetzt werden. Mit den gleichen Lasern können Augenoperationen durchgeführt werden, die aus der Brille ein Relikt vergangener Tage machen. In der Medizin stellt die Mikrochirurgie eine beispiellose Revolution dar. Größere Roboter revolutionieren die Herstellung nahezu aller anderen Produkte. Winzige Computer auf einem Chip ändern die Funktionsweisen von Motor und Federung unseres Autos. Der Laser im CD-Wechsler unseres Wagens verändert Art und Qualität der Musik, die wir beim Autofahren hören, entscheidend.

In dieser dritten Industriellen Revolution ändern sich die Technologien so rapide, daß keiner mehr weiß, wo sich in Zukunft Gewinn

Die wissensbasierte Wirtschaft

machen läßt. Der Vorstandsvorsitzende (CEO) des »alten« Unternehmens AT&T beschloß, seine Forschungsabteilung (Bell Labs) und seine Hardwarefertigung (Western Electric) in einem neuen Unternehmen (Lucent) zusammenzufassen. Als damaliger CEO hätte er die Möglichkeit gehabt, entweder den Vorstand des neuen AT&T oder des neuen Lucent-Unternehmens zu übernehmen. Er traf die falsche Entscheidung, als er sich für AT&T entschied, denn die neue Firma Lucent erzielte rasch höhere Gewinne und erreichte eine um ein Drittel höhere Marktkapitalisierung als das neue AT&T. Der Vorstand des alten AT&T war also nicht einmal in der Lage, seine eigene Karriere zu planen, und das, obwohl er ein sehr cleverer Geschäftsmann ist. Fast überall in unserer Wirtschaft herrscht das gleiche Maß an Verwirrung und Chaos hinsichtlich der Frage, wo sich Gewinn erwirtschaften läßt. Noch immer werden riesige Profite erzielt, doch wo dies erfolgen kann, ändert sich immer schneller.

Nachtrag: Unter einem neuen Vorstand steigt Anfang 1999 der Aktienwert des neuen AT&T Unternehmens plötzlich an und zieht mit dem Aktienwert von Lucent gleich, und zwar, nachdem vorher 1) ein größerer Geschäftsbereich verkauft wurde, 2) ein Kauf zum mehr als dreifach so hohen Preis wie der vorherige Verkauf stattgefunden hatte, 3) der Personalbestand um 14 Prozent verringert wurde, 4) neue Preise für Mobilfunknetze eingeführt wurden, 5) der freiwillige Vorruhestand neu geregelt wurde (15 300 Manager gingen), 6) ein weiterer Kauf zum mehr als dreimal so hohen Preis wie der erste stattgefunden hatte, 7) mit der British Telecom im Bereich Internationale Geschäfte fusioniert wurde, 8) ein Freibetrag für Ferngespräche eingeführt wurde und 9) das globale Kommunikationssystem von IBM gekauft und ein gleichzeitiges Out-Sourcing des AT&T Computersystem an IBM vorgenommen wurde.[6] Doch wer weiß schon angesichts der derzeitigen Unbeständigkeit des Aktienmarktes, wie es weitergeht? Vielleicht kommt wieder ein Einbruch. In einem

Die ökonomische Landschaft

wissensbasierten Wirtschaftssystem sind stabile Werte (Profite) schwer zu finden.

Wie Archimedes mit seinem neuen Wissen über die Hebelgesetze könnte der moderne Vorstand ausrufen: »Gebt mir einen Drehpunkt, und ich bewege die Welt.« Doch ebensowenig, wie es einen stabilen mechanischen Drehpunkt für Archimedes gab, gibt es verläßliche wirtschaftliche Dreh- und Angelpunkte für den modernen Vorstand. Jeder muß sich irgendwie zurechtfinden, ohne auf einen stabilen Fixpunkt zurückgreifen zu können, von dem aus man seine Pläne verfolgen kann.

In der ersten und zweiten Industriellen Revolution kehrten die Arbeiter der Landwirtschaft (Niedriglohnsektor) den Rücken und arbeiteten in der Produktion und Bergbauindustrie (Hochlohnsektoren). In der dritten Industriellen Revolution tauschen viele Arbeiter ihren Arbeitsplatz in der Produktion und Bergbauindustrie (Hochlohnsektoren) gegen eine Stelle im Dienstleistungsbereich (im allgemeinen ein Niedriglohnsektor, obwohl zum Teil auch hohe Gehälter gezahlt werden). All jenen Revolutionen, die höhere Einkommen und eine gerechtere Lohnverteilung erzielten, folgt nun eine Revolution, die niedrigere Löhne und eine ungleichmäßige Lohnverteilung mit sich bringt. Ebenso wie Vorstandsvorsitzende brauchen auch die modernen Arbeiter diesen – fehlenden – Fixpunkt, um den sie ihren ökonomischen Wohlstand planen können. Doch wo ist er zu finden?

Ebenso wie uns die zweite Industrielle Revolution von den regional begrenzten zu den nationalen Wirtschaftssystemen geführt hat, führt uns die dritte Industrielle Revolution von den nationalen Systemen zu einem globalen Wirtschaftssystem. Zum ersten Mal in der Geschichte der Menschheit können Unternehmer ihre Produktionsmittel genau von dort beziehen, wo sie weltweit am billigsten sind, und ihre Produkte genau dort verkaufen, wo sie weltweit den höchsten Gewinn erzielen. Das amerikanischste aller amerikani-

Die wissensbasierte Wirtschaft

schen Unternehmen, Coca-Cola, tätigt 80 Prozent seiner Verkäufe außerhalb der Vereinigten Staaten. Das amerikanischste aller amerikanischen Produkte, das Auto, wird mit Hilfe von Zulieferern aus aller Herren Länder gebaut.

Die Erfahrung des Wandels von regionaler zur nationaler Ökonomie lehrt uns, daß es selbst unter optimalen Bedingungen ein langer Weg in eine globale Ökonomie ist, der voller Überraschungen und möglichen Fehlentscheidungen steckt. Denn der Übergang von nationaler zur globaler Ökonomie wird sich als wesentlich turbulenter als der von regionaler zu nationaler Ökonomie erweisen. Zur Zeit der weltweiten Umstellung von den regionalen zu den nationalen Wirtschaftssystemen gab es bereits Staatsregierungen, die bereit waren, diesen Prozeß zu unterstützen. Im Gegensatz dazu gibt es keine globale Regierung, die vorgeben könnte, wie die neue globale Ökonomie organisiert werden muß.

Die bereits vorhandenen internationalen Institutionen – der Internationale Währungsfond (IWF), die Weltbank, die Vereinten Nationen (UN), die Welthandelsorganisation (WTO) – sind nicht darauf ausgelegt, sich mit einer globalen Ökonomie zu befassen. Der IWF wurde ins Leben gerufen, um Zahlungsprobleme reicher Industrienationen zu überbrücken, die Weltbank, um Projekte zur Förderung der Infrastruktur in Entwicklungsländern zu finanzieren, die UN, um den Weltfrieden zu sichern, und die WTO, um den freien Handel zwischen den Nationen zu ermöglichen. Keine dieser Organisationen ist den jeweiligen Regierungen gegenüber weisungsbefugt, ganz im Gegenteil, sie müssen sich strikt an die Weisungen halten, die ihnen die Regierungen geben.

Eigentlich ist das einzige, was derzeit existiert, eine beeindruckende Fassade ohne solides Mauerwerk dahinter. Die Amerikaner klagen vor der WTO, um die Europäer zu zwingen, ihre Märkte für Bananen aus Zentralamerika zu öffnen, statt sie aus den ehemals

Die ökonomische Landschaft

französischen und britischen Kolonien in Afrika und der Karibik einzuführen. Die WTO gibt den Amerikanern recht, legt sich aber satzungsgemäß nicht fest, welche Rechtsmittel Amerika nun zur Durchsetzung der Forderung einlegen kann. Die Europäer wiederum ignorieren diese Entscheidung, woraufhin die Amerikaner drohen, als Ausgleich hohe Einfuhrzölle für europäische Produkte zu verhängen. Nun drohen wieder die Europäer, Maßnahmen gegen die amerikanischen Gegenmaßnahmen zu ergreifen. Allzu schnell finden sich die Staatsregierungen wieder am Verhandlungstisch zusammen, wobei sich eine internationale Institution ohne großen Einfluß im Hintergrund halten muß.

Die logische Antwort auf dieses Organisationsproblem wären globale Institutionen mit direkter Weisungsbefugnis, die weder auf die Zustimmung von Regierungen angewiesen sind, noch bei ihrem Handeln auf Staatsorgane zurückgreifen müssen. Doch das wird niemals geschehen. Kein anderes Wort ist so unbeliebt im amerikanischen Kongreß wie »super-national«. Der Kongreß stimmt sogar dagegen, daß Amerika Rechnungen an internationale Organisationen wie den IWF oder die UN bezahlt, die durch das amerikanische Vetorecht nichts unternehmen können, was den Amerikanern nicht paßt.

Ein echtes Management der globalen Ökonomie würde bedeuten, daß der globale Manager die amerikanische Regierung und die Amerikaner zumindest gelegentlich dazu zwingen müßte, Dinge zu tun, die den amerikanischen Interessen zuwiderlaufen. Und ein globaler Wirtschaftsmanager erteilte seine Anweisungen nicht ausschließlich an Länder wie Mexiko oder Malaysia.

Kurz gesagt, in absehbarer Zukunft wird es keine globale Regierung geben – ob wir sie nun brauchen oder nicht. Als Konsequenz wird es dafür aber eine globale Ökonomie geben. Das bedeutet, daß uns eine globale Ökonomie erwartet ohne vollstreckbare, gemeinsam beschlossene Verordnungen und Vorschriften, ohne

Die wissensbasierte Wirtschaft

»Sheriff«, der über die Einhaltung von Recht und Ordnung wacht, ohne Richter und Geschworene, an die man sich im Falle von Ungerechtigkeiten wenden könnte.

In Europa bezeichnet man die aktuellen Geschehnisse oft als »Cowboy-Kapitalismus«. Die globale Ökonomie ähnelt dem Wilden Westen, wo wirtschaftliche Streitigkeiten (Viehdiebstahl) durch wilde Schießereien beigelegt wurden. Wie dort verdrängen die Starken die Schwachen aus den ertragreichen Wirtschaftsgebieten und Goldvorkommen und zwingen sie, sich in Indianer-Reservaten in der Wüste und im Ödland anzusiedeln. Zwar sind wir alle Weltbürger, doch nicht jeder wird in dem globalen Spiel der kommenden Epoche mitspielen dürfen.

Wohlstand muß sich in einem globalen Wirtschaftssystem entwickeln, das nicht reibungslos funktionieren wird und aus dem sich von Zeit zu Zeit die heftigsten Finanzgewitter entladen werden. Genau so ein Unwetter traf 1997 Asien. Was in Ländern begann, die weniger als ein Prozent des weltweiten Bruttoinlandsprodukts (BIP) erwirtschafteten, betraf Mitte 1999 nahezu jeden. Großbanken (Bankers Trust, Bank of America) erlitten Verluste in Milliardenhöhe, als Rußland vom asiatischen Wirbelsturm erfaßt wurde. Vermutlich schnitten konservativere Schweizer Banken noch schlechter ab. Brasilien war auf weltweite finanzielle Unterstützung angewiesen (mehr als $ 45 Mrd.) und wurde trotz dieser massiven Finanzspritze stark in Mitleidenschaft gezogen. In Amerika drohte Long Term Capital Management mit Auflösung und damit, den größten Kapitalmarkt der Welt mit in den Untergang zu reißen. Die amerikanische Regierung mußte eine Rettungsaktion starten. Sie senkte die Leitzinsraten seit Herbst 1998 bereits dreimal, einmal davon als absolute Notfallmaßnahme. Die Lage beruhigte sich wieder, und der Aktienmarkt konnte sich erholen. Doch wie lange wohl?

Im Jahre 1999 beobachtet die Welt zutiefst besorgt, was die japanische Regierung plant. Die meisten Großunternehmen (NEC, NTT,

Die ökonomische Landschaft

Hatachi, Fijitsu, Nissan, Toshiba) schreiben rote Zahlen. Aussitzmethoden, wie man sie von Politikern kennt, haben in der Wirtschaft bereits etwas ausgelöst, was durchaus einmal als die »Große Stagnation« bezeichnet werden könnte – acht Jahre Minimalwachstum, Negativwachstum im Jahre 1998 und voraussichtlich auch 1999. Wird Japan reagieren? Oder bleibt es weiter in einer sich ausbreitenden Rezession stecken, die letztlich auch den Rest der Welt mit in die Tiefe reißt?

Als im 20. Jahrhundert nationale Ökonomien regionale ablösten, bedeutete dies einen Macht- bzw. Einflußgewinn für die Staatsregierungen, da zur Regulierung des neuen nationalen Wirtschaftssystems besondere Maßnahmen erforderlich waren. Eine Globalisierung der Wirtschaft dreht diese Entwicklung wieder um, das heißt, Staatsregierungen verlieren an Macht und Einfluß zur Regulierung ihrer Wirtschaftssysteme. Die globalen Finanzmärkte verdeutlichen dies sehr eindringlich, doch auch in anderen Bereichen schreitet diese Entwicklung fort.

Niemand findet beispielsweise eine Möglichkeit, der illegalen Einwanderung effektiv einen Riegel vorzuschieben. Millionen setzen sich nach Belieben in Bewegung, und im Zuge dieses Zu- und Abwanderungsprozesses verliert auch der Begriff dessen, was einen Staat eigentlich ausmacht, zunehmend an Bedeutung. Ein Staat, der seine Grenzen nicht zu kontrollieren vermag, ist in einer ganz wesentlichen Hinsicht kein richtiger Staat mehr.

Mit sinkendem Handlungsspielraum, Einflußbereich und schwindender Macht der Staatsregierungen wächst die Bedeutung globaler Unternehmen. In steigendem Maße können sie Staaten gegeneinander ausspielen. Globale Großunternehmen verlagern Unternehmenszweige in die Länder, die ihnen die größte Geldsumme, die höchsten Subventionen und Steuererleichterungen bieten (Israel z. B. kauft eine Halbleiterfertigungsstätte von Intel).

Die wissensbasierte Wirtschaft

Doch in diesem Spiel mischen Unternehmen und Staaten mit. Unternehmensfusionen (in einer Höhe von $ 2,4 Billionen im Jahre 1998) bewegen sich in Größenordnungen, die fünfmal so hoch wie 1990 sind und doppelt so hoch wie im Rekordjahr 1997. Grenzübergreifende und europäische Fusionierungen werden immer schneller abgewickelt.[7] Neun der zehn größten Fusionen, die es je gab, ereigneten sich im Jahre 1998,[8] die zehnte fand bereits 1997 statt. Mercedes kauft Chrysler, die Deutsche Bank kauft Bankers Trust. Handelt es sich bei diesen Unternehmen nun um deutsche, amerikanische oder globale Firmen? Die richtige Antwort lautet natürlich: Es sind globale Unternehmen.

Globale Unternehmen sind größer als alle nationalen, die es je gab. Der Marktwert des Unternehmens, das 1990 als weltweit größtes galt (ein nationales Unternehmen, Nippon Telephone, Japan), wäre auch nicht annähernd hoch genug, um 1998 in die Liste der zehn weltweit größten Firmen aufgenommen zu werden.[9]

Gleichzeitig geht es bei diesem Spiel darum, Firmenanteile abzuspalten und diese möglichst gewinnbringend zu verkaufen. Unternehmen wie Siemens hätten wohl noch vor zehn Jahren nicht einmal im Traum daran gedacht, ganze Abteilungen zu verkaufen, und veräußern heute komplette Nebenbereiche, um sich auf ihr Hauptgeschäftsfeld konzentrieren zu können. Royal Dutch Shell bietet 40 Prozent seiner Chemiebetriebe zum Verkauf an; die Deutsche Bank gliedert eine Holding-Gesellschaft von $ 28 Milliarden aus.[10] Kein Arbeiter oder Angestellter kann sich beim Zu-Bettgehen sicher sein, ob er am nächsten Tag noch beim gleichen Arbeitgeber beschäftigt sein wird. Diese Erwerbstätigen sind zwar keine Sklaven, denn sie können jederzeit bei ihrem neuen Arbeitgeber die Kündigung einreichen, doch ebenso wie früher die Sklaven werden sie ohne ihre Zustimmung »verkauft«.

Die Zahl derer, die sich mit Begeisterung auf die Gefahren einer Entdeckungsreise einließen, war schon immer sehr klein. Da sich jetzt sowohl Staaten als auch Unternehmen im Aufbruch befin-

Die ökonomische Landschaft

den, muß sich der Einzelne natürlich die Frage stellen, wie er mit Aussicht auf Erfolg und Sicherheit in dieses Spiel einsteigen kann. In welcher Mannschaft spiele ich mit? Auf die Fähigkeit und Bereitschaft meines Staates und meines Arbeitgebers, mich dabei zu unterstützen, kann ich mich immer weniger verlassen. Wie kann ich deshalb dieses Spiel auch alleine spielen?

Das strahlende Auge an der Spitze der Reichtumspyramide

Krösus! Der erste »reichste« Mann der Welt, der in Sachen Reichtum den Maßstab setzte. Gilt der Begriff der Unendlichkeit bei Zahlen als oberster, wenn auch nie erreichbarer Maßstab, so gilt Krösus als Beispiel für unermeßlichen Reichtum. Das Ziel, der reichste Mensch der Welt zu sein, heißt, reicher zu sein als Krösus, und kann doch nie erreicht werden, da es bis ins Unermeßliche weiterverfolgt werden kann.

Midas! Der legendäre König, dem Dionysos seinen Wunsch erfüllte, daß sich alles, was er berührte, in Gold verwandelte.

Alchimie! Die Chemie des Altertums, die vergeblich versuchte, unedle Metalle in Gold zu verwandeln.

Eldorado! Das sagenhafte Goldland im Innern des nördlichen Südamerikas, das die Spanier veranlaßte, Süd-, Zentral- und große Teile Nordamerikas zu erobern.

Der Goldrausch im Jahre 1849! Die Goldfunde zogen Zehntausende von Amerikanern magisch nach Kalifornien.

Rockefeller, Carnegie, Morgan! Ende des 19. Jahrhunderts machte sie die zweite Industrielle Revolution zu Milliardären.

Bill Gates! Der reichste Mann der Welt (mit einem Reinvermögen von mehr als $ 83 Milliarden Ende des Jahres 1998 – eine Summe, die dem Vermögen von 110 Millionen Durchschnittsamerikanern entspricht) und Symbol für den großen Wohlstand, den die dritte

Das strahlende Auge an der Spitze der Reichtumspyramide

Industrielle Revolution im ausgehenden 20. Jahrhundert ermöglicht. Rein rechnerisch betrachtet ist Gates doppelt so reich wie Rockefeller, doch stellt man das damalige und heutige Wirtschaftsvolumen ins Verhältnis, war Rockefeller dreizehnmal so reich wie Gates.

Jeder wäre gerne reich. Diejenigen, die bereits wohlhabend sind – die genaue Höhe ihres Vermögens spielt dabei keine Rolle – wünschen sich ohne Ausnahme immer größeren Reichtum. Und diejenigen, die nicht zu den Wohlhabenden der Welt gehören, trösten sich mit dem Gedanken, daß Geld allein nicht glücklich macht. Dennoch ist jedem ganz instinktiv klar, daß die Reichen dieser Welt alles andere als unglücklich sind. Eine Tatsache, die durch moderne sozialwissenschaftliche Erhebungen bestätigt wird: Je reicher man ist, desto glücklicher ist man auch.[11]

Mit Geld kann man sich nicht nur all die schönen Dinge kaufen, die das Herz begehrt, sondern – viel wichtiger – auch die Macht, alles zu tun, was man will. Wer reich ist, kann Menschen einstellen, entlassen, befördern oder zurückstufen, neue Unternehmen gründen, alte schließen, und dies überall, wo es beliebt. Das Spiel »Monopoly« wird im echten Leben gespielt. Firmen werden ge- und verkauft. Reiche gestalten ihre Umwelt und das Leben ihrer Mitmenschen. Wer nicht zu den Wohlhabenden zählt, muß sich fügen.

Auch politischer Einfluß läßt sich still und heimlich erkaufen. Die finanzielle Unterstützung von Wahlkampagnen sichert dem Reichen mehr als nur eine Stimme.

Direkte politische Macht kann in aller Öffentlichkeit angestrebt werden. Wer über großen Reichtum verfügt, gilt in den USA ohne weiteres als ernsthafter Präsidentschaftskandidat (Steve Forbes, Ross Perot) oder nimmt andere politische Ämter ein, ohne vorher die übliche Laufbahn durchlaufen zu müssen, geschweige denn, auf die Zustimmung anderer angewiesen zu sein. Über die Hälfte der Mitglieder des amerikanischen Senats gehören zu den oberen

Die wissensbasierte Wirtschaft

Zehntausend, und auch viele prominente Senatoren und Gouverneure (Rockefeller, Kennedy) zählen zu diesem erhabenen Kreis.[12] Unsere Zeit bringt es mit sich, daß diese Politiker aufgrund ihres persönlichen Vermögens die einzigen sind, die bei der Finanzierung der immer kostspieliger werdenden Wahlkampagnen nicht zwangsläufig in Bestechungsskandale verwickelt werden, was bei weniger betuchten Politikern fast schon zur Tagesordnung gehört.

Im Kapitalismus entscheidet letztlich nur das Geld darüber, wie gut und wie lange man im Spiel bleibt. Die Sieger sind diejenigen mit dem größten Vermögen. Der bisher noch unangefochtene Titelverteidiger, Bill Gates, ist auf der Titelseite sämtlicher Zeitschriften zu sehen. Seine Pläne und strategischen Schachzüge werden mit einem Interesse verfolgt, wie es sonst nur Spitzenpolitikern und Popstars entgegengebracht wird. Man könnte glauben, er wäre ein berühmter Schauspieler. Paparazzi folgen ihm auf Schritt und Tritt.

Innerhalb der zwischenmenschlichen Hackordnung war Reichtum schon immer ein ausschlaggebendes Kriterium, doch wird es zunehmend zum einzigen, anhand dessen der Wert eines Menschen beurteilt wird. Nur in diesem Spiel kann der einzelne zeigen, was in ihm steckt. Es ist das Spiel der oberen Zehntausend, und jeder, der nicht dazu gehört, ist automatisch ein Mensch zweiter Klasse. Und dieses Monopoly-Spiel gewinnt in dem Maß an Bedeutung, in dem andere Quellen des Ruhms, Prestiges und der Macht versiegen.

Da die eigene Bereicherung andere Arten der persönlichen Erfüllung völlig in den Schatten stellt, verfolgen talentierte und ehrgeizige junge Menschen in zunehmendem Maß und mit großer Entschlossenheit nur noch das Ziel, möglichst viel Geld zu verdienen. Gemessen an beliebigen Kriterien, wie z. B. intellektuelle Fähigkeiten, Ehrgeiz, Kreativität, Risikobereitschaft, übertreffen die Betriebswirtschaftsstudenten, die heute ihren Abschluß machen, diejenigen, die in den sechziger Jahren studierten, hinsichtlich Anzahl

Das strahlende Auge an der Spitze der Reichtumspyramide

und Bildungsniveau bei weitem. Wer 1950 Betriebswirtschaft studierte, wollte einfach einen gesicherten Arbeitsplatz finden. Betriebswirtschaftler von heute wollen reich werden.

Die beste aller Zeiten

Wir leben im Jahrzehnt der größten technologischen Errungenschaften der Menschheitsgeschichte. Wundersame Dinge umgeben uns. Virtuelle Realität und Cyberspace gehören zu unserer Wirklichkeit, Internet und Laptops mit der Leistungsfähigkeit gestriger Großrechner machen aus elektronischem Shopping eine ganz normale Sache. Supermärkte und Geschäfte sterben langsam aus, unsere Fahr- und Reisegewohnheiten ändern sich, und auch die Städteplanung paßt sich diesen Neuerungen an. Navigationssysteme weisen unseren Flugzeugen und Schiffen den richtigen Weg und werden sich wohl schon bald auch im Auto durchsetzen. Der neue, bessere, klügere, größere und schönere Mensch scheint machbar: Die Mikrobiologie macht es möglich. Sensationelle Neuerungen folgen Schlag auf Schlag. Das Land der unbegrenzten wirtschaftlichen Möglichkeiten ist entdeckt.

Die technologischen Möglichkeiten sind eine Goldgrube bisher unerreichten Ausmaßes. In Amerika wurden in den vergangenen fünfzehn Jahren mehr Menschen zu Milliardären als in seiner gesamten bisherigen Geschichte – selbst unter Berücksichtigung der Inflationsrate und des veränderten Bruttoinlandsprodukts pro Kopf. Zu den 13 Milliardären des Jahres 1982 gesellten sich 1998 weitere 205. Rechnet man ihr Gesamtvermögen zusammen, erhält man die schwindelerregende Summe von über $ 800 Milliarden. Um 1998 zu den fünfzig reichsten Amerikanern gezählt zu werden, war ein Mindestvermögen von $ 2,9 Milliarden nötig.

Unter den reichsten der Reichen macht man aus seinem Vermögen kein Geheimnis, ganz im Gegenteil. Die Aufnahme in die Liste der Top-Milliardäre ist ein so erstrebenswertes Ziel, daß zum Beweis

Die wissensbasierte Wirtschaft

gerne alle Einnahmequellen und Finanzdaten offengelegt werden. Jeder soll wissen, wer die Wirtschaftssieger sind.

Gelingt es den etwas weniger Wohlhabenden nicht, in besagte Liste aufgenommen zu werden, beweisen sie ihren Reichtum auf andere Weise. Prestigekonsum ist angesagt. Während der allgemeine Verbrauch um 29 Prozent steigt, kann in der Sparte Abenteuerurlaub ein Zuwachs von 46 Prozent verzeichnet werden, für Perlen von 73 Prozent, für Luxuswagen von 74 Prozent und für Yachten von 143 Prozent.[13] Bill Gates gibt 100 Millionen Dollar für den Bau seines Hauses aus und besitzt damit trotzdem lediglich das zweitteuerste Wohnhaus, das in Amerika errichtet wird.[14]

Das gilt jedoch nicht im gleichen Maß für den Rest der Welt. Relativ zur Bevölkerungsgröße ist die Wahrscheinlichkeit, ein Milliardär zu werden, für den Amerikaner fünfmal so hoch wie für den Europäer und neunmal so hoch wie für den Japaner. Woher kommen diese gewaltigen Unterschiede?

Auch für Amerika ist diese Wohlstandsexplosion ungewöhnlich. Aus den fünfziger, sechziger und siebziger Jahren konnte nichts Vergleichbares gemeldet werden. Das Wirtschaftswachstum vollzog sich zwar wesentlich schneller (von 1950 bis 1970 doppelt so schnell wie von 1970 bis 1998), der allgemeine Wohlstand wuchs, doch enormer Reichtum entstand nicht von heute auf morgen. Das politische und wirtschaftliche System (Demokratie und Kapitalismus) war das gleiche, aber die Möglichkeiten zu unvorstellbarem Reichtum boten sich erst in unserer Zeit.

Was heute in Amerika beobachtet werden kann, ereignete sich zuletzt im letzten Jahrzehnt des 19. Jahrhunderts, als die zweite Industrielle Revolution im Gange war. Zwei Erfindungen waren für den Wandel des ökonomischen Fortschritts verantwortlich und schufen die Möglichkeiten zu großem Reichtum.

Als erstes Land entwickelte Deutschland das Konzept einer systematischen Forschung und Entwicklung für die chemische Industrie.

Das strahlende Auge an der Spitze der Reichtumspyramide

Technischer Fortschritt wurde nicht mehr dem puren Zufall überlassen, sondern konnte systematisch geplant werden. Der Wissenschaft ist es zu verdanken, daß die Forschungslabors von Firmen wie Dupont den Markt mit immer neuartigen Produkten füllten – Nylon, Kevlar, Lycra. Das firmeninterne Forschungslabor war geboren.

In früheren Tagen verdankte die Wirtschaft ihren Aufschwung der Genialität einzelner unternehmerischer Tüftler (Watt, Bessemer, Arkwright). Technologischer und wissenschaftlicher Fortschritt waren nicht aneinander gekoppelt. Bessemer zum Beispiel hat sich nie mit den chemischen Grundlagen seiner Bessemerbirne beschäftigt. Er tüftelte einfach so lange daran, bis sie funktionierte.

Im 20. Jahrhundert ist die Sicherung einer wirtschaftlichen Führungsposition mit gezielten Investitionen in Forschung und Entwicklung (F & E) verknüpft, deren Aufgabe es ist, neue Technologien zu erfinden. Damit allerdings aus der Erfindung neuer Technologien auch Kapital geschlagen werden kann, mußte das Bildungswesen erst dahingehend umgestaltet werden, daß der Bedarf an Wissenschaftlern, Ingenieuren, Technikern, geschulten Managern, aber auch Facharbeitern gedeckt werden konnte. Es ging nicht mehr nur darum, eine gut ausgebildete Elite aus den Universitäten zu entlassen, sondern um wirtschaftliche Notwendigkeiten. Bildung und Kultur mußten dem rasanten technischen Fortschritt angepaßt werden.

Dank der Einführung systematischer Forschung und Entwicklung konnte Deutschland seine wissenschaftliche und technologische Führungsposition in der ersten Hälfte des 20. Jahrhunderts bewahren. Die Reaktion Amerikas, das geisteswissenschaftlich orientierte Schulsystem (mit Fächern wie Latein und Griechisch) auf ein naturwissenschaftlich orientiertes für die breite Masse der Bevölkerung umzustellen, blieb an Schnelligkeit unübertroffen. Diese »Massenproduktion« gut ausgebildeter Amerikaner er-

Die wissensbasierte Wirtschaft

möglichte es, Großbritannien den Rang als reichste Nation der Welt streitig zu machen, obwohl Amerika nicht im gleichen Zuge auch die technologische Führung übernommen hatte. Die berühmten amerikanischen Unternehmer liefen Ende des 19. Jahrhunderts den nicht weniger berühmten britischen Unternehmern den Rang ab. Galt Großbritannien noch zu Beginn des 19. Jahrhunderts als das Land, in dem man sich eine goldene Nase verdienen konnte, hatte es diesen Ruf am Ende des Jahrhunderts endgültig verloren.

Doch erst nach dem Zweiten Weltkrieg sollte für die USA die Zeit kommen, Deutschland als technologische Führungsmacht abzulösen. In der ersten Hälfte des 20. Jahrhunderts galt Deutschland als erste Adresse für eine naturwissenschaftliche Ausbildung. Im Zweiten Weltkrieg setzte Deutschland als einziges Feindesland ballistische Fernlenkwaffen und den Prototyp eines Düsentriebwerks ein. Die Dringlichkeit, mit der Amerika das Manhattan-Projekt vorantrieb, machte deutlich, daß man befürchtete, Deutschland könnte die erste Atombombe womöglich schneller entwickeln. Im Endeffekt war nicht das Ausmaß an Zerstörung nach dem Krieg, sondern die Rassenpolitik Deutschlands dafür verantwortlich, daß es seine Führungsposition auf dem Gebiet der Wissenschaft und Technik verlor. Zerbombte Häuser und in Trümmern liegende Städte konnten wieder aufgebaut werden; der Schaden, der den Menschen zugefügt wurde, ließ sich jedoch nicht wieder gutmachen. Amerika war die neue Heimat der Einsteins und Fermis sowie der nachfolgenden Intellektuellengeneration und konnte so seinen Platz als weltweit führende Wissenschafts- und Technologienation einnehmen.

Elektrizität war die zweite Erfindung, die ab 1890 den wirtschaftlichen Fortschritt in Riesenschritten vorantrieb. Die flächendeckende Elektrifizierung ließ neue Industriezweige (Telefon, Kino) entstehen und veränderte die Produktionsprozesse der alten Industriezweige von Grund auf. Zu Zeiten der Dampfmaschine wurde eine Transmissionswelle angetrieben, mit der in langgestreckten Fabrikge-

Das strahlende Auge an der Spitze der Reichtumspyramide

bäuden riemengetriebene Werkzeugmaschinen in Bewegung gesetzt wurden. Als die Elektrizität in den Produktionsstätten Einzug hielt, konnte jede Werkzeugmaschine mit einem kleinen Motor betrieben werden, was einen wesentlich produktiveren Einsatz der Maschinen ermöglichte. Man könnte dies als die frühindustrielle Version der heute in der Computerindustrie als Dezentralisierung bekannten Prozeßtechnik bezeichnen.

Mit der Erfindung der Glühbirne wurde die Nacht buchstäblich zum Tag. Das damalige Preis-Leistungsverhältnis der Glühbirne entspricht dem heutigen für Computer. Für das Licht einer 100-Watt-Glühbirne für $ 0,33 hätte man im Jahre 1880 $ 1 445 ausgeben müssen (Leuchtstärke, Lebensdauer der Glühbirne, Inflationsrate und Änderungen des Pro-Kopf-Einkommens bereits berücksichtigt). Auf gleiche Weise berechnet, hätte man für einen Computer, der heute für $ 3 000 zu haben ist, damals $ 13 Millionen auf den Tisch blättern müssen – was der tatsächlichen Entwicklung seit den sechziger Jahren recht nahe kommt. Die erste Glühbirne wurde zur Brandverhütung auf dem Dampfschiff »Columbia« eingesetzt, da sie zu kostbar war, um als pure Lichtquelle zu dienen. Dafür gab es schließlich billiges Lampenöl.

Mit der Unabhängigkeit von natürlichen Lichtquellen veränderten sich auch die Lebensgewohnheiten der Menschen. So reduzierte sich die durchschnittliche Schlafdauer von neun Stunden pro Nacht auf sieben.[15] Mit der Elektrizität ließen sich neue öffentliche Verkehrswege (U-Bahn und Straßenbahn) schaffen, was Großstädte entstehen ließ. Mit der Elektrizität war ein Telekommunikationssystem machbar, das kleine regionale Märkte zu großen nationalen Märkten wachsen ließ.

Die zweite Industrielle Revolution verursachte großen Aufruhr in der Welt der Wirtschaft: Was gestern noch galt, war heute bereits veraltet. Nichts würde jemals wieder so sein wie zuvor! Gleichzeitig eröffnete dieser Umbruch ungeahnte neue Möglichkeiten. Und auch Altbekanntes ließ sich auf einmal völlig neuartig bewerkstel-

Die wissensbasierte Wirtschaft

ligen. Die Cleveren und/oder die Glückskinder mußten sich nicht länger dem starken Konkurrenzkampf des produzierenden Gewerbes aussetzen, wo man »Gleichgewichtsrenditen« eines Bondmarktes erwirtschaftete. Im Fachjargon der Wirtschaftswissenschaftler spricht man davon, daß hohe Ungleichgewichtsrenditen niedrige Gleichgewichtsrenditen ersetzten.

Unternehmer konnten in neue Geschäftsbereiche vorstoßen, in denen es keine oder nur wenig nationale Konkurrenz gab. Die neuen Produkte mit höherer Wertschöpfung erzielten Renditen und Wachstumsraten, die weit höher lagen als in der Gesamtwirtschaft. Unternehmer nutzten die neuen Technologien zur Modernisierung ihrer Produktion, senkten ihre Kosten erheblich und erzielten damit weitaus höhere Gewinne als Firmen, die ihre Produktion noch nicht umgestellt hatten. Da weder in den ganz neuen Industriezweigen noch in den modernisierten alten Industriezweigen, erwähnenswerte Konkurrenz herrschte, sanken die Produktionskosten schneller als die Marktpreise der Produkte, und die Profite stiegen enorm. Genau wie heute machten auch damals die Finanzmärkte aus dem Kreislauf von aktuellem und zukünftigem Gewinn zu einem Vielfachen des Preis/Profit-Verhältnisses Kapital. Die Gründer und Eigentümer der neuen nationalen Unternehmen gelangten zu sagenhaftem Reichtum. Plötzlich entstand eine neue Wohlstandsgeneration.

> **Regel Eins**
>
> Durch Sparsamkeit ist noch keiner reich geworden. Die Reichen erkennen, wo ungedeckte Nachfrage herrscht und sich die Investition von Arbeit und Kapital lohnt. Dies gilt für John D. Rockefeller ebenso wie für Bill Gates. Deren Ersparnisse stellen nur einen Bruchteil ihres Gesamtvermögens dar. Sparsamkeit und Investitionen in ausgeglichenen Marktbereichen sichern vielleicht die finanzielle Situation im Rentenalter, schaffen jedoch keinen Reichtum.

Das strahlende Auge an der Spitze der Reichtumspyramide

Letzten Endes lösen sich ungleichgewichtige Marktsituationen immer auf. Neue Industriezweige mit hohen Gewinnspannen und Wachstumsraten setzen sich irgendwann durch, und die Profite und Wachstumsraten gleichen sich dem allgemeinen Standard an. Sind die neuen Technologien zum allgemeinen Stand der Technik gereift, wird der Profit geringer, da mit zunehmender Konkurrenz der Verkaufspreis schneller gedrückt wird als die neue Technologie die Produktionskosten verringern kann. Die Durchsetzungsrate der neuen Produkte erreicht ein Sättigungsniveau. Einstige Wachstumsmärkte warten darauf, von neuen abgelöst zu werden. Doch es dauert lange, bis ausreichend Kapital und Arbeitskraft in einen neuen Industriezweig geflossen ist, und sich ein normaler Wettbewerb einstellt. In der Zwischenzeit läßt sich viel Geld verdienen.

Bereit zur Selbstzerstörung

Wie bereits in der zweiten Industriellen Revolution können auch in unserer Zeit Firmen in der richtigen Marktposition hohe Gewinne und Wachstumsraten erzielen, obgleich sich das Gesamtwirtschaftswachstum langsamer vollzieht als in den vergangenen dreißig Jahren. Neue Großunternehmen und mit ihnen großer Wohlstand können nahezu über Nacht entstehen. Acht der fünfundzwanzig größten amerikanischen Firmen des Jahres 1998 existierten 1960 entweder noch nicht oder waren wesentlich kleiner. Drei der 1960 noch nicht bestehenden Unternehmen zählten 1998 zu den zehn größten Firmen weltweit.[16]

Ein wirtschaftliches Ungleichgewicht birgt zwar zahlreiche Gefahren, bietet aber auch extrem gute Chancen. Lediglich vier der fünfundzwanzig größten Unternehmen des Jahres 1960 zählten auch 1998 noch zu diesem Kreis.

Doch den meisten von ihnen gelang es nicht, sich die bahnbrechenden neuen Technologien zunutze zu machen und sich den neuen wirtschaftlichen Gegebenheiten anzupassen. In den fünfziger und sechziger Jahren gab es weder die heutigen Möglichkeiten noch die entsprechenden Gefahren. Milliardäre schossen damals noch nicht wie Pilze aus dem Boden. Andererseits wurden aber auch nicht ständig Millionen von Arbeitern und Angestellten auf die Straße gesetzt.

Es ist nicht so, daß die alteingesessenen Großunternehmen die neuen, revolutionären Technologien nicht verstehen würden – ganz

Bereit zur Selbstzerstörung

im Gegenteil, oft haben sie diese selbst entwickelt – doch stoßen sie auf ein scheinbar unlösbares strukturelles Problem. Im Zuge des technologischen Fortschritts muß das Gewohnte zugunsten des Neuen aufgegeben werden. Die alten Unternehmen müßten sich also selbst zerstören, um überleben zu können. Sie müßten sich selbst »auffressen«, aber dazu sind sie nicht imstande. Vier der fünf Hersteller von Vakuumröhren beispielsweise haben ihre Produktion nicht auf Transistoren oder Halbleiterchips umgestellt, als die Zeit reif dafür war – der fünfte Betrieb spielt überhaupt keine wichtige Rolle mehr. Als der einstige Wachstumsmarkt der Großrechnerindustrie durch den neu entwickelten Mikroprozessor für PCs schnell an Bedeutung verlor, stießen neue Computerfirmen (Intel, Microsoft) den damaligen König der Computerindustrie (IBM) von seinem Thron. Obwohl man wußte, was diese neue Technologie auslösen würde, konnte sich IBM nicht dazu durchringen, seine Großrechnerproduktion zu »zerstören«, um auf die neue PC-Produktion umzustellen.

Neue Firmen müssen sich nicht erst selbst vernichten, um zu überleben.

Elf der zwölf größten amerikanischen Unternehmen der letzten Jahrhundertwende werden den Sprung ins kommende Jahrtausend nicht erleben. Dennoch ist ein Überleben möglich. Ende des 19. Jahrhunderts gehörte General Electric zu den zwölf größten Unternehmen, und am Ende des 20. Jahrhunderts wird es wieder eine Spitzenposition einnehmen (gegenwärtig befindet es sich auf Platz 2) – doch dies ist eher die vielgerühmte Ausnahme. Und hier erweist sich die Regel, daß man sich selbst zerstören muß, um zu überleben, als eine heikle Angelegenheit. Kurz nach der Erfindung der Transistoren durch AT&T Bell Labs gelang dies auch General Electric. Das Unternehmen war damals jedoch Marktführer im Bereich der Vakuumröhren. Zur Rettung seiner wirtschaftlichen Position hätte es das Geschäftsfeld der Vakuumröhren komplett aufgeben müssen. Doch das war unmöglich, da General Electric keinerlei Erfahrung mit Transistoren oder Halbleitern besaß.

Die wissensbasierte Wirtschaft

Auch auf nationaler Ebene gilt die Parole »Zerstören, um zu überleben«. Die Ergebnisse der dritten Industriellen Revolution liegen zwar noch nicht vor, aber Japan ist ein gutes Beispiel für das Problem dieser Selbstzerstörung. Im Anschluß an den Zweiten Weltkrieg beherrschte Japan das Wirtschaftsspiel der zweiten Industriellen Revolution meisterhaft, doch zeigte es in den 90er Jahren erhebliche Schwächen im Kampf um die Führung der neuen, auf geistigem Kapital gegründeten Industrien. Ein Staat, der zur Gründung neuer Industriezweige mit Hilfe moderner Technologien auf Kreativität angewiesen ist, kann sich nicht hinter der vielzitierten Lebensweisheit verstecken: »Wer sich in Gefahr begibt, kommt darin um.« Gefahren zu trotzen, ist in der dritten Industriellen Revolution der Schlüssel zum Erfolg.

Japan muß seine Industrie völlig umstrukturieren, doch bislang fehlt dazu die Bereitschaft. Dieses Zaudern und seine finanziell angeschlagene Lage erklären, warum seine Wachstumsrate in den neunziger Jahren (0,4 Prozent jährlich) weit unter der der achtziger Jahre (4,0 Prozent jährlich) liegt. Noch ist es zu früh zu behaupten, Japan werde die erforderlichen Änderungen nicht vollziehen, ganz sicher aber läßt sich behaupten, daß Japan zum gegenwärtigen Zeitpunkt schwer kämpfen muß.

Die größten durch die dritte Industrielle Revolution bedingten Änderungen werden sich vermutlich im Einzelhandel vollziehen. Genauso wie die erste Industrielle Revolution das Aus für die Landwirtschaft bedeutete, die 8 000 Jahre lang fast die einzige Einnahmequelle des Menschen war, wird die dritte Industrielle Revolution für unsere Einkaufsgewohnheiten, die seit 5 000 Jahren vorherrschen, das Ende bedeuten. Der Tante-Emma-Laden hat dann ebenso ausgedient wie der Supermarkt um die Ecke. Umsätze über das Internet verzehnfachen sich alle fünf Jahre.[17] Für das Bedürfnis, hochwertige Produkte kostengünstig zu erwerben, ist On-Line-Shopping dem herkömmlichen Einzelhandel haushoch überlegen, da dort keine hohen Mieten bezahlt werden müssen, und die Kosten

Bereit zur Selbstzerstörung

für repräsentative Gebäude, große Lager und Verkaufspersonal entfallen.

Durch diese neue Technologie können auch sehr kleine Unternehmen den Kampf gegen Walmart – das größte Einzelhandelsunternehmen Amerikas, aufnehmen. Als konventionelles Unternehmen ist es im traditionellen Einzelhandel unschlagbar. Doch seine Investitionen in Grundstücke, Läden und Personal waren derart hoch, daß es sich den Übergang in die neue Einzelhandelsform kaum leisten kann. Walmarts jetzige Kunden wären vielleicht die ersten Neukunden eines elektronischen Walmart-Kaufhauses mit niedrigeren Preisen. Im ungünstigsten Fall suchen Walmart-Kunden dann die alten Läden nur noch auf, um vor Ort das Gewünschte auszuwählen (an der alten Kostenstruktur würde sich dabei nichts verändern) und es anschließend preiswert bei Walmart im Internet zu bestellen (was Preisaufschläge für die elektronisch bestellten Waren nötig machen würde). Als Folge müßte Walmart Tausende seiner Läden schließen. Schließungskosten in Höhe von mehreren Milliarden Dollar müßten aufgefangen werden. Gewinnbeteiligungen der Manager kämen jahrzehntelang nicht in Frage. Würde Walmart aggressiv in die neue Technologie einsteigen, würden es sich seine eigenen Kunden schneller wegschnappen als dies ein Konkurrent bewerkstelligen könnte. Kurz- und mittelfristig gesehen, kann Walmart jedoch mehr Profit erwirtschaften, wenn es die alte Technologie beibehält.

Verlockt durch den Reiz des Neuen richtete Walmart vor kurzem erstmals einen elektronischen Shop ein – achtete dabei aber peinlich genau darauf, die Waren dort zu einem etwas höheren Preis als in seiner Ladenkette anzubieten.

Laut Prognose eines Unternehmensberaters wird die Hälfte aller Einzelhändler im Jahre 2010 ihre Läden schließen. Dieser Zeitpunkt mag etwas früh erscheinen, doch der Trend ist unbestreitbar vorhanden. Welche Läden wie schnell schließen müssen, hängt mehr

Die wissensbasierte Wirtschaft

von soziologischen als von technologischen Faktoren ab. Der Mensch ist ein Herdentier und fühlt sich in der Menge wohl. »Einkaufen als Erlebnis« kann bei bestimmten Produkten sicherlich mit On-Line-Shopping konkurrieren, doch niemand kann heute wissen, für welche Produkte die Verbraucher mehr auszugeben bereit sind, wann sie das Einkaufserlebnis bereitwillig mitfinanzieren und wann sie lediglich der günstigste Preis interessiert. Derjenige, der dieses Rätsel zuerst zu lösen vermag, ist ein gemachter Mann.

Elektronisches Einkaufen ist nur eine der grundlegenden Veränderungen, die durch die revolutionären Kommunikationstechnologien ausgelöst werden. Durch die Globalisierung fallen mehr Geschäftsreisen an, durch Videokonferenzen wiederum weniger. Was wird sich durchsetzen? Braucht die Welt mehr oder weniger Hotels, Flughäfen, Fluggesellschaften und Taxis? Wofür würden Sie sich als Investor entscheiden?

Da es heutzutage ein Kinderspiel ist, seinem Vorgesetzten Berichte auf elektronischem Weg zukommen zu lassen, ändert sich auch die Verwaltungsstruktur. Es ist nicht länger wichtig herauszufinden, wo sich der Chef gerade aufhält. Sind die Hauptgeschäftsstellen in ihrer traditionellen Form überhaupt noch notwendig? Büroangestellte können auch von zu Hause aus arbeiten, doch wie wirkt sich dies auf den Bedarf an Büroräumen, auf Büromieten und das somit sinkende Einkommen der Eigentümer von Bürogebäuden aus? Auch hier bestimmen soziologische und nicht technologische Faktoren die Richtung.

Zuhause arbeiten ist möglich, das heißt allerdings nicht, daß auch jeder das will. Zuhause zu arbeiten ist »extrem vereinsamend«, so die Meinung der Betroffenen, die mit niemandem mehr mal eben an der Kaffeemaschine oder am Drucker plaudern können. Menschen sind keine Einsiedler. Sie arbeiten gerne im Team. Zur Arbeit zu gehen schafft eine stärkere Loyalität zum Arbeitgeber, als dies bei der Telearbeit geschieht. Jüngsten Studien zufolge sinkt die Produktivität eines Mitarbeiters rapide ab, wenn er mehr als ein oder zwei Tage pro Woche zu Hause arbeitet, doch die Unternehmen verzeichnen beträchtliche Einsparungen, weil sie ihren Telearbeitern keine teuren Büroräume zur Verfügung stellen müssen.[18]

Die Ölbranche ist ein gutes Beispiel dafür, welchen Einfluß die dritte Industrielle Revolution auf einen alten Industriezweig ausübt. Was früher (wie in dem Film »Giganten« mit James Dean) von Glück und Muskelkraft abhing, entpuppt sich nun als Industrie, die von intellektuellen Leistungen abhängt. Super-Computer ermöglichen die Suche nach Ölvorkommen mit drei- und jetzt sogar *vierdimensionalem* akustischem Tiefenlot. Die Trefferquote ist dank Computer um das Zehnfache gestiegen, die Förderquote um das Doppelte. Norwegen beispielsweise bohrt nun in etwa dreitausend Metern unter dem Meeresspiegel nach Öl und hat sich so zum zweitgrößten Ölexporteur entwickelt, obwohl noch vor zwanzig Jahren behauptet wurde, daß seine Ölquellen zum jetzigen Zeitpunkt versiegt sein würden. Auf den Bohrinseln ersetzen heute gutbezahlte Fachkräfte den ungebildeten gutverdienenden Gelegenheitsarbeiter von gestern. Natürlich beruht diese Industrie immer noch auf Öl, doch die Methoden haben sich so grundlegend geändert, daß man diese Branche durchaus als eine der neuen wissensbasierten Industrien bezeichnen kann. Durch die neuen Methoden können so viele neue Ölvorkommen erschlossen werden, daß das Angebot die Nachfrage übersteigt – weshalb die Preise auf den bislang niedrigsten Stand gefallen sind.

Wenden wir uns nun einmal einer ganz anderen Branche zu: dem Blumenhandel. Weder Blumenzüchter noch Blumenhändler bestimmen heute das Geschäft mit den Schnittblumen. Tonangebend sind die Holländer, die mit Hilfe eines globalen Logistiksystems Blumen dort züchten lassen, wo es weltweit am günstigsten

Die wissensbasierte Wirtschaft

ist, und sie dort verkaufen, wo weltweit die höchsten Preise dafür erzielt werden. Fast jeder kann Blumen züchten. Fast jeder kann Blumen verkaufen. Doch nur die Holländer können eine in Kolumbien gezüchtete Osterglocke an einen Blumenhändler in Dänemark liefern und gleichzeitig garantieren, daß sie zu Ostern blüht. Aufgrund dieser Fähigkeit verdienen sich die Holländer eine goldene Nase im Blumenhandel.

Auf ähnliche Weise verkauft eine im ländlichen Maine ansässige Vertriebsgesellschaft für Freizeitbekleidung, L. L. Bean, Kleidung im Wert von mehreren hundert Millionen Dollar nach Japan, ohne dort auch nur einen einzigen Laden zu besitzen. Mit Hilfe von Internet, Fax, Telefon und Katalogverkäufen überwinden sie sämtliche Hürden (Gesetze, die Großlager verbieten, die Unmöglichkeit für Ausländer, Verkaufsläden in guter Lage anzumieten), die es bisher konventionellen ausländischen Einzelhändlern unmöglich machten, in den japanischen Markt einzudringen.

Ebenso wie der Wandel von regionalen zu nationalen Ökonomien ein ganzes Bündel großer nationaler Firmen entstehen ließ, führt der heutige Wandel von einem nationalen in ein globales Wirtschaftssystem zur Entstehung vieler neuer globaler Firmen. Globaler Einkauf von Material und globale Rekrutierung von Mitarbeitern, globale Produktion und globaler Absatz sind die Glieder einer nahtlosen, globalen Versorgungskette. Firmen, die noch keine globale Versorgungskette aufgebaut haben, erreichen dies durch Fusionen: Mercedes fusioniert mit Chrysler, Ford übernimmt Mazda und Jaguar, BMW kauft Rover und Rolls Royce, Volkswagen erwirbt Bentley, und General Motors schließt sich mit Saab zusammen.

Die Übernahme von Chrysler durch Mercedes ist ein gutes Beispiel dafür, welche Chancen, aber auch welche Probleme eine Fusion birgt. Gelingt das Zusammenwachsen beider Firmen, entsteht ein völlig neues, weder deutsches noch amerikanisches Unternehmen,

Bereit zur Selbstzerstörung

eine globale Firma, bei der beide Partner viel voneinander lernen können.

Der eine produziert Autos für den Massenmarkt, der andere für den Luxusmarkt. Der eine spezialisierte sich erfolgreich auf den Bau von Schwerlasttransportern, der andere auf Kleinlastwagen. Beim einen dauert die Entwicklungsphase relativ kurz, beim anderen vergleichsweise lang. Der eine hat sich einen Namen für innovatives Design gemacht, das Design des anderen ändert sich nie. Der eine ist bekannt für seine hohe Qualität, der andere hat noch Probleme damit. Der eine hat hohe Produktionskosten, der andere niedrige. Der eine verkauft seine Produkte weltweit, greift jedoch nur auf nationale Zulieferer zurück, während der andere seine Produkte eher auf nationaler Ebene verkauft, jedoch ein globales Netz an Zulieferern nutzt. Die »doppelte« Entwicklungsarbeit bei alternativen Treibstoffen und Unfallverhütungssystemen kann eingestellt werden, und das neue Unternehmen kann sich die Ergebnisse der Grundlagenforschung sowohl in Amerika als auch in Deutschland zunutze machen. Aller Wahrscheinlichkeit nach werden Umsatzeinbußen wohl kaum gleichzeitig in den gemeinsamen Märkten zu verzeichnen sein. Steckt Europa in einer Krise, erlebt Amerika höchstwahrscheinlich gerade einen Aufschwung.

Um einen durchschlagenden Erfolg zu erzielen, müssen die zwischenmenschlichen Probleme, die mit dem Verschmelzen von zwei so unterschiedlichen Geschäftskulturen einhergehen, überwunden werden. Diese zwischenmenschlichen Probleme dürfen jedoch nicht unterschätzt werden und sind vielleicht sogar unlösbar. Gelten deutsche oder amerikanische Lohn- und Gehaltstarife? Der Vorstand von Chrysler verdient $ 18 Millionen, der von Mercedes $ 2 Millionen pro Jahr. Amerikanische Unternehmen gehen mit ihren Beschäftigten grundlegend anders um als deutsche Firmen. Erhalten amerikanische Gewerkschaften dieselben Mitbestimmungsrechte wie ihr deutsches Pendant?

Die wissensbasierte Wirtschaft

Wie bereits erläutert, büßen Regierungen durch die ökonomische Globalisierung viel von ihrer Fähigkeit ein, die Wirtschaft im eigenen Land zu kontrollieren. Werfen wir doch einmal einen Blick auf den Markt, der als erster globalisiert wurde – den Finanzmarkt. Finanzieller Wohlstand läßt sich leicht auch außerhalb des eigenen Landes aufbauen. Das entsprechende Bedürfnis danach ist die Ursache dafür, daß die Caymaninseln heute der weltweit fünftgrößte Bankplatz sind. Jeder leiht sich Geld auf demselben globalen Kapitalmarkt, ganz unabhängig davon, von wo aus dieses Geschäft getätigt wird. Die Hypothek auf das Haus eines typischen Amerikaners wird zusammen mit anderen Hypotheken auf den New Yorker Finanzmärkten verkauft – möglicherweise an eine japanische Versicherungsgesellschaft. Die Bank vor Ort erledigt lediglich die Schreibarbeit. Der Käufer weiß nicht, woher das Geld stammt, und die Geldgeber werden die von ihnen finanzierten Liegenschaften nie zu Gesicht bekommen.

Definiert man Kultur sehr großzügig und schließt sämtliche Freizeitaktivitäten mit ein, ist Kultur weltweit der größte Industriezweig. Das Geschäft mit Kreuzfahrten und Kinofilmen schafft Milliardäre. Eine Fußballmannschaft, Manchester United, wurde für über eine Milliarde Dollar verkauft. In der Welt der Kultur erhält der Sieger alles, der Beste wird dafür bezahlt, jedermann zu unterhalten (Pavarotti auf CD, Michael Jordan auf dem Basketballfeld). Nummer Zwei und Drei haben keinerlei Marktwert.

Kultur bedeutete früher, daß die Älteren den Jüngeren beibrachten, welche Traditionen es in ihrer Gesellschaft zu bewahren gab. Heutzutage läßt Kultur die Älteren außen vor und spricht die Jüngeren direkt an. Nicht-Amerikaner betrachten dies als gefährliche Invasion amerikanischer Kultur. Aber es sind doch nicht gerade traditionelle amerikanische Werte, die als Kulturgut exportiert werden. Der größte Unterschied zur traditionellen Kultur besteht darin, daß die jüngere Generation bereit ist, für sie zu zahlen. Läßt sich ein bestimmter kultureller Teilbereich nicht verkaufen, sind die

Bereit zur Selbstzerstörung

elektronischen Medien auch nicht daran interessiert. Selbst wenn es sich dabei um ein wertvolles Kulturgut handelt, wird es nicht an die nächste Generation weitergegeben.

Selbstverständlich können Regierungen Gesetze verabschieden, die Pornographie verbieten, doch die globale Kommunikation verhindert deren Einhaltung. Pornographie wird an einem beliebigen Ort produziert, an dem dies entweder rechtmäßig ist oder gar nicht erst als Pornographie verstanden wird, und über das Internet weltweit verbreitet.

Auch dem Bildungswesen stehen durch effizienten Fernunterricht über die neuen Medien ähnliche Veränderungen (mit ihren Chancen und Gefahren) bevor. In der traditionellen Hochschulausbildung werden führende Institutionen wie zum Beispiel Harvard nach wie vor unschlagbar sein, doch im Bereich der neuen Fernlernmethoden könnten sie an ihre Grenzen stoßen. Führungspositionen auf dem Gebiet der Erziehung und Bildung stehen im 21. Jahrhundert auf dem Spiel.

Verglichen mit den gemeinnützigen Universitäten befinden sich gewinnorientierte Unternehmen vermutlich in der besseren Ausgangsposition, um in Zukunft die Rolle der führenden Bildungseinrichtungen zu übernehmen. Im Sektor des Fernunterrichts über elektronische Medien sind die Anschaffungskosten so enorm – man vergleiche nur einmal die Produktionskosten der »Sesamstraße« mit den Baukosten für einen Kindergarten –, daß nur sehr wenige Schulen oder Universitäten sie aufbringen können. Und selbst wenn ihnen dies gelänge, wären sie vermutlich nicht bereit, ihre altbewährten Lehrmethoden zu ändern.

Vielleicht gelingt es den gewinnorientierten Bildungsstätten nicht, ihre gemeinnützigen Konkurrenten aus dem Geschäft zu verdrängen, aber möglich wäre es schon – und dann wird es sehr schnell gehen.

Die wissensbasierte Wirtschaft

> **Regel Zwei**
>
> Ein erfolgreiches Unternehmen muß zur Selbstzerstörung bereit sein, um zu überleben. Es muß willens sein, das Altbewährte bereits dann zu vernichten, wenn es damit noch erfolgreich ist, sofern es das Neue aufbauen will, noch bevor sich damit Gewinn erzielen läßt. Zerstört sich ein Unternehmen nicht selbst, werden es andere tun.

Gleichgültig ob wir die Entwicklung ablehnen oder begrüßen, die Biotechnik wird uns in eine Zukunft führen, in der Pflanzen, Tiere und der Mensch teilweise selbst Produkte des Menschen sind. Als erstes wird diese Wissenschaft Erbkrankheiten eliminieren, doch später wird es darum gehen, den größeren, klügeren, schöneren und besseren Menschen zu erzeugen. Menschen, die an genetisch bedingtem Zwergwuchs leiden, zu normaler Körpergröße zu verhelfen, läßt sich dann ebenso bewerkstelligen, wie normal großen Kindern den Körperbau von Profi-Basketballspielern zu verleihen. Stellen Sie sich vor, Eltern könnten den Intelligenzquotienten ihrer Kinder um dreißig Punkte erhöhen. Würden Sie das nicht auch wollen? Nein? Dann aber sicherlich Ihr Nachbar, und schon wäre Ihr Kind das dümmste in der gesamten Nachbarschaft. Die Mikrobiologie ist nur eine der Technologien, die die Welt verändern und weitere Milliardäre schaffen werden.

Ebenso wie die zweite Industrielle Revolution vor etwa hundert Jahren bietet gegen Ende des 20. Jahrhunderts auch die dritte die Möglichkeit, als gemachter Mann dazustehen. Neue Technologien bedeuten Wandel. Wandel erzeugt ein Ungleichgewicht. Ein Klima des Ungleichgewichts führt zu hohen Renditen und Wachstumsraten. Die Sieger wissen die neuen Technologien gewinnbringend einzusetzen, haben das Glück, zur richtigen Zeit am richtigen Ort zu sein und verfügen über das nötige Know-how, die neue Situation für sich zu nutzen. Die logische Folge: Die Sieger werden reich.

Bereit zur Selbstzerstörung

Phasen, in denen ein Ungleichgewicht besteht, werden üblicherweise durch einen Umbruch in der Technologie ausgelöst. Doch manchmal gelingt es den Unternehmern selbst, ein soziologisches Ungleichgewicht zu erzeugen, indem sie die Gewohnheiten der Menschen verändern. Starbucks konnte die Amerikaner davon überzeugen, für ihre morgendliche Tasse Kaffee in ihrem Stammlokal nicht mehr nur die üblichen $ 0,50 auszugeben, sondern statt dessen im Café $ 2,50 dafür hinzulegen. Starbucks machte aus einem billigen, überall erhältlichen Massenprodukt, an dem keiner der zahlreichen Konkurrenten ein Vermögen verdienen konnte, ein konkurrenzloses Luxusprodukt. Sie lösten damit die rasche Expansion dieser Branche aus, deren hohe Renditen schon manchen zum Milliardär machten.

Ähnlich nutzen gewitzte Köpfe demographische Änderungen geschickt für die Kreuzfahrtbranche aus. Sie hatten bemerkt, daß sich die relative Kaufkraft der Älteren innerhalb von fünfundzwanzig Jahren verdoppelt hatte. Das Nettovermögen der Siebzigjährigen, das noch vor zwanzig Jahren 40 Prozent unter dem der Dreißigjährigen lag, war plötzlich um 20 Prozent höher als das der Dreißigjährigen. Kreuzfahrten wurden so zum perfekten Urlaubsvergnügen für die ältere Generation. Frei nach dem Motto: »Reisen – ohne auch nur einen Finger zu bewegen« wurden Gewinne in Milliardenhöhe erzielt.

Beide Beispiele verdeutlichen, wie Unternehmer kein »technologisches«, sondern ein »soziologisches« Ungleichgewicht erzeugten.

Die dritte Form eines Ungleichgewichts läßt sich als »entwicklungsbedingtes« Ungleichgewicht bezeichnen. Dieses entsteht, wenn sich die Einkommensgefüge einzelner Länder stark voneinander unterscheiden und Unternehmer Leistungen nicht mehr aus dem Arbeitsmarkt der Industriegesellschaften, sondern aus dem der Entwicklungsländer beziehen.

Die wissensbasierte Wirtschaft

Ein gutes Beispiel für diese Theorie ist der Fall Hongkong/China. Als ich etwa ein Jahr vor der Rückgabe des Stadtstaates an die Volksrepublik im Wartesaal des Flughafens von Hongkong saß, konnte ich ein Gespräch zweier wohlhabender Geschäftsmänner aus China belauschen, die auf dem Weg nach Vancouver waren. Sie mußten dort ein halbes Jahr leben, weil sie die kanadische Staatsbürgerschaft erwerben wollten – ihre persönliche Versicherungspolice für den Fall, daß sich die Dinge in Hongkong anders entwickeln würden als erhofft. Sie lamentierten deutlich vernehmbar über ihren sechsmonatigen Zwangsaufenthalt in Kanada, da sie für sich keinerlei Möglichkeit sahen, während dieser Zeit profitable Geschäfte abzuwickeln. Es hörte sich fast so an, als sei Vancouver ökonomisches Brachland. Wie kommt dieser Eindruck zustande? Vancouver ist doch reicher als Hongkong.

Die Erklärung liegt darin, daß es in Kanada kein entwicklungsbedingtes Ungleichgewicht gibt. In Hongkong konnten diese beiden Geschäftsmänner ihren Traum vom großen Reichtum verwirklichen, indem sie sich die Unterschiede zwischen den reichen Industrienationen und dem sehr armen, jetzt aber für den Handel geöffneten China zunutze machten. Warengeschäfte mit einem niedrigen Wachstumspotential, mit denen sich in den reichen Ländern der Welt nur geringe Profite erwirtschaften lassen, brachten in China hohe Profite und bargen dort ein vielversprechendes Wachstumspotential. Die Kunst der beiden Geschäftsmänner bestand darin, wirtschaftliches Transferdenken zu besitzen und exakt den richtigen Zeitpunkt zu erkennen, wann Chinas Markt reif für die unterschiedlichsten Geschäftätigkeiten war.

Kanada bot den beiden Chinesen diese Möglichkeit nicht, da es sich um ein voll entwickeltes Industrieland handelt. Nur mit neuen bahnbrechenden Technologien oder neuen soziologischen Konzepten ließe sich in Vancouver ein Vermögen machen. Die beiden Chinesen verfügten weder über das eine noch das andere. Für die beiden war Vancouver tatsächlich ökonomisches Brachland.

Bereit zur Selbstzerstörung

Asien bietet generell die Möglichkeit, zu großem Reichtum zu gelangen. Man muß lediglich den Transfervorgang beherrschen und wissen, wann der richtige Zeitpunkt gekommen ist (angemessenes Bildungsniveau, optimale Einkommenshöhen, entsprechend ausgebaute Infrastruktur, die »richtige« Regierung), um den dortigen Markt mit alltäglichen Waren und Dienstleistungen aus der Ersten Welt zu überschwemmen. Dieses Phänomen erklärt auch, warum die Zahl der Milliardäre in Asien wie auch in Amerika explosionsartig in die Höhe schießen konnte, bis die asiatischen Milliardäre vom Sog der Finanzkrise mitgerissen wurden. Davor verstanden sie es, die Vorteile des entwicklungsbedingten Ungleichgewichts zu nutzen. Den aktuellen Zahlen zufolge gibt es nur noch neun Milliardäre in Asien, während es vor der Finanzkrise einundvierzig waren.

Die Ursachen für den Milliardärsboom in Amerika oder Asien liegen auf der Hand. Europa ist in dieser Hinsicht jedoch ein Rätsel. Wir müssen uns fragen, warum es den Europäern nicht gelungen ist, entweder das asiatische Modell zu übernehmen und die Chancen, die sich durch das Ungleichgewicht zwischen Ost- und Westeuropa bieten, zu nutzen oder dem amerikanischen Vorbild zu folgen und aus dem technologischen Ungleichgewicht und dem Vorsprung durch die neuen Technologien Kapital zu schlagen. Warum haben sie nicht einfach ein neues soziologisches Ungleichgewicht geschaffen? Das Rätsel der Mangelware »europäische Milliardäre« wird später in diesem Buch noch gelöst.

> **Regel Drei**
>
> Unternehmen können nur dann ein hohes Wachstumspotential mit enormen Gewinnspannen schaffen, wenn sie es verstehen, ein technologisches oder entwicklungsbedingtes Ungleichgewicht für sich zu nutzen oder ein soziologisches zu schaffen. Alle anderen Aktivitäten laufen auf langsames Wachstum und geringe Renditen hinaus.

Die wissensbasierte Wirtschaft

Die schlechteste aller Zeiten

Obwohl Milliardäre und Wirtschaftswunder die Schlagzeilen beherrschen, gibt es noch ein ganz anderes Kriterium für die Beurteilung von Reichtum. Wahrer Reichtum bedeutet die Fähigkeit, aus weniger mehr zu machen – einen Güter- und Leistungsstrom auszulösen, ohne dafür in gleichem Ausmaß Opfer bringen zu müssen. Der tatsächliche Reichtum des einzelnen, der seine Freizeit für die Arbeit opfert, um einen Einkommenszufluß zu erreichen, kann nicht anhand des Kapitalwertes seines Verdienstes erfaßt werden. Der Wert der geopferten Freizeit muß von dem erhöhten Marktvermögen abgezogen werden, um festzustellen, ob tatsächlich größerer Reichtum geschaffen wurde. So führen die Vereinigten Staaten zwar die weltweite Liste über das BIP pro Kopf an, rangieren beim BIP pro Arbeitsstunde jedoch nur an neunter Stelle.[19] Die Amerikaner verfügen über mehr Geld – weil sie weniger Freizeit haben.

Wird das Bruttoinlandsprodukt nicht pro Kopf, sondern pro Arbeitsstunde berechnet, fällt Japan in der weltweiten Rangliste von Platz 3 auf Rang 18 zurück, während Belgien vom zehnten Platz auf die Siegerposition vorrückt.

Ist der Wert der geopferten Freizeit höher als der der neuerworbenen Waren, ist der einzelne ärmer, obwohl sein oder ihr Marktvermögen gestiegen ist. Wahrer Wohlstand wird nicht geschaffen, indem man auf Freizeit verzichtet, um statt dessen Geld zu verdienen. Letzten Endes entsteht wahrer Reichtum nur dann, wenn die Arbeitsproduktivität gesteigert wird. Bei gleichbleibender Anzahl an Arbeitsstunden wird ein – im Vergleich zu vorher – höheres Einkommen erzielt und damit Wohlstand geschaffen.

Dies gilt ebenso für Reichtum, der aufgrund von Investitionen in Anlagen und Maschinen geschaffen wird. Wird zugunsten von Neuinvestitionen auf Konsum verzichtet, muß der Wert der nicht konsumierten Güter vom Einkommenszufluß, der sich aus der

Bereit zur Selbstzerstörung

Neuinvestition ergibt, abgezogen werden. Auch hier wird kein wahrer Wohlstand geschaffen, indem für den Konsum vorgesehenes Geld statt dessen für Investitionen ausgegeben wird. Wohlstand entsteht durch gesteigerte Kapitalproduktivität – mit derselben Kapitalausstattung mehr erwirtschaften oder mit weniger Kapitalausstattung denselben Gewinn erwirtschaften.

Wird sowohl das Opfer an Freizeit als auch an Kapital mit in Betracht gezogen, sprechen Fachleute von der Gesamtproduktivität, das heißt, weniger Zeit und Kapital müssen investiert werden, um das vorherige Einkommensniveau zu erzielen; oder die ursprüngliche Investition von Zeit und Kapital bringt höhere Erträge. In einfachen Worten ausgedrückt bedeutet dies, daß eine wohlhabendere Gesellschaft eine höhere Gesamtproduktivität besitzt.

Ähnlich verhält es sich, wenn versucht wird, das Marktvermögen durch die Ausbeutung der natürlichen Ressourcen oder durch Umweltverschmutzung zu erhöhen – auch hier entsteht kein echter Wohlstand. Wahrer Reichtum entspringt der umweltschonenden Nutzung natürlicher Ressourcen. Werden bei der Fertigung von beliebigen Produkten Rohstoffe eingespart? Erfolgt die Herstellung umweltfreundlich, und lassen sich diese Produkte umweltschonend nutzen? Wenn ja, ist die Produktivität im Hinblick auf natürliche Ressourcen und Umweltschutz gestiegen und wahrer Wohlstand wurde geschaffen. Die umweltschonende Nutzung natürlicher Ressourcen fließt wegen der Schwierigkeit, sie exakt zu definieren und zu messen, oft nicht in die Berechnung der Gesamtproduktivität ein, obwohl sie ein wichtiger Faktor ist.

Im Inneren der Reichtumspyramide findet sich der eigentliche Schatz – die Produktivität. Ohne Steigerung der Produktivität ist das Äußere der Pyramide nur eine schillernde Fassade. Die Produktivitätssteigerung bestimmt, welcher Gesamtertrag zur Aufteilung verfügbar ist. Bei einem langsamen Wirtschaftswachstum kann lediglich an der Spitze der Pyramide großer Wohlstand entstehen.

Die wissensbasierte Wirtschaft

Nur mit einem raschen Wirtschaftswachstum kann Reichtum für die ganze Gesellschaft geschaffen und jedem die Möglichkeit geboten werden, am Wachstum teilzuhaben. Nur durch eine erhebliche Produktivitätssteigerung läßt sich das Einkommen der breiten Masse erhöhen.

Und genau hier gibt es ein großes Geheimnis zu lüften. Niemand wird allen Ernstes bestreiten wollen, daß es Amerika in den vergangenen zehn Jahren gelungen ist, das Markt- und mit ihm das Privatvermögen in größerem Ausmaß zu erhöhen als in jedem anderen Jahrzehnt zuvor. Noch nie war der äußere Anblick einer Pyramide derart beeindruckend. Doch erforscht man ihr Inneres, wird schnell klar, daß es sich in Sachen Produktivitätssteigerung um das schwärzeste Jahrzehnt der amerikanischen Geschichte handelt. Die Arbeitsproduktivität erhöhte sich lediglich um 1,1 Prozent jährlich, also nur um ein Drittel der in den Sechzigern jährlich erzielten 3,2 Prozent. Dies ist das schlechteste Ergebnis, das Amerika je erzielt hat, auch wenn zwischen 1996 und 1998 ein leichter Aufschwung zu verzeichnen war. Sogar während der Depression von 1929 bis 1939 konnte die Produktivität um jährlich 1,6 Prozent gesteigert werden. Der technologische Wandel, der sich scheinbar so schnell vollzog, ging in Wirklichkeit sehr langsam voran. Gemessen an der Gesamtproduktivität wurde während des letzten Jahrzehnts überhaupt kein echter Wohlstand geschaffen.

Das Innere der Pyramide ist leer, der äußere Glanz lediglich Blendwerk. Die Pyramide birgt keine wahren Schätze.

Was ist denn nun real? Der technologische Fortschritt, den wir fühlen, sehen und sogar riechen können, oder die langsame Produktivitätssteigerung, die wir messen können?

Die fehlende Übereinstimmung zwischen dem, was wir empfinden und dem, was wir messen können, hat bei Menschen, die sich eher von ihren Gefühlen leiten lassen, den Eindruck hervorgerufen, daß die Statistiken über die Produktivität nicht stimmen können. Andererseits fordern diejenigen, die sich lieber auf ihren Verstand verlassen, Beweise dafür, daß die nicht meßbaren, aber spürbaren Verbesserungen der Produktivität ausreichen, um den Unterschied zwischen dem, was wir sehen und messen, aufzuheben. Doch bislang ist es noch niemandem geglückt, diese Beweise beizubringen.

Diejenigen unter uns, die an eine nicht meßbare Produktivitätssteigerung glauben, argumentieren folgendermaßen: Geht man einmal davon aus, daß die Inflation als zu hoch eingestuft wird – eine Ansicht, die von hochkarätigen Experten durchaus geteilt wird –, wird als Folge daraus die tatsächliche Produktivität als viel geringer bewertet als sie eigentlich ist.

Diese Argumentationskette hat zwei Haken: Selbst wenn die Inflationsrate um einen Prozentpunkt höher angegeben wird als sie tatsächlich ist, was folglich die Produktivität als zu niedrig erscheinen läßt, erklärt dies lediglich ein Prozent des Produktivitätsrückgangs. Wie läßt sich das Minus um den zweiten Prozentpunkt erklären? Außerdem trägt diese Sichtweise rein gar nichts zur Problemlösung bei, es sei denn, man will ernsthaft behaupten, daß die Inflationsrate in den neunziger Jahren zu hoch angesiedelt wird, dies jedoch in den sechziger Jahren nicht der Fall war. Dies entspricht schlichtweg nicht der Wahrheit

Selbstverständlich gibt es auch ein Gegenargument. Um die Produktivitätssteigerung ist es sogar noch schlechter bestellt als offiziell angegeben wird. Unabhängigen Umfragen zufolge arbeiten Arbeiter pro Woche wesentlich länger als die offizielle Statistik angibt.[20] Geht man von der höheren Einschätzung der Arbeitsstunden aus, sinkt die Steigerung der Arbeitsproduktivität auf Null, und die Steigerungsrate der Gesamtproduktivität fällt in den Minusbereich.

Mit besseren statistischen Meßmethoden können aber auch negative Auswirkungen erfaßt werden. In den letzten beiden Jahrzehn-

Die wissensbasierte Wirtschaft

ten hat sich die Lebenserwartung in Amerika um 4 Prozent erhöht, die Ausgaben im Gesundheitswesen stiegen jedoch um 500 Prozent an. Im internationalen Vergleich gibt jeder Amerikaner doppelt soviel Geld für seine Gesundheit aus wie ein Japaner oder Brite – und ist dennoch öfter oder länger in seiner Gesundheit beeinträchtigt als diese.[21]

Ein anderes Beispiel: Würden wir die Dienstleistungen in der Automobilindustrie messen, könnten wir feststellen, daß die Vorteile moderner Autos mit geringerem Wartungsaufwand es nicht aufwiegen können, daß der Durchschnittsbürger wesentlich öfter und länger im Stau steht.

Es ist und bleibt ein Rätsel, und dies ist kein Produkt falscher Statistiken: Aus einem unerfindlichen Grund hat die dritte Industrielle Revolution einerseits einen hohen Marktwohlstand geschaffen und andererseits eine höchst klägliche Gesamtproduktivität bewirkt.

Vielleicht erweisen sich die aktuellen Börsenkurse als ebenso gehalt- und bestandlos wie die Tulpen-Manie vor etwa 360 Jahren. Damals konnte man sich für den Gegenwert einer einzigen schwarzen Tulpenzwiebel ein fünfstöckiges Wohnhaus in bester Lage an den Grachten Amsterdams leisten. Die »Tulpenmilliardäre« schwelgten einige Jahre im Reichtum und verschwanden dann sang- und klanglos von der Bildfläche. Vielleicht gehen auch unsere heutigen Milliardäre als schillernde Persönlichkeiten in unsere Geschichtsbücher ein – doch auch sie werden keinen nachhaltigen, ökonomisch bedeutsamen Eindruck hinterlassen.

Andererseits könnte der enorme Reichtum der Milliardäre auch ein trauriges Spiegelbild der wirtschaftlichen Entwicklung darstellen: die Mobilisierung größerer Ressourcen aufgrund von weniger Freizeit, Konsumverzicht, verstärkte Ausbeutung natürlicher Rohstoffe, rücksichtslose Umweltverschmutzung sowie die Umverteilung des vorhandenen gesellschaftlichen Reichtums auf einige wenige an der Spitze. In der Sphäre des Geldes werden nur deshalb so

Bereit zur Selbstzerstörung

hohe Gewinne verbucht, weil den Arbeitern in den Fabriken realiter weniger Lohn gezahlt wird.

Beide Überlegungen sind gleichermaßen realistisch.

In den letzten fünfundzwanzig Jahren wuchs der Anteil am Nettovermögen, das sich im Besitz der obersten 5 Prozent der Gesamtbevölkerung befand, von 16,7 auf 21,4 Prozent. Das Marktvermögen der oberen 5 Prozent ist nun ebenso hoch wie das der unteren 60 Prozent der Bevölkerung. Der Anteil der Mittelschicht, etwa 20 Prozent der Bevölkerung, am Gesamtwirtschaftvolumen und am inflationsbereinigten Reinvermögen ist von 10 Prozent im Jahre 1989 auf 3 Prozent im Jahre 1997 abgesunken.[22]

Die eigentliche Botschaft, die sich hinter diesen Zahlen versteckt, ist sogar noch schlechter. In den Familien der Unter- und Mittelschicht stieg das durchschnittliche Bildungsniveau von Männern und Frauen gleichermaßen. Aufgrund ihres höheren Bildungsstandes hätten sich diese Familien durchaus ein höheres Einkommen verdient als ihnen tatsächlich gezahlt wird.

Auch gibt es heute wesentlich mehr berufstätige Frauen als je zuvor. Die Anzahl von voll berufstätigen Frauen verdoppelte sich bei Familien mit Kindern; bei Familien ohne Kinder stieg sie um 50 Prozent. Zwischen 1979 und 1996 arbeiteten Ehepaare jährlich 617 Stunden mehr. Dies entspricht einer Vollzeitbeschäftigung von über fünfzehn Wochen.[23]

Doch die gestiegene Anzahl an Arbeitsstunden hat keineswegs zu einem höheren Haushaltseinkommen geführt. Der Verdienst der Ehefrauen konnte lediglich das gesunkene Einkommen ihrer Männer auffangen.

Ein anschauliches Beispiel, jedoch keinesfalls die alleinige Ursache für diese wachsende Einkommensdisparität ist das Gehaltsniveau von Geschäftsführern und Vorstandsvorsitzenden – in rund dreißig Jahren wuchs es vom 44fachen auf das 212fache des amerikani-

Die wissensbasierte Wirtschaft

schen Durchschnittseinkommens an.[24] Was jedoch noch mehr verblüfft, ist die Tatsache, daß die oberste Führungskraft eines amerikanischen Unternehmens deutlich mehr verdient als seine Kollegen außerhalb Amerikas. Die Vorstandsgehälter liegen in Amerika um 34 Prozent höher als in Großbritannien, um 106 Prozent höher als in Frankreich, um 155 Prozent höher als in Japan und um 169 Prozent höher als in Deutschland.[25]

Zur Erklärung des Phänomens, daß der neugeschaffene Wohlstand nur die oberste Bevölkerungsschicht betrifft, lassen sich folgende Argumente anführen: Die breite Masse muß deutliche Einkommensverluste hinnehmen, die Löhne sinken, wodurch wiederum die Firmengewinne steigen, und in der Freizeit trägt man neuerdings auch zur Steigerung des gesamtwirtschaftlichen Ertrags bei. Doch selbst das Zusammenspiel dieser Faktoren begründet nicht schlüssig, weshalb das Produktivitätswachstum derart abflachen und gleichzeitig enormer Reichtum an der Spitze entstehen kann. Die durch die Lohnkürzungen gesparten Gelder fließen größtenteils nicht an die Wohlhabenden, sondern in Form von höheren Pensionen und Renten an unsere älteren Mitbürger.

Sowohl in Europa als auch in Japan wächst der Druck, das ungleiche Lohngefüge noch weiter zu verschärfen. Die hohen Arbeitslosenzahlen in Europa lassen sich eindeutig auf die zu hohen Löhne und Gehälter der weniger qualifizierten Arbeiter zurückführen. Dieselben Arbeitsleistungen können woanders wesentlich günstiger eingekauft werden, was zur Folge hat, daß selbst europäische Unternehmen ihre Produktionsstätten in Billiglohnländer verlagern. Mercedes und BMW etwa produzieren lieber im kostengünstigeren Amerika als in Europa mit seinen hohen Gehalts- und Lohnnebenkosten.

Gleichzeitig ist es den Regierungen überall auf der Welt nicht mehr möglich, den wirtschaftlich Gestrauchelten in gewohntem Umfang unter die Arme zu greifen. Wirtschaftlich in Not geratene

Bereit zur Selbstzerstörung

Amerikaner werden von keinem sozialen Netz mehr aufgefangen. Sie haben die Wahl, entweder jeden auch noch so schlecht bezahlten Job anzunehmen oder – zumindest rein theoretisch – zu verhungern. Die Organisation für wirtschaftliche Zusammenarbeit und Entwicklung (OECD), der »Club« der reichsten Länder der Welt, erteilt den Europäern regelmäßig den Rat, ihre Sozialausgaben drastisch zu kürzen.[26] Im 21. Jahrhundert ist für die wirtschaftlichen Verlierer kein Geld mehr übrig, da die Gesellschaften es lieber den wirtschaftlichen Siegern zukommen lassen.

Doch auch die Unternehmen können sich nicht mehr auf staatliche Unterstützung verlassen. Keine Regierung kann es sich mehr leisten, ihre Unternehmen durch Einfuhrzölle und -beschränkungen vor der ausländischen Konkurrenz zu schützen. Auch staatliche Subventionen werden nicht mehr nach dem Gießkannenprinzip gewährt. Versuchen Regierungen, ihre Unternehmen innerhalb der jeweiligen Binnenmärkte zu schützen, werden diese Unternehmen zunehmend vom für Großunternehmen weitaus wichtigeren globalen Markt ausgeschlossen.

Die Kluft zwischen erfolgreichen und erfolglosen Firmen wird immer breiter. Die Anzahl der Konkurse in Amerika entspricht in jedem x-beliebigen Jahr in etwa der Anzahl der Firmenneugründungen (zu 88 Prozent). Unternehmensberater räumen lediglich internationalen Unternehmensriesen oder Firmen, die in Marktnischen eindringen, Chancen im Überlebenskampf ein. Firmen haben nur noch zwei Alternativen: Entweder sie fusionieren oder sie stoßen Firmenbereiche ab, um Reaktionszeiten zu verkürzen.

Die nationalen mittelständischen Unternehmen stecken in ernsthaften Schwierigkeiten – sie sind vom Aussterben bedroht. Entweder sie müssen ihren Betrieb einstellen (Gimbels), oder sie werden von anderen Firmen aufgekauft (Rolls Royce).

Auch die Staaten selbst sehen sich mit ähnlichen Problemen konfrontiert. In den fünfziger, sechziger und siebziger Jahren haben

Die wissensbasierte Wirtschaft

sich die unterschiedlichen Pro-Kopf-Einkommen einzelner Länder zunehmend aneinander angeglichen, doch diese Entwicklung ist heute wieder rückläufig. In den ehemaligen Ländern der Zweiten Welt (kommunistische Staaten mit mittlerem Einkommensniveau) ist das BIP pro Kopf nahezu auf den Stand von Ländern der Dritten Welt abgesunken. Aber auch in anderen Ländern wird der einstige Spitzenstand des Bruttoinlandsprodukts pro Kopf bei weitem nicht mehr erreicht. In den meisten Staaten Afrikas ist das BIP pro Kopf unter den Stand des Jahres 1965 abgesunken. In vielen lateinamerikanischen Staaten liegt es weit unter dem Stand des Jahres 1980, in vielen asiatischen Ländern unter dem des Jahres 1997. In einigen Ländern, wie zum Beispiel Indonesien, ist nichts mehr vom Wohlstand der vergangenen dreißig Jahre übriggeblieben.

Die große Ausnahme bildet selbstverständlich China – das einzige Land, dem es gelang, den Lebensstandard von immerhin mehr als einem Fünftel der Weltbevölkerung durch rasantes Wirtschaftswachstum anzuheben.

In der Ersten Welt hat die mit dem Ende des Zweiten Weltkriegs einsetzende Angleichung des Lohnniveaus eindeutig ihr Ende gefunden, auch wenn der allgemeine wirtschaftliche Abschwung ebenso als eine verdrehte Form des Angleichungsprozesses betrachtet werden kann, seit Japan Europa von seiner Spitzenposition verdrängt hat. Amerika als Spitzenreiter beim Bruttoinlandsprodukt pro Kopf hat es durch seinen einmaligen Wirtschaftsboom in den neunziger Jahren geschafft, den Abstand zu den anderen führenden Industrienationen noch weiter auszubauen. So hat sich zum Beispiel die Einkommenskluft zwischen den Vereinigten Staaten und Kanada seit 1990 um ein Drittel vergrößert.

All diejenigen, welche der wachsenden ökonomischen Disparität zwischen Einzelpersonen, Unternehmen und Staaten Einhalt gebieten wollen, müssen wissen, nach welchem Prinzip die Reichtumspyramide einer wissensbasierten Ökonomie aufgebaut ist. Es

Bereit zur Selbstzerstörung

ist unmöglich geworden, das Bestehende – die während der zweiten Industriellen Revolution geschaffene Reichtumspyramide – zu bewahren. Die Kräfte der dritten Industriellen Revolution lassen sich – wie wir noch erfahren werden – so bündeln, daß sich das bestehende Ungleichgewicht nicht noch weiter verschärft. Konkurrieren jedoch die Regierungen im Kampf gegen dieses Ungleichgewicht, werden alle auf der Strecke bleiben.

Die Entstehungsgeschichte der Reichtumspyramide

2

Die Gesellschaftsstruktur 65

Unternehmerische Fähigkeiten 95

Wissen schaffen 114

Kenntnisse und Fertigkeiten 140

Investitionen 155

Natürliche Ressourcen und
Umweltschutz 177

Die Gesellschaftsstruktur

Die Reichtumspyramide steht und fällt mit der Gesellschaftsstruktur, die man sich als die riesigen behauenen Quader im Sockel der Pyramide vorstellen kann. Denken Sie einmal an die ärmsten Länder und Regionen der Welt – Haiti, Bangladesch, Zentralafrika. In all diesen Ländern regieren Chaos und Anarchie, da ihnen keine solide Gesellschaftsstruktur zugrunde liegt. So etwas wie eine öffentliche Ordnung oder Infrastruktur gibt es nicht. Es gelingt ihnen beispielsweise nicht, Dorfschulen einzurichten und personell zu besetzen. Und sie schaffen es nicht, ein öffentliches Gesundheitswesen bereitzustellen.

Das Nebeneinander von reichen und armen Regionen ist in der Menschheitsgeschichte wahrlich nichts Neues. Auch heute noch leben fünfmal soviele Menschen in den armen Regionen unserer Erde wie in den reichen. Der Bau einer Reichtumspyramide ist und bleibt eine Herausforderung. Viele Menschen werden vielleicht nie begreifen, worauf es dabei ankommt.

Selbst wenn eine Region einmal reich und wohlhabend war, bedeutet dies noch lange nicht, daß sie es auch bleiben mußte. Im Mittelmeerraum etwa stieg zuerst das Pro-Kopf-Einkommen der alten Ägypter vor rund fünftausend Jahren. Sein höchster Wert wurde zur Zeit des römischen Kaiserreichs vermeldet. Sechshundert Jahre später, im finsteren Mittelalter, war es um 90 Prozent gefallen, während es in den darauffolgenden tausend Jahren wieder anstieg. Während im mittelalterlichen Europa bittere Armut

Die Entstehungsgeschichte der Reichtumspyramide

herrschte, erfreuten sich der Nahe Osten und China großen Reichtums. Im 19. Jahrhundert war das Gegenteil der Fall.

Der Erhalt einer Reichtumspyramide ist also ebenso schwierig wie eine neue zu bauen. Für beides ist eine hochentwickelte Gesellschaftsstruktur unabdingbar. Sie bildet nicht nur den Sockel der Reichtumspyramide, sondern wird als zentraler Baustein in jeder Phase des Wohlstandsaufbaus benötigt.

In allen erfolgreichen Gesellschaftsformen tauchen von Zeit zu Zeit neue Probleme auf, die mit Hilfe der alten Institutionen nicht gelöst werden können. Wollen sie weiterhin auf Erfolgskurs bleiben, müssen grundlegende Veränderungen durchgeführt werden. Bedauerlicherweise zeigen sich Gesellschaften gegenüber Neuerungen sehr widerstandsfähig, und die Toleranzschwelle gegenüber Problemen ist größer als der Wille, sie zu lösen. Der Weg des geringsten Widerstands – also solange tatenlos abzuwarten, bis die Probleme unüberwindlich geworden sind – führt nur allzu oft zum Untergang bedeutender Kulturen. Nur selten bestehen Zweifel daran, mit welchen Maßnahmen bestehende Probleme bekämpft werden können. Die Krux liegt in den meisten Fällen darin, wie eine Gesellschaft den Teufelskreis aus Schwierigkeiten und nicht ergriffenen Gegenmaßnahmen durchbrechen kann, bevor es zu spät ist und sich die Probleme zu einer ernsthaften Krise entwickelt haben.

In allen drei der weltweit bedeutendsten Wirtschaftsgebiete wird derzeit die Möglichkeit eines sozialen Wandels auf die Probe gestellt. Japan, das einst das schnellste Wirtschaftswachstum der industrialisierten Welt vorweisen konnte, muß sich seiner gegenwärtigen Finanzkrise stellen und die damit verbundene wirtschaftliche Stagnation bekämpfen. Es muß lernen, mit welchen Mitteln sich ein echter technologischer Durchbruch erreichen läßt, und darf sich nicht darauf beschränken, lediglich bestehende Verfahren zu verbessern. Europäische Unternehmer haben die erste Industrielle

Die Gesellschaftsstruktur

Revolution ausgelöst, waren an der zweiten maßgeblich beteiligt, doch die dritte geht scheinbar spurlos an ihnen vorüber. In Europa sind daher durchgreifende Veränderungen erforderlich, um dem Unternehmertum wieder Aufschwung zu verschaffen. Die Amerikaner haben ein Bildungssystem für die breite Masse auf die Beine gestellt, nahmen über hundert Jahre lang eine Führungsrolle im Bildungswesen ein und konnten darauf ihren Erfolg im 20. Jahrhundert begründen. Doch dieses Bildungssystem, einst weltweit führend, zählt heutzutage beileibe nicht mehr zur Weltklasse. Amerika muß einen Neubeginn wagen, wenn nicht zwei Drittel seiner schlecht ausgebildeten Arbeiterschicht Lohneinbußen hinnehmen müssen.

Kernstück wirtschaftlichen Aufschwungs ist die organisierte Mobilisierung von Ressourcen. Im Amerika des 19. Jahrhunderts waren natürliche Ressourcen im Überfluß vorhanden, während gleichzeitig ein Mangel an Arbeitskräften herrschte. Damals war es folglich oberstes Gebot, Arbeitskräfte ins Land zu holen. In den neu entstandenen Fabriken mußte hart und lang gearbeitet werden. Das durchschnittliche Arbeitspensum in der Produktion betrug dreitausend Stunden jährlich – war also mehr als doppelt so hoch wie die heutige durchschnittliche Arbeitsleistung eines Amerikaners.

Asien dagegen verfügte in der zweiten Hälfte des 20. Jahrhunderts über ein hohes Arbeitskräftepotential und nur wenig natürliche Ressourcen. Aus diesem Grund war die Mobilisierung von Kapital oberste Pflicht. Staatliche Interventionen und Anreize trieben die Sparquoten in bislang unbekannte Höhen. Singapurs Sparquote lag über 50 Prozent. China legte trotz hoher Armut 30 Prozent des nationalen Gesamteinkommens auf die hohe Kante. Enorme Investitionen in industrielle Anlagen und Maschinen hatten ein rasantes Wirtschaftswachstum zur Folge.

In dieser ersten Phase des Wirtschaftswachstums, der Mobilisierung, ist das Produktivitätswachstum zunächst sehr gering. Die

Die Entstehungsgeschichte der Reichtumspyramide

Menge der Einsatzgüter erhöht sich ebenso rasch wie der Produktionsertrag. Ein Produktivitätswachstum kann und wird nur dann einsetzen, wenn die Mobilisierung von Arbeitskraft und Kapital ihren Höchststand erreicht hat.

In der zweiten Phase der wirtschaftlichen Entwicklung ist es sehr wichtig, erfolgreiche Entwicklungen in anderen Ländern zu beobachten und auf die eigenen Verhältnisse zu übertragen. Im 19. Jahrhundert übernahmen die Vereinigten Staaten die industriellen Verfahren der britischen Textilindustrie, der Stahlerzeugung und des Bergbaus, entwickelten sie weiter und verbesserten sie letzten Endes. Ähnliches war in Japan im 20. Jahrhundert bezüglich der amerikanischen Unterhaltungselektronik zu beobachten. In diesem Stadium der Wirtschaftsentwicklung sind menschliche Fertigkeiten das Zünglein an der Waage. Die USA konnten Großbritannien aufgrund ihres höheren Bildungsniveaus mit ihren eigenen Waffen – sprich Technologien – schlagen. Nur mit Hilfe seiner besser qualifizierten Arbeitskräfte konnte Amerika trotz technischen Gleichstands Großbritannien übertrumpfen und mehr produzieren. In ähnlicher Weise überholte Japan in den achtziger Jahren aufgrund seiner besser ausgebildeten Arbeitskräfte Amerika in vielen Industriezweigen. Trotz technischen Gleichstands war die Produktivität in Japan höher als in Amerika.

In der zweiten Phase der Wirtschaftsentwicklung setzt allmählich das Produktivitätswachstum ein.

In ihrer dritten Phase entscheidet der Wissensstand über den wirtschaftlichen Erfolg oder Mißerfolg. Bahnbrechende technologische Neuerungen treiben die Produktivität in Riesenschritten voran. Neue Produkte mit ungeahnten Einsatzmöglichkeiten werden entwickelt. Neuartige Herstellungsprozesse revolutionieren die Fertigung altbewährter Produkte. Rasanter Wandel ist plötzlich die Norm. Das Produktivitätswachstum beschleunigt sich.

Schon kurz nach ihrer Entwicklung verändern neue Technologien die Reichtumspyramide von Grund auf. In früheren Zeiten drehte

Die Gesellschaftsstruktur

sich alles um den Landbesitz. Wohlstand entstand damals, wenn es der Landwirtschaft gelang, einen Nahrungsmittelüberschuß zu produzieren, der ausreichte, die städtische Bevölkerung zu versorgen. Diese konnte sich dann dem Städtebau widmen, Kriege führen und mehr Land erobern. Auf diese Art und Weise kamen in der Antike Zivilisationen wie Ägypten, Rom, China, Mexiko, Peru und Kambodscha zu ihrem Reichtum.

In der ersten Industriellen Revolution drehte sich alles um Kohle. Bedingt durch den damaligen Stand der Technik war der Transport von Kohle aufgrund ihres Eigengewichts zu teuer, und die Umstellung auf Dampfmaschinen ließ sich nur in Regionen mit natürlichen Kohlevorkommen bewerkstelligen. Die leicht zugänglichen Kohlevorkommen Großbritanniens erklären zum Teil, warum die Industrielle Revolution dort ihren Anfang nahm. Die damaligen Herausforderer Amerika und Deutschland verfügten über nahezu gleichermaßen zugängliche Kohlevorkommen.

In der zweiten Industriellen Revolution war der Schlüssel zum Erfolg die Massenproduktion, für die sehr viel Kapital erforderlich war. Die Sieger waren diejenigen, die das meiste Kapital hatten – Carnegie zu Beginn des Jahrhunderts, Ford in den zwanziger Jahren, amerikanische Unternehmen in den Fünfzigern und die japanischen Firmen in den Achtzigern.

In der dritten Industriellen Revolution müssen die Bausteine der Reichtumspyramide herausgenommen und umgeschichtet werden. Allerdings ist noch nicht ganz klar, wo diese Steine anschließend wieder eingesetzt werden sollen. Lediglich eines steht fest: Sieger werden diejenigen sein, die als erste herausfinden, welche Bausteine der Reichtumspyramide einer wissensbasierten Ökonomie wohin gehören.

Die Entstehungsgeschichte der Reichtumspyramide

Die Vereinigten Staaten von Amerika

Keine gesellschaftliches System ist perfekt. Alle – ohne Ausnahme – haben ihre Stärken und Schwächen. Die entscheidende Frage ist, ob sich die Gesellschaft der jeweiligen Zeit angepaßt hat. Wirklich erfolgreiche Gesellschaften verfügen über die Stärken, die zur Lösung der brennenden Probleme ihrer Zeit nötig sind. Sie dürfen sich nur in wenigen unwichtigen Angelegenheiten Schwächen erlauben.

Die dominante Wirtschaftsstellung der USA gegen Ende der neunziger Jahre verdeutlicht das oben beschriebene Prinzip auf anschauliche Weise. Mitte der achtziger Jahre kamen viele Bücher auf den Markt, die den Verfall der amerikanischen Industrie analysierten. Die Autoren hatten recht. Amerikanische Unternehmen wurden in jedem Industriezweig von japanischen und europäischen Firmen überholt. Die amerikanische Unterhaltungselektronik wurde völlig aus dem Geschäft gedrängt. Zum ersten Mal waren die USA nicht länger der größte Automobilhersteller der Welt und verloren in der Fertigung von Halbleiterbauteilen gegen die Japaner. Die europäische und die japanische Presse sprach unverhohlen vom Untergang der amerikanischen Wirtschaft und dem Ende des amerikanischen Jahrhunderts.

Bis zu einem gewissen Grad läßt sich die jetzige Kehrtwendung Amerikas auf Firmen zurückführen, die hart dafür arbeiteten, ihre Schwächen auszumerzen. Besonders viel Aufwand wurde bei der Korrektur des Qualitätsgefälles zwischen ihnen und ihren ausländischen Mitbewerbern betrieben. Unternehmen führten Programme wie »Leaders for Manufacturing« am MIT (Massachusetts Institute of Technology) durch. Die amerikanischen Firmen waren die Nummer Eins bei der Umstrukturierung, Rationalisierung und Produktionsauslagerung und konnten so im weltweiten Vergleich am kostengünstigsten produzieren.

Die Gesellschaftsstruktur

Den Preis dafür, daß Amerika seinen Wettbewerbsvorsprung zurückerhielt, zahlten die Arbeiter. Zwei Drittel der Arbeitskräfte mußten Kürzungen ihres Reallohns in Höhe von 20 Prozent in Kauf nehmen.

Doch auch heute noch existieren viele der schon in den achtziger Jahren aufgetretenen Schwächen. Zwar gibt es in Japan wie auch in Amerika insgesamt weniger Herstellungsfehler pro Auto, und der Unterschied zwischen den beiden Ländern in der Fehleranzahl wurde beträchtlich verringert, dennoch ist die durchschnittliche Fehlerquote der Amerikaner noch immer etwas höher als die der Japaner. (Dies gilt auch für Firmen unter japanischer Leitung in Amerika.) Die Amerikaner konnten ihre Schwächen bislang nicht vollständig ausmerzen.

Doch die Zeiten haben sich geändert, und plötzlich waren Eigenschaften gefragt, die den Stärken Amerikas wesentlich mehr entsprachen. Mit Beginn der dritten Industriellen Revolution mußte man sich, um wirtschaftlichen Erfolg zu haben, schnell auf Neues einstellen und von Altem trennen können – und die amerikanische Gesellschaft ist so konzipiert, daß sie offen für Neues ist und Altes schnell verwirft. Diese Fähigkeit beherrscht sie meisterhaft. Andererseits sind Amerikas Schwächen noch immer vorhanden. Die Amerikaner sind immer noch nicht in der Lage, ausreichend Geduld, Ausdauer und Kapital aufzubringen, um ausgeklügelte Technologien in mühevoller Kleinarbeit weiter zu verbessern. Aber diese Fähigkeiten spielten in der Anfangsphase der dritten Industriellen Revolution auch keine Rolle mehr.

Intel, marktführender Hersteller von Mikroprozessoren, veranschaulicht Amerikas Wandel bestens. Mitte der achtziger Jahre sah es so aus, als müßte Intel seine Pforten schließen. Trotz guter Produkte konnte das Unternehmen in der Herstellung von DRAMs (dynamischen Speichern) nicht mit seinen Konkurrenten mithalten – die Fehlerquote war zu hoch. Die Zukunft sah alles andere

Die Entstehungsgeschichte der Reichtumspyramide

als rosig aus. Deshalb verkaufte IBM seine Beteiligung von 20 Prozent – wäre IBM heute noch im Besitz dieses Anteils, stiege sein gesamter Marktwert um nahezu 30 Prozent. Nur durch Personalfreisetzungen und Rationalisierungsmaßnahmen konnte Intel den Kampf ums Überleben aufnehmen.

Doch dann erfand Intel den Mikroprozessor. Mit Hilfe dieses technologischen Durchbruchs war die Firma wieder da. Intel schaffte es zwar nie, seinen Markt für DRAMs zurückzuerobern, aber weil es aus seinen früheren Fehlern gelernt hatte, konnte es sich zum führenden Hersteller von Mikroprozessoren mausern.

Technologisch war es seinen Mitbewerbern ständig einen Schritt voraus. Durch kurze Entwicklungszeiten verfügte Intel ständig über ein konkurrenzloses Produkt und konnte deshalb hohe Preise verlangen. Wenn das Produkt von anderen kopiert wurde und sich diese Generation von Mikroprozessoren als Standard mit niedriger Gewinnspanne durchgesetzt hatte, brachte Intel bereits einen noch schnelleren Mikroprozessor auf den Markt.

Ende der neunziger Jahre stand auf jedem japanischen Computer der Aufdruck »Intel Inside«. Nun waren die Japaner, die sich mit den Koreanern einen teuren Konkurrenzkampf um die Marktführung bei DRAMs lieferten, vom Konkurs bedroht.

Amerika ist Neuem gegenüber immer aufgeschlossen. Sein erstklassiges Bildungssystem mit Schwerpunkt auf Naturwissenschaften und Technik fördert die Kreativität. (Mit kleineren Verbesserungen aber gibt man sich nicht gerne ab). Es herrscht kein Mangel an Risikokapital. Junge Ingenieure und Manager nützen jede Chance einer Existenzgründung, da sie von erfolgreichen Vorbildern angespornt werden. Diese jungen Existenzgründer werden von ihren vorherigen Arbeitgebern nicht nur durch Glückwünsche, sondern sogar durch Aufträge unterstützt. Man behandelt sie nicht als Verräter. Scheitert ihr Vorhaben, was ziemlich oft passiert, werden sie gerne wieder von ihren alten Arbeitgebern eingestellt. Der Ver-

Die Gesellschaftsstruktur

such, eine eigene Firma zu gründen, gilt selbst bei Mißerfolg als positives Einstellungskriterium – der potentielle Mitarbeiter kann hart arbeiten, ist kreativ, risikofreudig und erfahren.

Amerikas größte Stärke liegt jedoch nicht darin, sich Neuem zu öffnen, sondern Altes zu verwerfen. Die Freisetzung von Arbeitnehmern ist zwar grundsätzlich eine schmerzhafte Angelegenheit, aber in Amerika ist sie wenigstens möglich. Nirgendwo anders, nicht einmal in Ländern der Dritten Welt, ist es so einfach, Arbeiter und Angestellte zu entlassen. Kein Gesetz schreibt eine Kündigungsfrist vor. Kündigungsgründe sind ebenso wie Abfindungszahlungen nicht erforderlich.

Auch wenn die heutigen Zeiten in hohem Maße für Amerika arbeiten, sind die USA nur deswegen so erfolgreich, weil der Rest der Welt so erfolglos ist. Amerikas Wachstumsrate von 2,4 Prozent in den neunziger Jahren liegt unter den 2,7 Prozent der achtziger und weit unter den 3,2 Prozent der siebziger Jahre. Ein Blick auf die konjunkturelle Talsohle Amerikas zeigt, daß seine wirtschaftliche Leistung in den neunziger Jahren weit unter dem Durchschnitt der vorangegangenen Jahrzehnte liegt. Doch der Rest der Welt steht noch schlechter da.

Japan und die asiatische Finanzkrise

In vielerlei Hinsicht verdeutlicht die japanische Wirtschaftskrise der neunziger Jahre wesentlich anschaulicher als Amerikas wirtschaftlicher Aufschwung, daß Gesellschaftssysteme nur funktionieren, wenn sie auf das jeweilige Umfeld zugeschnitten sind. Nach dem Ende des Zweiten Weltkriegs bauten die Japaner ein Wirtschaftssystem auf, das wie kein anderes auf der Welt wirtschaftlichen Aufschwung schuf. Doch der Umgang mit Finanzkrisen war darin nicht vorgesehen.

Japan litt schon immer an den Schwächen, welche die aktuelle Krise auslösten, aber sie waren bis zum Zusammenbruch des Bör-

Die Entstehungsgeschichte der Reichtumspyramide

sen- und Immobilienmarktes im Jahre 1990 unbedeutend. Erst in den neunziger Jahren versagte plötzlich das System, das sich durch die Erfolge in den sechziger, siebziger und achtziger Jahren zum wirtschaftlichen Dauerbrenner entwickelt hatte.

Selbst der Kapitalismus stellt keine Ausnahme der Regel dar, daß alle Gesellschaftssysteme ihre guten, aber auch schlechten Seiten haben. Kein anderes Wirtschaftssystem vermochte seit der ersten Industriellen Revolution ein derartig, kontinuierliches Wirtschaftswachstum zu erzeugen. Kein anderes System ist auch nur annähernd so gut auf die Bedürfnisse des Einzelnen zugeschnitten. Darin liegt seine große Stärke. Doch der Kapitalismus ist auch die Ursache von zwei wesentlichen Mängeln: Rezessionen und Finanzkrisen. In beiden Fällen handelt es sich quasi um Erbkrankheiten des Kapitalismus.

Wirtschaftsbooms und Rezessionen kommen und gehen, da Investitionen von der Steigerung des Konsums abhängen und selbst minimale Schwankungen im Konsumverhalten einen gewaltigen Aufschwung oder auch Rückgang bei den Investitionen auslösen können. Die menschliche Gier nach immer mehr ist einerseits die Treibkraft des Kapitalismus, andererseits aber auch die Ursache dafür, daß Preise schwindelerregende Höhen erreichen, woraufhin ein Zusammenbruch unvermeidlich wird. Es stellt sich nur die Frage, wann dieser eintritt.

Globalisierung kann nicht der Grund für diese Finanzkrisen sein, da es diese ansteckende Krankheit schon vorher gab. Bei dem ersten Ausbruch dieser Krankheit, der mit dem Zusammenbruch der Kreditanstalt Österreichs und dem Börsenkrach von 1929 in Amerika manifest wurde, weitete sich die »Große Depression« fast auf die ganze Welt aus.

Selbst eine überwundene Infektion schützt nicht vor weiteren Ansteckungen. Trotz zahlreicher Krisen um 1800 und trotz des Börsenkrachs von 1929 wurde Amerika in den siebziger und achtziger

Die Gesellschaftsstruktur

Jahren Zeuge folgender Wirtschaftsbeben: Konkurs seiner größten Stadt (New York), Rettung eines der größten Unternehmen (Chrysler) durch massive Regierungseingriffe, Kollaps großer Teile des Bankwesens im Oktober 1987, der Fall der Börsenkurswerte um 25 Prozent innerhalb von drei Tagen und der drastische Einbruch der Immobilienpreise gegen Ende der neunziger Jahre. Jedes kapitalistische System, das nicht in der Lage ist, Finanzkrisen aufzufangen, steckt in ernsthaften Schwierigkeiten.

Sollte Japan versuchen, an seine ökonomischen Erfolge anzuknüpfen, muß es sein Gesellschafts- und Wirtschaftssystem so umgestalten, daß Finanzkrisen in Zukunft zu bewältigen sind. Aus der Sicht eines Historikers betrachtet, stellen die aktuellen Probleme Japans gesellschaftliche Wandlungsfähigkeit auf die Probe, ebenso wie die Große Depression dies damals Amerika abverlangte.

In den Gesellschaften, die der wirtschaftlichen Realität nicht gewachsen sind, schwindet der Wohlstand. Bedingt durch die japanische Finanzkrise ging die Anzahl der Dollarmilliardäre in Japan innerhalb eines Jahrzehnts von einundvierzig auf neun zurück. Diese Entwicklung vollzog sich auch im restlichen Asien sowie in anderen Ländern der Zweiten Welt. Nach wie vor gibt es dort Milliardäre – zwanzig in Asien (ohne Japan), fünfzehn in Lateinamerika, vierzehn im Nahen Osten und zwei in Afrika, doch seit der Finanzkrise am Ende der neunziger Jahre hat sich ihre Anzahl drastisch reduziert. Noch 1994 lebten allein in Mexiko vierundzwanzig Milliardäre.

Dem Scheitern von Einzelpersonen und Unternehmen geht ein gesellschaftliches Scheitern voraus. In Japan wird es so lange keine reichen Einzelpersonen und wohlhabenden Unternehmen mehr geben, bis es mit Hilfe von Umstrukturierungsmaßnahmen gelingt, finanzielle Krisen zu bewältigen. Vor der Finanzkrise zählten sieben japanische Unternehmen zu den zehn größten Firmen der Welt. Lediglich zwei amerikanische und ein europäisches Unternehmen

Die Entstehungsgeschichte der Reichtumspyramide

konnten sich einen Platz auf dieser Liste sichern. Acht Jahre später sind unter den zehn größten Firmen weltweit neun amerikanische und ein europäisches Unternehmen vertreten, aber kein japanisches mehr.[27] Auch 1998 waren japanische Unternehmen weit davon entfernt, in diese Liste aufgenommen zu werden. Lediglich eine einzige Firma aus Japan zählt zu den zwanzig größten Unternehmen weltweit.[28]

> **Regel Vier**
>
> Frei nach dem Motto »Selbsterkenntnis ist der erste Schritt zur Besserung« müssen alle Gesellschaften die Grenzen, die durch ihre Schwächen gezogen werden, erkennen und akzeptieren. Das Geheimnis des Erfolgs liegt darin, Ressourcen dort zu nutzen, wo diese Schwächen belanglos sind.

Der wirtschaftliche Abstieg Japans ist aber nicht ausschließlich auf seine Finanzkrise zurückzuführen. Auch ohne den Zusammenbruch der Börsenkurse wäre keines der sieben japanischen Unternehmen, die 1990 zu den zehn größten Firmen weltweit gehörten, 1998 in diese Liste aufgenommen worden. Die japanischen Unternehmen haben schlicht und einfach die Chancen der dritten Industriellen Revolution systematisch verkannt. Bevor sich Japan mit seinem Kreativitätsproblem befassen kann (mit seiner mangelnden Fähigkeit, technologische Durchbrüche hervorzubringen), muß es lernen, das Chaos seiner Finanzkrise zu beseitigen.

Der reale (inflations- und deflationsbereinigte) Fall des Nikkei-Index von 39000 auf 13000 Punkte im Jahre 1990 ist weitaus dramatischer als der in Amerika zwischen 1929 und 1932. Prompt mußte auch Japans Immobilienmarkt starke Wertverluste hinnehmen. Die Einbußen dort waren sogar noch größer (bis 1998 um 70 Prozent). Acht Jahre später hat sich der Börsenmarkt immer noch nicht erholt, und die Immobilienpreise fallen um weitere 5 Prozent jährlich.

Die Gesellschaftsstruktur

Der gewaltige Rückgang des Bruttoinlandsprodukts (BIP), der die Große Depression begleitete, wird sich heute nicht wiederholen. Die Depotversicherung schützt Einleger davor, daß vom Konkurs bedrohte Banken auf ihre Anlagen zurückgreifen. Die Staatsausgaben verschlingen heutzutage einen weitaus größeren Anteil am BIP als in den zwanziger Jahren, werden auch bei bestehenden Finanzkrisen nicht gekürzt und erweisen sich somit als wirtschaftlicher »Katalysator«. Doch wie uns das Beispiel Japans lehrt, kann die mangelnde Bereitschaft, Finanzkrisen zu bewältigen, lange Perioden äußerst geringen Wachstums auslösen. Japans Krise läßt sich gut und gerne als »Große Stagnation« bezeichnen.

Die Details mögen sich unterscheiden, doch im großen und ganzen gleichen sich bei allen Börsenkrisen der vergangenen 370 Jahre Ursachen und Gegenmaßnahmen. Glücklicherweise haben wir alle mittlerweile genügend Erfahrung damit, die Trümmer nach einem Börsenkrach zu beseitigen. Weltweit ist bekannt, wie die Wirtschaft wieder angekurbelt werden kann. Sämtliche Handlungsspielräume wurden ausgelotet. Wir wissen auch, welche Methoden ungeeignet sind. Rein theoretisch ist die Umsetzung der Gegenmaßnahmen kein Problem. Japan könnte sein altes Wirtschaftswachstum ohne weiteres wiedererlangen.

Bedauerlicherweise zählen zu den erforderlichen Gegenmaßnahmen einige schmerzhafte Umstrukturierungen. Schulden müssen steuerlich abgeschrieben und Verluste exakt zugewiesen werden. Unternehmen und Banken müssen ihren Betrieb einstellen. Unrentable Abteilungen müssen abgestoßen werden. Manager und Industriearbeiter müssen gleichermaßen entlassen werden. Bei den ökonomischen Aufräumarbeiten nach einem Wirtschaftscrash muß jeder seinen Gürtel enger schnallen.

Die anstehenden Aufgaben lassen sich damit vergleichen, einen Dornbusch mit bloßen Händen aus dem Erdreich zu reißen. Am besten ist es, den Dornbusch ohne Zögern kraftvoll anzupacken.

Die Entstehungsgeschichte der Reichtumspyramide

Der eintretende Schmerz wird schnell vorübergehen. Dann genügt ein kräftiger Ruck, und schon ist Platz für neue, ertragreichere Pflanzen. Ist der Busch erst einmal herausgerissen, können Sie sich das Blut von den Händen waschen und sich anderen Tätigkeiten widmen. Sie werden sehen, daß die Wunden, die Ihnen die Dornen zugefügt haben, rasch verheilen.

Der Gärtner hingegen, der den Dornbusch übervorsichtig und zaghaft anpackt, wird nicht über die nötige Kraft verfügen, den Busch aus dem Erdreich herauszureißen. Jeder weitere Versuch, ihn fester anzupacken, endet in weiteren Verletzungen, die nur sehr schwer abheilen werden. Der Schmerz wird von Dauer sein. Das Erdreich ist nicht auf neue, ertragreiche Pflanzen vorbereitet. Der Dornbusch wächst und gedeiht und läßt sich umso schwerer herausreißen, je länger man tatenlos zusieht.

Die Ereigniskette bei Finanzkrisen ist hinlänglich bekannt. Manche Preise erreichen einen Wert, der wirtschaftlich untragbar ist. Als die Tulpeneuphorie ihren Höhepunkt erreicht hatte, entsprach der Gegenwert einer einzigen schwarzen Tulpenzwiebel dem Kaufpreis eines fünfstöckigen Wohnhauses an den Grachten Amsterdams. Dieser Preis war irrsinnig hoch, und jeder wußte das auch. Die Chance, innerhalb kürzester Zeit Unsummen zu verdienen, trübt in den meisten Fällen den Blick für die altbekannten langfristigen Folgen für das gesamte Wirtschaftssystem.

Alle Investoren (von denen sich keiner als Spekulant begreift) gehen davon aus, daß sie das Ende eines Booms absehen und von diesem Zug noch rechtzeitig abspringen können – doch das trifft nur auf einige wenige zu.

Regierungen verfügen über kein Mittel, ökonomisch nicht tragbaren Preiserhöhungen Einhalt zu gebieten. Haben die Preise erst einmal schwindelerregende Höhen erreicht, sind den Regierungen die Hände ebenfalls gebunden, und sie können einem dann drohende Preisverfall nichts mehr entgegensetzen. Das einzige, was ihnen

Die Gesellschaftsstruktur

bleibt, ist abzuwarten, bis alles vorbei ist, um dann den Schaden auf ein erträgliches Maß zu begrenzen.

Aufgrund des Preisverfalls verlieren Sicherheiten plötzlich ihren Wert. Annehmbare Kreditzinsen entwickeln sich zu Wucherzinsen. Mangelhaft gesicherte Darlehen werden gekündigt. Banken verlängern kurzfristige Kredite, die sonst bei Fälligkeit automatisch erneuert würden, nicht mehr, da sie sich in einem Liquiditätsengpaß befinden und ihrerseits befürchten, ihren Zahlungsverpflichtungen nicht mehr nachkommen zu können. Die Finanzmärkte werden eingefroren. Zulieferer bestehen aus Angst, sie könnten gar nicht bezahlt werden, auf Vorauszahlungen und sind nicht länger bereit, übliche Zahlungsfristen zu akzeptieren. Auch finanziell gesunde Unternehmen werden mit einem Schlag zahlungsunfähig, da sie so unerwartet mit Kreditrückzahlungen und Vorauszahlungen an ihre Zulieferer konfrontiert werden. Firmen, die nicht selbst über ausreichende finanzielle Mittel verfügen, müssen Konkurs anmelden.

Greift die Sorge um das geschaffene Vermögen um sich, werden viele in stabile Fremdwährungen flüchten, bei denen die Gefahr eines Wertverlusts nicht besteht. Matrosen wird beigebracht, daß die Tapferen zusammen mit dem Schiff untergehen. Noch nie hat man jedoch einen Kapitalisten sagen hören, daß er bereit sei, mit dem Schiff unterzugehen. Kapitalisten sind von Natur aus Ratten und grundsätzlich die ersten, die das sinkende Schiff verlassen, wenn sie ihr Vermögen gefährdet sehen. Schon in ihrer Kinderstube wurde ihnen beigebracht, vor allem ihr Kapital zu schützen – die Stabilität der Gesamtwirtschaft ist nicht ihr Problem.

Gigantische Summen verlassen das Land mit der Folge, daß die Devisenreserven der Zentralbank irgendwann erschöpft sind. Selbst Unternehmen, deren Eigenkapital eigentlich ausreicht, um internationale Kredite zurückzuzahlen, können dieses Geld nicht in die benötigten Fremdwährungen umtauschen, wenn die regionale

Die Entstehungsgeschichte der Reichtumspyramide

Zentralbank über keine internationalen Reserven mehr verfügt. Daraufhin sinkt der Wert der jeweiligen Landeswährung, was wiederum dazu führt, daß Unsummen an Mehreinkommen erwirtschaftet werden müssen, um internationale Kredite zurückzahlen zu können.

In diesem Stadium wird aus einer Finanzkrise eine Unternehmenskrise und letzten Endes eine nationale Krise.

Jeder weiß, daß schwindelerregend hohe Preise irgendwann wieder fallen. Das Problem liegt darin, daß keiner wissen kann, wann und mit welcher Geschwindigkeit dies geschehen wird. Wirtschaftstheorien können zwar systemimmanente Kräfte und Wechselwirkungen sehr gut erklären, sagen jedoch nichts darüber aus, wann was eintritt.

Im internationalen Handel gilt der Grundsatz, daß sich kein Land auf Dauer ein Außenhandelsdefizit leisten kann, bei dem die Auslandsverschuldung schneller wächst als sein Bruttoinlandsprodukt. In diesem Fall müssen Fremdwährungskredite aufgenommen werden, um das Handelsdefizit auszugleichen und die Kredite der vergangenen Jahre zurückzuzahlen. Letzen Endes sind die finanziellen Belastungen so hoch, daß die Kredite (und ihre Zinsen) überhaupt nicht mehr bezahlt werden können. Erreicht das Kreditvolumen ein bestimmtes Ausmaß, kommen die Geldgeber rasch zu dem Schluß, daß die Vergabe weiterer Kredite zu riskant ist (Rückzahlung unwahrscheinlich), und die Finanzmärkte schließen.

In allen 1997 von der Finanzkrise betroffenen Ländern Asiens war das Außenhandelsdefizit enorm – in Indonesien lag es bei $ 8 Milliarden, in Malaysia bei $ 4 Milliarden, in Thailand bei $ 10 Milliarden, auf den Philippinen bei $ 4 Milliarden und in Korea bei $ 19 Milliarden. Noch zehn Jahre vorher erzielten diese Länder beträchtliche Außenhandelsüberschüsse. Ihr Wandel von einem Überschuß zu einem Defizit läßt sich direkt mit der Entscheidung

Die Gesellschaftsstruktur

Chinas in Verbindung bringen, in das Spiel des exportinduzierten Wachstums einzusteigen. Da China höher qualifizierte Arbeitskräfte kostengünstiger anbieten konnte als Südostasien und über einen wesentlich größeren Binnenmarkt verfügt, entriß es den restlichen Ländern Asiens den Exportmarkt und erzielte rasch einen Außenhandelsüberschuß in Höhe von $ 50 Milliarden. Um China ökonomisch gesehen aus dem Weg zu gehen, hätten diese Länder den technologischen Fortschritt vorantreiben müssen, doch dafür reichte ihr Wissensstand nicht aus.

Die Koreaner sind wesentlich qualifizierter als die Chinesen. Aus diesem Grund verlagerten sie ihre Produktionsstätten, in denen die für den Export bestimmten Waren äußerst kostengünstig gefertigt wurden, nach China. Sie mußten jedoch feststellen, daß es ihnen aufgrund der japanischen Konkurrenz nicht gelang, qualitativ bessere und somit teurere Waren zu exportieren. Wie schon oft in der koreanischen Geschichte wurde Korea wieder einmal von seinen beiden riesigen Nachbarstaaten erdrückt.

Aktienkurse müssen früher oder später von realen Gewinnen in den Unternehmen gestützt werden. In Japan traf dies jedoch nicht zu, dort lag das Kurs-Gewinn-Verhältnis bei über 100. Kein Wunder, daß die Aktienkurse letzten Endes fielen. Die Meinung, daß 1998 an der Wall Street völlig unrealistische Aktienpreise gehandelt wurden, war weit verbreitet, doch wurde das Kurs-Gewinn-Verhältnis dort mit dem Stand des Nikkei-Index von 13 000 Punkten in Japan noch übertroffen. Die Gewinne rechtfertigen weder diese niedrigen Aktienpreise und noch viel weniger einen Stand von 39 000 Punkten.

Die Japaner brachten das Argument vor, daß es schließlich um den Marktanteil und nicht um Profite ginge. Die Maximierung des Marktanteils funktioniert aber nur so lange, wie die Börsenkurswerte steigen. Investoren brauchen sich keine Hoffnung auf die Ausschüttung von Dividenden machen, wenn nur geringe Profite

Die Entstehungsgeschichte der Reichtumspyramide

erzielt werden. Durch steigende Börsenkurse läßt sich jedoch ein Vermögen machen. Doch was passiert, wenn sie beständig fallen und auf einem niedrigen Niveau stehenbleiben? Gäbe es dann noch irgendeinen Grund für Investitionen? Die Japaner wußten keine Antwort auf diese Frage, da sie niemals mit ihr gerechnet hatten.

Ein Börsenkrach wird niemals von ausländischen Spekulanten ausgelöst, die interne Schwächen erkennen und deshalb den Angriff wagen. Als erstes ziehen sich immer die inländischen Investoren mit dem größten Insiderwissen aus dem Geschäft zurück. Indonesische Industrielle etwa waren die ersten, die ihr Geld aus ihrem eigenen Land abzogen, als sie aus zuverlässigen Quellen erfuhren, daß die Devisenreserven der indonesischen Zentralbank dahinschmolzen. Und der koreanische Industrielle, dessen Cousin in der Zentralbank arbeitet, erfährt als erster, daß die Statistiken über die Höhe der Devisenreserven beschönigt werden. Der thailändische Banker wiederum erhält als erster Informationen über die frisierten Bilanzen in den Unternehmen, denen seine Bank Kredite gewährt hat. In dem Wissen um die Geschehnisse um sie herum treten sie alle ganz schnell die Flucht an.

Outsider erfahren alles immer erst als letzte. Bis sich internationale Spekulanten der allgemeinen Flucht anschließen, ist die Panik schon riesengroß. Doch diese Spekulanten sind wie Piranhas im Amazonas. Sobald sie Blut riechen, greifen sie an. In unserem Fall bedeutet das, daß ungeheuer große Summen verschoben werden – mit der Folge, daß sogar die Reserven der größten Länder schrumpfen. Auf den Devisenmärkten werden täglich weltweit zwischen $ 1 500 Milliarden und $ 2 000 Milliarden umgesetzt, und Japan, das Land mit der höchsten Devisenreserve, verfügt lediglich über $ 200 Milliarden. In einer konzertierten Aktion könnten die Kapitalmärkte der gesamten Welt Japan in den Konkurs treiben.

In Berichten der westlichen Finanzpresse heißt es immer wieder, daß sich diese Vorfälle gar nicht hätten ereignen können, wenn

Die Gesellschaftsstruktur

sich Asiens Finanzmärkte – nach amerikanischem Vorbild – weiter geöffnet hätten. In Artikeln der asiatischen Finanzpresse heißt es dagegen, dies alles hätte nicht passieren können, wenn die asiatischen Märkte – nach asiatischer Tradition – vom Staat reguliert worden wären. Beide täuschen sich. Wären Finanzmärkte nach amerikanischem Vorbild in der Lage, Finanzkrisen wirklich zu verhindern, wären unsere Geschichtsbücher nicht voll davon. Mexiko geriet 1982 in eine Finanzkrise, obwohl sich sein gesamtes Banksystem im Besitz und unter Kontrolle der mexikanischen Regierung befand. Obwohl das Banksystem in der Folge vollständig privatisiert wurde und sich seine Finanzmärkte nach amerikanischem Vorbild weit öffneten, ereignete sich im Winter 1994/1995 ein weiterer Finanzcrash. Die Liberalisierung der Finanz- und Kreditmärkte ist eine gute Sache, ist jedoch keine Versicherung gegen Finanzkrisen.

Selbst eine solide Finanzpolitik ist kein wirksames Gegengift. Sämtliche Regierungen Asiens erzielten Haushaltsüberschüsse – allen voran Korea. Mexikos Finanzkrise ereignete sich 1982 zeitgleich mit hohen Haushaltsdefiziten, doch vor der nächsten Krise in den Jahren 1994/95 hatte die mexikanische Regierung sogar einen Haushaltsüberschuß verzeichnen können.

Je länger man mit den Aufräumarbeiten nach einer Finanzkrise wartet, umso größer werden die Probleme. Nach acht Jahren minimalen Wachstums in Japan schreiben Unternehmen, die einst zumindest geringe Gewinne erzielen konnten, nunmehr rote Zahlen. Im Herbst 1998 machten selbst erfolgreiche Global Player wie Toshiba und Hitachi Verluste. Lediglich 27 Prozent der kleinen und mittelständischen Unternehmen Japans konnten schwarze Zahlen schreiben.[29] Die Bestandsanalyse der Banken ergab, daß die Außenstände durch krisengeschüttelte Kreditnehmer wuchsen, und deshalb wurden keine weiteren Kredite gewährt. Die japanische Regierung drückte zwar die Zinsraten im Jahre 1998 auf 0,25 Prozent, doch nur wenigen Firmen wurden Kredite be-

Die Entstehungsgeschichte der Reichtumspyramide

willigt, und nur wenige Firmenkredite wurden bei Fälligkeit erneuert. Als Folge konnte sich die japanischen Verbraucher keine neuen Autos mehr leisten, und der Umsatz in der Automobilbranche Japans fiel um mehr als 50 Prozent, da achtzehn Millionen Haushalte Hypotheken für ihre Häuser abzahlen. Deren Wert ist inzwischen niedriger als die noch zu zahlenden Hypotheken.

Nun schließt sich der Teufelskreis. Nur bei einem Wirtschaftswachstum können Profite erzielt werden, bei hohen Schulden dagegen ist kein Wachstum zu erwarten. Ist kein Ausweg aus diesem Schuldenberg möglich, bleiben nur noch Sparmaßnahmen.

Wird die japanische Regierung das Ruder herumreißen?

Der Rest der Welt

Die Antwort auf diese Frage ist nicht nur für die Japaner von Bedeutung. Geht Japan sein Problem nicht an, hat dies nachteilige Folgen für andere Mitspieler auf dem globalen Spielfeld. Das reichste Land Asiens sollte eigentlich der Rettungsanker für seine Nachbarländer sein – nun muß es sich selbst retten lassen. Seine Schwächen werden immer deutlicher und greifen um sich. Im Dezember 1997 teilte Japan beim Gipfeltreffen Asiens seinen Nachbarstaaten mit, daß sie für ihre Produkte nicht mehr mit dem japanischen Markt rechnen könnten. Ohne den japanischen Markt werden noch mehr Unternehmen aus Korea und Südostasien in Konkurs gehen, und auch die japanischen Banken, über denen schon aufgrund ihrer Kredite an japanische Firmen der Pleitegeier kreiste, gingen nun völlig bankrott, da sie auch koreanischen und südostasiatischen Unternehmen Kredite gewährt hatten.

Auch Rußland leidet an einer Finanzkrise. Gäbe es nicht die unzähligen russischen Nuklearwaffen, würde kein Mensch diese Wirtschaftskrise ernst nehmen. Sein unbedeutendes Wirtschaftssystem (unbedeutender als Brasilien oder Indonesien) ist vom Rest

Die Gesellschaftsstruktur

der Welt so gut wie abgeschnitten. Im August 1998 erlitt der japanische Börsenmarkt innerhalb einer Woche einen Verlust, der höher war als die gesamte Produktion der russischen Wirtschaft. Für westliche Banken stehen Investitionen in Höhe von etwa $ 30 Milliarden in Rußland auf dem Spiel, doch im Vergleich zu den üblichen Summen des globalen Kapitalmarktes ist dieser Betrag geradezu lächerlich.

Rußland ist nur deshalb von Bedeutung, weil bei einem kompletten Zusammenbruch seiner Wirtschaft die Gefahr besteht, daß Nuklearwaffen auf dem Schwarzmarkt (zur persönlichen Bereicherung einiger weniger) an den Meistbietenden verkauft werden. Im Grunde genommen handelt es sich hierbei aber um ein rein politisches und kein wirtschaftliches Problem. Zur Lösung dieser Problematik wird der amerikanische Geheimdienst CIA Raketen und Nuklearwaffen aufkaufen, sobald diese auf dem Schwarzmarkt auftauchen. Amerika verfügt über wesentlich mehr finanzielle Mittel als der Irak oder Iran und kann deshalb höhere Preise zahlen. Im Endeffekt ist diese Strategie sogar kostengünstiger als Rußland finanziell zu unterstützen, da Rußland öffentlich zugab, daß westliche Gelder auf Schweizer Bankkonten landen, womit Rußland oder den russischen Normalbürgern auch nicht weitergeholfen ist.

Doch wir reden hier von der Vergangenheit. Diese Länder stecken bereits in einer Finanzkrise. Werfen wir doch einmal einen Blick in die Zukunft. Unsere größte Sorge gilt China. China wird entscheiden, ob die asiatische Krise die gesamte Dritte Welt in den Abgrund reißt.

Chinas Entwicklung wird sich auf die gesamte restliche Welt auswirken, da China sich mit allen Ländern der Dritten Welt einen Konkurrenzkampf liefert. Eine chinesische Finanzkrise mit der Folge einer Abwertung der chinesischen Währung würde zwangsläufig bedeuten, daß sämtliche Währungen der übrigen Dritte-

Die Entstehungsgeschichte der Reichtumspyramide

Welt-Länder abgewertet werden müßten. Aus diesem Grund achtet die ganze Welt besorgt auf die Wachstumsrate Chinas und darauf, ob auch China in eine Rezession abgleitet.

China gibt bekannt, daß seine Wachstumsrate 1998 aufgrund der asiatischen Problematik auf lediglich 8 Prozent – eigentlich eine Traumquote – abgesunken ist. Entspricht dies der Wahrheit, müßten wir uns keine Sorgen mehr um China machen. Doch diese offiziellen Zahlen können nicht stimmen. Es kann kein Wirtschaftswachstum von 8 Prozent geben, wenn die Stromerzeugung lediglich um 2,6 Prozent gestiegen ist.[30] Hongkong ist im ökonomischen Sinn die Hauptstadt Südchinas und gibt eine Wachstumsrate von minus 5 Prozent für das Jahr 1998 an. Es kann aber nicht sein, daß sich die Wachstumsrate von China verbessert, während die von Hongkong im selben Zeitraum drastisch sinkt. Außerdem mußte 1998 die größte Investmentbank Südchinas, GITIC, Konkurs anmelden und hinterließ einen Schuldenberg, der doppelt so hoch war wie ihre Aktiva.[31] Anfang 1999 ereilte eine große Investmentbank im Norden Chinas dasselbe Schicksal wie GITIC. Die Behauptung, daß Banken bei einer Wachstumsrate von 8 Prozent Konkurs anmelden müssen, ist ein Ding der Unmöglichkeit. Unterm Strich ist die Wachstumsrate Chinas also erheblich geringer als offiziell angegeben. In gewisser Weise hat Chinas Premierminister dies Ende des Jahres 1998 auch bestätigt, als er seine Beamten beschuldigte, allzu optimistische Daten zu veröffentlichen.

Andererseits ist es völlig unerheblich, ob die Wachstumsrate von China nun positiv oder negativ ist, da sie keinesfalls entscheidet, ob aus der asiatischen eine globale Finanzkrise wird. China und mit ihm die gesamte Dritte Welt sind eben nicht die Zugpferde der Weltökonomie. Der Antrieb der globalen Wirtschaft liegt immer noch in der Ersten Welt.

Der Sonderfall Amerikas fand mit der Einführung des Euro am 1. Januar 1999 sein Ende. Zum ersten Mal seit Ende des Zweiten

Die Gesellschaftsstruktur

Weltkriegs gibt es eine Alternative zum Dollar. Dafür waren die europäischen Einzelwährungen nicht geeignet. Auch der japanische Yen war keine ernsthafte Konkurrenz zum Dollar, da die japanischen Finanzmärkte zu stark reguliert werden. Doch mit der Geburtsstunde des Euro haben sich die Spielregeln geändert. Dollar und Euro machen sich gegenseitig den führenden Rang als Reservewährung für die ganze Welt streitig.

Für Anleger, die nach der besten Anlagemöglichkeit für ihre internationalen Reserven suchen, ergeben sich nun völlig neue Chancen, wobei das wichtigste Kriterium nicht die beste Investitionsmöglichkeit, sondern ausschließlich die Sicherheit ist. Bei der einen Möglichkeit, der amerikanischen Bank, wird für Winter 1999 ein Handelsdefizit von etwa $ 350 Milliarden veranschlagt. Die amerikanische Bank ist ein Nettoschuldner, da die Nicht-Amerikaner in Amerika über ein Vermögen verfügen, das um $ 1 500 Milliarden höher ist als das von allen Amerikanern in der gesamten restlichen Welt. Bei der anderen Möglichkeit, der europäischen Bank, wird weltweit ein Handelsüberschuß von $ 120 Milliarden erwirtschaftet. Die europäische Bank ist ein Nettogläubiger bezogen auf die restliche Welt. Welcher Bank würden Sie Ihr Geld anvertrauen?

Diese Frage beantwortet sich von selbst. Weltweit werden viele aus dem Dollar aussteigen. Für europäische Staaten und Unternehmen entfallen mit dem Euro alle innereuropäischen Währungstransaktionen, dadurch werden weniger Währungsreserven benötigt. Diese Reserven werden zur Zeit in Dollar gehalten. Für Länder wie Saudi-Arabien, die viele Produkte aus Europa beziehen und viel Öl nach Europa verkaufen, ist es zukünftig jedoch sinnvoll, einen Teil ihrer Reserven und ihrer Ölpreise in Euro zu halten. Allein aus Gründen der Risikobegrenzung und Absicherung empfiehlt es sich, nicht alle Transaktionen in Dollar abzuwickeln. Bereits vier Tage nach Einführung des Euro kündigte Ägypten an, einen Großteil seiner Dollar-Reserven in Euro umzutauschen.[32] Aber auch japanische Versicherungsgesellschaften verkündeten ihr Vorhaben,

Die Entstehungsgeschichte der Reichtumspyramide

20 Prozent ihres in Dollar angelegten Vermögens Schritt für Schritt in Euro umzutauschen.[33]

Falls Amerika tatsächlich Importe aus aller Welt zuläßt und damit ein hohes Handelsdefizit riskiert, muß es auch die Freisetzung eines Großteils seiner Arbeitskräfte in Kauf nehmen. Jeder Anstieg des Handelsdefizits um $ 50 Milliarden kostet etwa eine Million Amerikaner ihren Arbeitsplatz. Vielleicht finden sie im Dienstleistungssektor einen neuen Arbeitsplatz, doch da in Industriezweigen mit Importwettbewerb, wie der Automobil- oder Stahlbranche, das Lohnniveau sehr hoch ist, müssen sie dann starke Einkommenseinbußen hinnehmen.

Was passiert als erstes, wenn das Handelsdefizit immer größer wird? In Amerika wird es zu einem politischen Aufstand derjenigen kommen, die ihren guten Job verloren haben. Nicht-Amerikaner werden in Panik geraten und vor dem Dollar flüchten. Keiner kann sagen, wann die ganze Sache ins Rollen kommt, aber daß sie ins Rollen kommen wird, steht fest.

Vielleicht gelingt die Strategie, nach Amerika zu exportieren und somit die gesamte Weltwirtschaft anzukurbeln. Vielleicht aber auch nicht. Und dann?

Die größte Bedrohung des Weltwohlstands liegt in der Deflation. Systematische Deflation hat mit hoher Wahrscheinlichkeit ein Negativwachstum des ‚BIP zur Folge. Im letzten Jahrhundert ist es keiner Nation gelungen, Deflation mit Wachstum zu verbinden. Aus dieser Erfahrung sollten wir auch gelernt haben, daß eine Deflation kaum aufzuhalten ist, wenn sie erst einmal begonnen hat.

Obwohl das allgemeine Preisniveau seit den dreißiger Jahren nahezu unverändert ist, kann die Gefahr einer Deflation nicht geleugnet werden. In Japan sind die wichtigen Preisindizes bereits seit einiger Zeit negativ – in den beiden letzten Jahren fielen sie um

Die Gesellschaftsstruktur

2 bis 4 Prozent jährlich. Weltweit sind bei den Preisen für Energie und Rohstoffe drastische Einbrüche zu beobachten. In einigen Branchen, wie zum Beispiel der Mikroelektronik, stürzen die Preise in den Keller.

In den USA sind die Inflationsraten immer noch leicht positiv, auch wenn die wichtigsten Preisindizes monatelang gefallen sind. Diese Indizes bewerten jedoch üblicherweise die Inflation zu hoch und die Deflation zu niedrig. Eine nationale Expertenkommission teilte mit, daß eine allgemeine Unterbewertung der Qualitätssteigerung zu einer Überbewertung der Inflation durch die Preisindizes um 1 bis 3 Prozentpunkte führt.

Die unterschiedlichsten Faktoren spielen da zusammen. Die Globalisierung drückt die Preise. Die Produktion wird in Billiglohnländer verlagert, was die Preise ebenfalls senkt. Durch die Globalisierung kommen Kräfte ins Spiel, die zu einer Umstellung der Arbeitsabläufe führen, die Produktivität steigern und die Löhne kürzen.

BMW etwa benutzte in Tarifverhandlungen mit den deutschen Gewerkschaften seine in Amerika errichtete Produktionsstätte erfolgreich als Hebel.[34] Die Regelungen über Wochenendarbeit und Überstunden wurden daraufhin gelockert, um im Bedarfsfall rund um die Uhr produzieren zu können. Damit werden die Kapitalkosten um ein Viertel gesenkt. Für die Arbeiter bei BMW wird ein Arbeitsstundenkonto eingerichtet, auf das die am Wochenende geleisteten Arbeitsstunden beziehungsweise die Überstunden gutgeschrieben werden. Bei gesunkener Nachfrage kann BMW seine Arbeitskräfte ohne Extrakosten freistellen, da diese Stunden vom Guthaben auf dem Konto abgezogen werden. Überstunden werden nicht ausbezahlt, es sei denn, die gesamten Arbeitsstunden pro Jahr überschreiten die üblichen Jahressollarbeitsstunden. BMW ist nun dabei, diese Praxis auch in seinen Rover-Werken in Großbritannien durchzusetzen. Den Briten wurde mitgeteilt, daß sie das

Die Entstehungsgeschichte der Reichtumspyramide

Produktivitätsgefälle von immerhin 30 Prozent zwischen ihnen und ihren deutschen Kollegen ausgleichen müssen. Diese Aufforderung impliziert natürlich, daß die Produktionsstätte anderenfalls ausgelagert wird. Das ist jedem britischen Arbeitnehmer klar. Als die Kosten nicht schnell genug sanken, wurde der deutsche BMW-Vorstand entlassen.

Der Preisverfall in Japan läßt sich auf ein niedriges Wirtschaftswachstum, das bereits seit acht Jahren anhält, ein langsam vor sich hin dümpelndes Wirtschaftswachstum, Überkapazitäten und die Finanzkrise zurückführen. In den Vereinigten Staaten sind die Ursachen jedoch weitaus komplizierter.

Globalisierung drückt die Preise. Die Produktion wird in Billiglohnländer verlagert, was die Preise ebenfalls senkt. Man nehme ein beliebiges Produkt, rechne zusammen, welche Menge dieses Produkts alle Firmen weltweit produzieren könnten und ziehe die Menge ab, die weltweit verkauft werden könnte. Das Ergebnis ist, daß das weltweite Produktionspotential mindestens ein Drittel höher ist als der weltweite Verbrauch. Autos, Computerchips und Öl sind drei Fallbeispiele, bei denen das potentielle Angebot mindestens doppelt so hoch ist wie die zu erwartende Nachfrage. Dieser Überschuß an Produktionskapazitäten erklärt die sinkenden Preise.

Rationalisierungsmaßnahmen haben ebenso zum Preisverfall beigetragen wie Outsourcing. In Amerika ist es eine mittlerweile weitverbreitete Praxis, daß Unternehmen Verträge mit ihren Zulieferern abschließen, in denen jährliche Preissenkungen ein fester Vertragsbestandteil sind. Die Hersteller von Kfz-Zubehör beispielsweise haben mit den großen Automobilherstellern eine Preisreduktion um 3 Prozent jährlich vereinbart. Auch das Outsourcing spielt beim Abschluß dieser Verträge eine große Rolle. Schließlich ist es wesentlich einfacher, Preissenkungen mit einem externen Zulieferer zu vereinbaren. Kann ein externer Zulieferer auf-

Die Gesellschaftsstruktur

grund der vereinbarten Preise keinen Gewinn erzielen, so ist dies sein Problem. Trifft das auf eine Abteilung des eigenen Unternehmens zu, wird die Sache schon komplizierter. Das Unternehmen erwirtschaftet zwar in einer Abteilung weiterhin Gewinne, muß aber in einer anderen Verluste hinnehmen, was den Gesamtgewinn schmälert.

Die systematische Deflation ist zwar nicht mit letzter Sicherheit zu erwarten, aber es lohnt sich in jedem Fall, schon jetzt darüber nachzudenken, wie sich Standardabläufe der Wirtschaft ändern, wenn die Preise ins Rutschen kommen. Bei Deflation müssen Schulden um jeden Preis vermieden werden, da der Wert des Geldes seit der Kreditaufnahme gestiegen ist. Schuldner werden dann mit allen Mitteln versuchen, ihre Kredite so schnell wie möglich auszulösen, da sich ihre Realschuldenlast im Laufe der Zeit automatisch vergrößert. Sinken die Preise um 10 Prozent, wird aus einem geschuldeten Betrag von $ 100 eine Last von $ 110. Wird der Schuldenabbau jedoch zur obersten Priorität, werden keine Investitionen mehr getätigt, und das Wachstum stagniert.

Da der Geldzins nicht unter Null sinken kann, ist der Realzins in Zeiten der Deflation sehr hoch. Sinken die Preise um 10 Prozent, wird aus einem Zinssatz von 1 Prozent ein Realzins von 11 Prozent.

Da bei einer Deflation der Geldwert steigt, während andere Vermögenswerte an Wert verlieren, wird ein kluger Investor sein Geld behalten und abwarten. Mit einem Dollar, der heute auf die Seite gelegt wird, läßt sich schon morgen mehr kaufen. Kein vernünftiger Mensch stürmt sofort in den nächstbesten Laden, um irgendein Produkt zu kaufen, wenn er weiß, daß es im nächsten Jahr zu einem wesentlich günstigeren Preis erhältlich ist. Doch wenn jeder mit seinen Einkäufen bis zur letzten Minute wartet, kann kein Wirtschaftswachstum entstehen.

Bei einer Deflation kann sich kein Unternehmen mehr einen Lagerbestand leisten. Alles, was in Zukunft produziert und verkauft

Die Entstehungsgeschichte der Reichtumspyramide

wird, erzielt einen niedrigeren Preis als heute. Geschäfte, bei denen erst nach Zahlungseingang produziert und geliefert wird, sind dann die einzig profitablen Geschäfte. So müssen sich zum Beispiel die Kfz-Hersteller umstellen, denn dann ist es wirtschaftlich unrentabel, daß zwischen Bestellung eines Autos und seiner Auslieferung 120 Tage vergehen. Die in vier Monaten erzielten Verkaufspreise liegen dann weit unter den heutigen Produktionskosten, was bedeutet, daß der Hersteller aufgrund der langen Zeitspanne zwischen Produktion und Verkauf Verlust macht.

Da die Kostenreduzierung das A und O einer Deflation ist, haben die Firmen keine andere Wahl, als auch die Lohnkosten zu senken. Tun sie dies nicht, erhöhen sich die Reallöhne ihrer Arbeiter und Angestellten (da die Preise sinken), und sie drängen sich mit dieser Preisgestaltung selbst aus dem Wettbewerb. Sieger werden diejenigen sein, die ihre Lohnzahlungen schneller kürzen können als die Deflation fortschreitet. Doch um so niedriger das Lohnniveau, desto schneller der Preissturz.

Eine Deflation zu stoppen ist alles andere als einfach. In den dreißiger Jahren wurde ein ganzer Maßnahmenkatalog ausprobiert (Mindestverkaufspreise, staatliche Intervention), doch nichts half. Das ganze ähnelt dem Motto bei Schutzimpfungen: Vorsorgen ist besser als Heilen. Ist man erst einmal infiziert, verläuft der Heilungsprozeß sehr mühsam.

> **Regel Fünf**
>
> In Zeiten einer gemäßigten Inflation wissen wir alle ganz genau, wie ein erfolgreiches kapitalistisches Wirtschaftssystem auszusehen hat. Doch bei einer gemäßigten Deflation ist guter Rat gefragt.
>
> Mein Rat lautet: Bei der Wahl zwischen Inflation und Deflation gleichen Ausmaßes sollte man sich grundsätzlich für die Inflation entscheiden.

Die Gesellschaftsstruktur

Apropos Vorsorge: Das bringt uns zurück zu Japan. Aufgrund seines Wirtschaftsvolumens ist Japan das Zünglein an der Waage. Gelingt es Japan nicht, seine Wirtschaft in absehbarer Zeit wieder in Schwung zu bringen, wird die Deflation zu einer ernsten Gefahr. Denn unsere Wirtschaftssysteme hängen voneinander ab.

Noch im Jahre 1964 verfaßten ein Freund und ich ein Kapitel des »Wirtschaftsberichts für den Präsidenten« und prognostizierten darin die wirtschaftliche Entwicklung Amerikas für das Jahr 1965. Die restliche Welt schien uns nicht weiter erwähnenswert. Sie spielte einfach keine Rolle. Zum selben Thema für das Jahr 1999 befragt, würden wir vermutlich ausschließlich über die Ereignisse außerhalb der USA berichten.

Werden die erforderlichen Änderungen in einer bestimmten Region nicht durchgeführt, hat dies gefährliche Auswirkungen auf andere Wirtschaftssysteme. In der Wirtschaftspolitik liegt der Schlüssel zum Erfolg für die amerikanische Ökonomie zu Beginn des 21. Jahrhunderts nicht mehr in Amerika, sondern in Japan.

Schlußfolgerung

Die Zeiten, in denen der Erfolg eines Staats bereits dann gesichert war, wenn es ihm gelang, die eigene Wirtschaft gut zu organisieren, sind vorbei. Heutzutage muß die gesamte Welt gut durchorganisiert sein, damit einzelne Staaten Erfolg haben können.

Bedauerlicherweise sind die Voraussetzungen dafür nicht gegeben. Keiner verfügt über die Macht, diese Aufgabe zu übernehmen. Statt dessen lehnt sich die Welt zurück und beobachtet, was Japan unternimmt. Die ganze Welt hängt von der Entwicklung Japans ab – und kann doch nicht lenkend eingreifen. Scheitern die Japaner, werden auch andere Nationen mit in den Abgrund gezogen.

Natürlich läßt sich die Vorgehensweise des Internationalen Währungsfonds kritisieren, doch im Grunde läuft dies an der eigentli-

Die Entstehungsgeschichte der Reichtumspyramide

chen Problematik vorbei.[35] Kernstück des globalen Problems ist und bleibt Japan. Der IWF hat keine Möglichkeit, Druck auf die Japaner auszuüben, da Japan nicht auf IWF-Kredite angewiesen ist. Japan bittet den IWF noch nicht einmal um Hilfe, sondern schließt ihn aus seinem gesamten Entscheidungsprozeß aus.

Auch außerhalb Japans läßt sich der Einflußbereich des IWF bestenfalls als eingeschränkt bezeichnen. Der IWF muß indirekt über die einzelnen Regierungen verhandeln, und wenn diese Verhandlungen – wie in Rußland und Indonesien – ergebnislos bleiben, verlaufen auch konkrete Lösungen im Sand, unabhängig davon, ob sie richtig oder falsch sind. Der IWF setzt sich aus lauter klugen Köpfen zusammen, die viel von der internationalen Ökonomie verstehen. Fehler können auftreten, wie uns die Vergangenheit gezeigt hat, doch wenn es dem IWF nicht gelingt, einen allgemeinen wirtschaftlichen Rückgang aufzuhalten, wie dies in Asien der Fall war, so liegt dies daran, daß er für diese Aufgabe nicht über die nötigen Mittel verfügt. Vielleicht würde er etwas bewirken, wenn er in den von Finanzkrisen gebeutelten Ländern direkt mit den Vertretern von Banken und Industrien verhandeln könnte, doch diese Macht werden ihm wohl weder die Entwicklungsländer noch die Industrienationen zugestehen.

Unternehmerische Fähigkeiten

Unternehmergeist und Gesellschaftsstruktur bilden gemeinsam den Sockel der Reichtumspyramide – auch wenn sie auf den ersten Blick als Gegenpole erscheinen. In Zeiten des Wandels sind Menschen gefragt, die erkennen, daß Neues machbar ist, und entsprechende Initiativen ergreifen. Es braucht Unternehmer, denen bewußt ist, welche ökonomischen Möglichkeiten die neuen Technologien (wie etwa elektronisches Shopping) bieten. Es liegt an ihnen, die alten Mauern niederzureißen, um den Weg für das Neue frei zu machen. Der träge Beamtenapparat weigert sich strikt, Gewohntes zu ändern, da vieles von dem, was geändert werden müßte, seine ureigensten Interessen berührt. Streng genommen ist es die Bürokratie selbst, die umstrukturiert werden muß.

In manchen europäischen Ländern – insbesondere Deutschland und Frankreich – werden die Stimmen gegen die Biotechnik immer lauter. Zügig werden daraufhin Beschränkungen für diese innovative Entwicklung und den Einsatz der neuen genmanipulierten Produkte erlassen, die recht gut an die Situation in China erinnern, als vor etwa fünfhundert Jahren ähnliche Beschränkungen aufgestellt wurden, um sich vor Einflüssen aus dem Ausland abzuschirmen. Gentechnisch manipulierte Nahrungsmittel dürfen nicht nach Europa importiert werden; vor dem Verzehr dieser Produkte wird ausdrücklich gewarnt. Die Forschungsarbeit in der Genmanipulation von Pflanzen, Tieren und Menschen ist nur in Ausnahmefällen geduldet, und auch dann gelten dermaßen strenge »Sicherheitsbe-

Die Entstehungsgeschichte der Reichtumspyramide

stimmungen«, daß es – wirtschaftlich gesehen – auf ein Verbot dieser Forschungsarbeit hinausläuft. Im Endeffekt gelten die beiden Leitsprüche:»Das ist viel zu gefährlich, das können wir nicht erforschen.« und »Das können wir nicht anwenden, es gibt zu viele unbekannte Größen.«. Hinter beiden Aussagen verbirgt sich die Angst, traditionelle Verhaltensmuster aufgeben zu müssen. Das Altbekannte (die Kreuzung von Pflanzen, um genetische Strukturen zu ändern) wird für gut befunden, das Neue (Genmanipulation mit demselben Ziel) nicht.

Gesellschaften, in denen die Ängstlichen das Sagen haben, sind niemals wohlhabend. Vermögende Gesellschaften räumen ihren Mitgliedern die Möglichkeit ein, ihren Forschergeist auszuleben. Keiner kann wissen, was machbar ist oder ob die Ängste begründet sind, es sei denn, man ist bereit, das Risiko einzugehen und das Neue waghalsig zu erforschen. Gelegentlich haben die Ängstlichen und die Zweifler Recht, aber in den meisten Fällen täuschen sie sich.

Natürlich gibt es nicht zu allen Zeiten und überall einen gleichermaßen ausgebildeten Unternehmergeist. Wie bei so vielem gilt es auch hier, zur richtigen Zeit am richtigen Ort zu sein. Eine Gesellschaft muß in ihrem Aufbau zu Unternehmertum einladen, wenn es sich produktiv entwickeln soll.

Der Kapitalismus an sich ist ein Prozeß kreativer Zerstörung. Das Neue vernichtet das Alte. Da Zerstörung und Neuaufbau Hand in Hand gehen, wird die Ökonomie ständig vorangetrieben. Das Fernsehen beispielsweise sorgte für eine rasante Talfahrt der Kinobranche, bis diese durch die Erfindung des Videorecorders wieder Aufschwung erhielt. Unternehmer spielen in diesem Prozeß der kreativen Zerstörung eine entscheidende Rolle, da letzten Endes sie die neuen Technologien und Konzepte kommerziell nutzbar machen. Unternehmer sind folglich die treibenden Kräfte für Änderungen im Kapitalismus.

Unternehmerische Fähigkeiten

Das alte Verhaltensmuster, alles unter dem Aspekt des Eigennutzes zu bewerten, muß aufgebrochen werden, wenn sich das Neue durchsetzen soll. Natürlich holen diejenigen, die aus dem alten System den größten Nutzen ziehen, zu einem kräftigen Gegenschlag aus. Sie wehren sich mit Händen und Füßen dagegen, sang- und klanglos von der Bildfläche zu verschwinden. Unternehmer haben die nationalen Großunternehmen geschaffen, die gegen Ende des 19. Jahrhunderts die regionalen Unternehmen zu Fall brachten. Heute aber gründen sie globale Firmen, die gegen Ende des 20. Jahrhunderts für den Untergang der nationalen Unternehmen sorgen werden.

Nur in den seltensten Fällen sind die Unternehmer gleichzeitig auch die Erfinder der neuen, revolutionären Technologien, die den Wandel bringen. Meist sind sie Macher, die risikobereit sind und gut organisieren können, aber keine Denker und Erfinder. Die Fähigkeit, zu neuen Erkenntnissen in der Forschung und Wissenschaft zu gelangen, ist eine ganz andere, als die Fähigkeit, die neuen Erkenntnisse zu vermarkten. So nutzte J. P. Morgan viele Erfindungen von Thomas Edison gewinnbringend für sein Unternehmen. Und Bill Gates hat sich noch nie erfinderisch betätigt und ist auch kein kreativer Programmierer, doch als Unternehmer und Gründer hat er viel erreicht.

Die Geschichte hat uns gelehrt, daß es nur allzu leichtfällt, den Unternehmergeist auszumerzen. Diese bei vielen Menschen latent vorhandene Eigenschaft ist trotz ihrer kreativen und zerstörerischen Fähigkeit extrem zerbrechlich. Die Zeiten, zu denen großer Unternehmergeist herrscht, sind leider rar. Zwar sind die ökonomischen Möglichkeiten meist immer vorhanden, sie werden jedoch oft nicht als solche erkannt. Oder aber es fehlt an der nötigen Energie, sie zu vermarkten. Manchmal wird auch einfach das Risiko als untragbar eingestuft.

Erfolgreiche Gesellschaften aber lassen sich auf das riskante Abenteuer ein, das Althergebrachte zu zerstören, um sich anschließend

Die Entstehungsgeschichte der Reichtumspyramide

wie Phönix aus der Asche zu erheben und gestärkt in die Zukunft zu blicken. Sie wissen, daß sie sich Neuem anpassen müssen – und nicht umgekehrt. Unternehmer haben erst dann eine Chance, wenn sich die Gesellschaften auf einen Wandel einlassen. Die Änderungen, die es zu akzeptieren gilt, sind nicht nur ökonomischer Natur. Die ganze Welt macht sich beispeilsweise heute darüber Sorgen, daß das Internet regionale Kulturen und traditionelle Verhaltensmuster verändert. Natürlich gibt es keine Garantie dafür, daß etwas Besseres entsteht. Sicher ist nur, daß es anders sein wird.

Europa

Europa veranschaulicht sehr deutlich, wie wichtig das Unternehmertum ist. Die Sparquoten Europas sind erheblich, die Investitionen hoch, die Europäer sind hochgebildet und die technologischen Grundlagen ausgereift. Und dennoch nimmt es bei der Entwicklung der neuen, vom Menschen geschaffenen wissensbasierten Industrie des 21. Jahrhunderts keine Führungsposition ein. Im Jahre 1998 wurde der Fertigungsbereich des letzten einheimischen Computerherstellers, Siemens-Nixdorf, von Acer, Taiwan, aufgekauft. Wie soll ein Land zukünftig eine Führungsrolle einnehmen, wenn es sich vollständig aus der Computerbranche zurückgezogen hat? Anscheinend sind die bitter benötigten Unternehmer in Europa noch nicht aus ihrem Winterschlaf aufgewacht – oder bereits ausgestorben.

Aus dem Weltall betrachtet, sieht Europa folgendermaßen aus: Seine Fläche entspricht in etwa der Chinas (circa 10 Prozent größer). Seine Bevölkerungsgröße ist nur etwas geringer als die Chinas – etwa um 850 bis 900 Millionen Menschen, je nachdem, ob die Türkei ganz oder nur teilweise zu Europa gerechnet wird. Stellen wir uns nun vor, wir spielten eine Partie globalen ökonomischen Schachs und könnten uns einen beliebigen Erdteil mit einer

Unternehmerische Fähigkeiten

Bevölkerung von etwa einer Milliarde Menschen als Spielfarbe aussuchen. Aufgrund seiner Ausgangsposition auf dem globalen Schachbrett würde sich vermutlich jeder für Europa entscheiden.

Nirgends auf der Welt leben eine Milliarde Menschen mit einem relativ hohen Wohlstandsniveau so dicht nebeneinander. Auf keinen Fleck der Welt trifft dies auch nur annähernd zu. Nirgendwo anders gibt es so geballt eine Milliarde höher gebildeter beziehungsweise höher qualifizierter Menschen oder ein Ballungszentrum mit einer besseren Infrastruktur.

In Europa ist die menschliche Leistungsbilanz hervorragend. In Wissenschaft und Technik sind die Europäer Weltmeister. Europa liegt bei bestimmten neuen Wissensgebieten (Hochenergiephysik) ganz vorne, und es hat bislang noch jede wichtige Technologie gemeistert. Rußland hat unter Beweis gestellt, daß es in der Raumfahrt, in der Wehrtechnik und in den Naturwissenschaften (Physik und Mathematik) durchaus mit den USA konkurrieren kann. Deutschland weist einen hohen Exportüberschuß auf, obwohl die Löhne, Gehälter und die Lohnnebenkosten dort um 50 Prozent höher sind als in Amerika. London ist im Handel mit internationalen Währungen führend. Mode und modernes Design aus Italien und Frankreich sind nahezu konkurrenzlos. Nirgendwo wird die Existenzgründung kleiner Unternehmen erfolgreicher durchgeführt wie in Italien. Frankreichs Technologien zählen zu den weltbesten. Osteuropa bietet Arbeitskräfte, deren Qualifikation durchaus dem westlichen Standard entspricht, wobei das Lohnniveau dem der Entwicklungsländer für ungelernte Kräfte gleichkommt.

Derzeit vollzieht sich ein technologischer Wandel, der nur mit höherer Qualifikation zu bewältigen ist. Ein langfristiger Wettbewerbsvorteil läßt sich nur noch durch einen Qualifikations-, Bildungs- und Wissensvorsprung aufrechterhalten. Genau darin liegt der Wettbewerbsvorteil Europas. Würden je nach Bildungsstand

Die Entstehungsgeschichte der Reichtumspyramide

Noten vergeben werden, wäre Europa Klassenbester. Seine Spitzenkräfte sind kreativer als die japanischen, und der Bildungsstand der Arbeiterschicht ist wesentlich höher als in Amerika. Im Vergleich mit anderen etwa gleich großen Populationen besitzen die Europäer die höchste Qualifikation.

Wie läßt es sich aber dann erklären, daß es bei der Schaffung von Wohlstand anderen Ländern weit unterlegen ist?

Kein anderes Land sollte das globale Spiel besser beherrschen als die Europäer. Nur sie können auf eine vierzigjährige Geschichte der wirtschaftlichen Integration zurückblicken. Die Europäische Union (EU) wächst kontinuierlich, da sich ihr immer mehr neue Länder anschließen. Auch die Vereinheitlichung geltender Bestimmungen und Vorschriften innerhalb der EU schreitet beständig fort. Europa hat gelernt, mit nationalen, sprachlichen und kulturellen Unterschieden zu leben. Es verfügt über eine weltweit einzigartige Triebkraft.

Ein großer Schritt nach vorn war auch die Einführung des Euro. Der Wandel von einer nationalen in eine globale Ökonomie ist wesentlich schwieriger, wenn man es, wie die restliche Welt, mit einem Sprung versucht, anstatt ihn in zwei Sprüngen zu vollziehen. Und genau dies tut Europa, indem es sich erst in eine regionale und dann in eine globale Ökonomie wandelt.

Europas Kaufkraft im Verhältnis zum BIP entspricht der der Vereinigten Staaten und ist etwa dreimal so groß wie die Japans. Außerdem leiden die beiden größten industriellen Konkurrenten Europas unter erheblichen Schwächen.

Japan gelingt es nicht, eine größere Freihandelszone um sich herum zu vereinen. Die APEC (Asia-Pacific Economic Cooperation) kommt immer wieder zu Tagungen zusammen, berät sich – und kommt letzten Endes doch zu keiner Entscheidung. Die Entwicklungs- und Größenunterschiede sind zu groß, als daß die Länder

Unternehmerische Fähigkeiten

am Pazifikrand eine gemeinsame Wirtschaftsordnung aufstellen, ihre Bestimmungen und Vorschriften aufeinander abstimmen und zu einer gemeinsamen Entscheidung kommen könnten. Muß ein konkreter Sachverhalt entschieden werden, mangelt es den Teilnehmern an Konsens, und die APEC hat keinerlei Befugnis, ihre Mitgliedstaaten zu irgendeiner Handlung zu zwingen. Sollte die Organisation jemals eine entsprechende Weisungsvollmacht erlangen, muß Japan die daraus resultierenden Vorteile und die Führungsrolle mit China und den Vereinigten Staaten teilen.

Japans Wirtschaftssystem ist festgefahren und nicht in der Lage, die Nachwehen der Finanzkrise zu bewältigen. Außerdem mangelt es den Japanern, wie sie selbst zugeben, an Kreativität. Japan muß erst noch den Beweis dafür erbringen, daß es den Durchbruch in den neuen Zukunftstechnologien schaffen kann. Erst wenn ihm dies gelungen ist, kann es den Kampf um die ökonomische Führungsposition antreten und muß den anderen Mitspielern nicht länger hinterherhecheln.

Die vermeintliche Stärke der USA ist bis zu einem gewissen Grad nur Blendwerk, hinter dem sich enorme Schwächen verbergen. Die berufliche Qualifikation und das Bildungsniveau der unteren zwei Drittel der amerikanischen Arbeitskräfte sind, gemessen am Weltstandard, recht dürftig. Das rapide wachsende Lohngefälle zwischen dem obersten und dem untersten Fünftel der Arbeitskräfte ist auf lange Sicht untragbar. Das Wirtschaftswachstum um 1,1 Prozent jährlich ist das schlechteste Ergebnis, das Amerika je erzielt hat, und liegt weit unter dem Japans oder der EU. Die Sparquote und der Investitionsbetrag (Europas Investitionsaufwendungen sind um 45 Prozent höher) sind ebenfalls viel zu gering, außerdem besteht ein riesiges Handelsdefizit (1998 annähernd $ 250 Milliarden). Und all dies, obwohl das amerikanische Lohnniveau zu den niedrigsten der Ersten Welt zählt. Der Handelsüberschuß der EU summierte sich dagegen 1998 auf $ 120 Milliarden.

Die Entstehungsgeschichte der Reichtumspyramide

In einem offiziellen Bericht der deutschen Bundesregierung wurden kürzlich die Schwächen Amerikas äußerst vorsichtig angesprochen.[36] Danach begründet sich das Wirtschaftswachstum Amerikas auf einem zu hohen Verbrauch (negative Sparquote), unhaltbaren Handelsdefiziten ($ 2 000 Milliarden in den letzten siebzehn Jahren) und einem untragbaren Arbeitszeitanstieg der weiblichen Beschäftigten. Im Gegensatz dazu wurde das deutsche Wirtschaftswachstum durch hohe Sparquoten der privaten Haushalte (zwischen 12 und 14 Prozent), hohe Investitionsaufwendungen (22 Prozent des BIP im Vergleich zu 15 Prozent in Amerika) und ein schnelleres Produktivitätswachstum (von 52 Prozent des amerikanischen Stands des Jahres 1960 auf 101 Prozent im Jahr 1990) erzielt. Der Produktivitätszuwachs in der verarbeitenden Industrie Deutschlands ist um 50 Prozent höher als der Amerikas.[37]

In den neunziger Jahren lag der Zuwachs des inflationsbereinigten BIP in den fünfzehn Ländern der Europäischen Union geringfügig unter dem in den USA verzeichneten Anstieg (2,1 Prozent im Gegensatz zu 2,4 Prozent), doch unter Berücksichtigung des langsameren Bevölkerungsanstiegs ist die Realsteigerung des BIP-pro-Kopf in Europa höher als in den Vereinigten Staaten (1,7 Prozent im Gegensatz zu 1,4 Prozent). Aus unvoreingenommener Perspektive betrachtet ist Europas pessimistische Einschätzung seiner zukünftigen wirtschaftlichen Stellung daher gänzlich unbegründet.

Europas Pessimismus beruht selbstverständlich auf den hohen Arbeitslosenzahlen. Amerika gelang es zwischen 1990 und 1997, elf Millionen neue Stellen zu schaffen, während in der EU nur einundsiebzigtausend neue Arbeitsplätze entstanden.

Aus ökonomischer Sicht bestehen lediglich zwei Möglichkeiten, neue Stellen zu schaffen: rasantes Wirtschaftswachstum oder Senkung der Löhne. Bei gesunkenen Lohnkosten erzielen die Unternehmen durch die verbesserte Kapitalintensität mehr Gewinne.

Unternehmerische Fähigkeiten

Durch den Einsatz von weniger Kapital sinkt die Arbeitsproduktivität, und mehr Mitarbeiter müssen eingestellt werden. Amerika hat sich für diese zweite Möglichkeit entschieden, Europa bislang für keine der beiden.

Institutionen wie die Organisation für wirtschaftliche Zusammenarbeit und Entwicklung (OECD) erteilen Westeuropa in regelmäßigen Abständen den Rat, seine hohe Arbeitslosenquote mit Hilfe einer verstärkten Arbeitsmarktflexibilität zu senken. Diese Umschreibung ist die politisch korrekte Form für Lohnsenkungen. Stellen wir uns doch einmal vor, in Westeuropa würde das amerikanische Kündigungsprinzip eingeführt – keine Kündigungsfrist, keine Entlassungsabfindungen und keine Angabe von Kündigungsgründen. Schon am ersten Tag nach Einführung dieses arbeitgeberfreundlichen Rechts würden Millionen Europäer ihren Arbeitsplatz verlieren, da die Firmen dann endlich in der Lage wären, all die überflüssigen Arbeitskräfte, die schon lange auf der Abschußliste stehen, zu entlassen. Die europäischen Firmen würden vermutlich sogar mehr Mitarbeiter entlassen als eigentlich beabsichtigt, da sie – wahrscheinlich zu Recht – befürchten müßten, nicht allzu lange Gebrauch von diesem neuen Recht machen zu dürfen.

Als kurzfristige Folge der Einführung einer Arbeitsmarktflexibilität nach amerikanischem Vorbild würde in Westeuropa die Arbeitslosenzahl in die Höhe schnellen. Die Arbeitslosenquote könnte nur dann sinken, wenn die Konkurrenz unter den Arbeitskräften angesichts der hohen Arbeitslosigkeit zu einer Senkung der Reallöhne führt. Durch die gesunkenen Personalkosten könnten die Unternehmen allmählich ihre Produktion auf weniger kapitalintensive, aber arbeitsintensivere Bereiche verlagern, in denen sich heutzutage aufgrund der hohen Lohnkosten kaum Gewinne erwirtschaften lassen.

Ein weiterer Schritt im Kampf gegen die hohen Arbeitslosenzahlen Europas besteht darin, sich bewußt zu machen, daß sich dort seit

Die Entstehungsgeschichte der Reichtumspyramide

Mitte der neunziger Jahre ein Klima der Deflation ausbreitet, und daß die Geld- und Kreditpolitik, die in den siebziger und frühen achtziger Jahren zur Bekämpfung der Inflation sinnvoll war, heute kontraproduktiv ist. Für die Zentralbanken Westeuropas scheint die Uhr Anfang der achtziger Jahre stehengeblieben zu sein – sie bemerken nichts von dem Wandel, der sich um sie herum vollzieht. Amerikas Zentralbankvorstand hat sich dagegen – zumindest teilweise – der neuen Realität angepaßt.

Westeuropa kann seine Arbeitslosigkeit nicht erfolgreich bekämpfen, weil bislang weder Maßnahmen zur Steigerung des Wirtschaftswachstums noch zur Senkung der Lohnkosten ergriffen wurden. Lieber sucht man nach einer dritten Alternative, die es aber gar nicht gibt. Sämtliche Aussagen zum Thema Senkung der Arbeitslosenzahlen bleiben Lippenbekenntnisse, denn all den schönen Reden folgen keine Taten.

Natürlich ist die hohe Arbeitslosigkeit in Westeuropa eine dringliche Angelegenheit, doch das eigentliche Problem liegt ganz woanders. Europas wirtschaftliche Zukunft steht deshalb auf dem Spiel, weil es das Bestehen eines soziologischen, technischen oder entwicklungsbedingten Ungleichgewichts, das woanders Wohlstand zu schaffen vermag, nicht für sich zu nutzen weiß. Ursache dieses Unvermögens ist, daß es in Europa an Unternehmern mangelt, die Veränderungen bewirken. Wenn wir in unserer Suche nach den möglichen Gründen noch einen Schritt zurückgehen, liegt die Wurzel allen Übels unter Umständen darin, daß die Gesellschaften Neuem sehr ablehnend gegenüberstehen und Unternehmern deshalb keine Chance bieten, etwas zu verändern.

Die Tatsache, daß Europa über alle Mittel, um erfolgreich zu sein, verfügt, heißt nicht gleichzeitig, daß es auch Erfolg haben wird. Was nützen die besten Mitspieler, wenn sie lediglich auf der Reservebank sitzen? Es bringt gar nichts, sich andere Umstände herbeizusehnen und darauf zu hoffen, daß vielleicht einmal ein anderes Spiel gespielt wird.

Unternehmerische Fähigkeiten

Ein großer Teil des Erfolgs hängt auch von der Fähigkeit ab, Produktionsstätten schnell zu errichten, zu verlagern oder zu schließen.

In Bereichen, in denen man unmöglich eine Führungsposition erreichen kann oder in denen die Produktivität naturgemäß niedrig ist, lassen sich nur dann gute Gewinne erzielen, wenn ineffiziente und arbeitsintensive Niedriglohnbranchen geschlossen werden. Das Wirtschaftswachstum steht und fällt mit dem – wie es die Japaner nennen – »wirtschaftlich strategischen Rückzug«. Die durchschnittliche Produktivität steigt mit dem Schwinden von Industriezweigen, in denen nur eine geringe Produktivität erzielt wird. Das bedeutet für die betroffenen Länder, daß sie die Produkte importieren müssen, die sie bislang selbst produziert haben, um ihre Arbeitskräfte dort einzusetzen, wo sich ein höherer Wertzuwachs erzielen läßt. Doch Westeuropa tritt diese Art des Rückzugs nicht an und steht dadurch seinem Wirtschaftswachstum im Wege.

Nirgendwo zeigt sich dies deutlicher als in seiner Beziehung zu Osteuropa. Mit Eintritt von 1,9 Milliarden Menschen (ein Drittel der Weltbevölkerung) aus ehemals kommunistischen Ländern in die globale kapitalistische Marktwirtschaft veränderte sich die ökonomische Landschaft drastisch. Die Frage, wer was wo tut, muß neu gestellt werden. Osteuropa ist keinesfalls der Hemmschuh Westeuropas, sondern bietet einzigartige Möglichkeiten. Arbeitsintensive und in Westeuropa teuer produzierte Waren sollten zu wesentlich niedrigeren Kosten in Osteuropa hergestellt und nach Westeuropa verkauft werden. Die auf diese Weise erzielten Einnahmen kann Osteuropa wiederum für den Kauf teurer westeuropäischer Produkte verwenden. Westeuropa sollte sich anstelle der Industriezweige, die in den Osten verlagert werden, auf Produktionsgüterindustrien und High-Tech-Produkte konzentrieren, und außerdem die Rolle der Hauptverwaltung (Marketing, Technische Entwicklung, globale Firmenkontakte) übernehmen, die Ost-

Die Entstehungsgeschichte der Reichtumspyramide

europa braucht, um ein erfolgreicher Mitspieler in der globalen Ökonomie zu werden und um sein Pro-Kopf-Einkommen dem westeuropäischen Stand anzugleichen.

Denjenigen, die flexibel genug sind, Industriezweige schnell auszuwechseln und in den angesagten Branchen zu expandieren, bieten sich interessante Möglichkeiten. Westeuropäer müssen für Osteuropa sein, was Taiwanesen für China sind. Umgekehrt gilt natürlich auch, daß Osteuropa den Westeuropäern dieselben Chancen für einen Wirtschaftsboom in Westeuropa bieten muß, wie dies China für seine Geschäftspartner in Taiwan leistet. Dieser Prozeß wird, wie die Taiwan-Chinesen erkannt haben, durch die Schließung der Produktionsstätten in Taiwan und ihre Verlagerung nach China ausgelöst.

Der südliche Mittelmeerraum sollte wieder die gleiche wichtige Rolle für Europa spielen, wie dies in früheren Zeiten der Fall war. Nordafrika könnte ebenso relevant für Europa werden wie Mexiko für die USA, wenn es dem europäischen Arbeitsmarkt mit seinen hochqualifizierten und teuren Arbeitskräften Billiglohnkräfte zur Verfügung stellt. Die Kombination aus preiswerten, in Nordafrika produzierten Komponenten und High-Tech-Bauteilen aus Europa wäre kaum zu schlagen. Doch auch hierfür ist es erforderlich, sich vom Alten zu trennen, das heißt, alte Fabriken in Europa zu schließen und sie schnell in den südlichen Mittelmeerraum zu verlagern. Derzeit verstreicht die Möglichkeit, das bestehende Ungleichgewicht für sich arbeiten zu lassen, ungenutzt.

Westeuropa verzichtet auf die neuen bahnbrechenden Technologien, die Amerika erwiesenermaßen vorwärtsgebracht haben. Aufregende Technologien verstauben ungenutzt. Europa läßt seine Chance auf eine wirtschaftliche Spitzenposition tatenlos vorüberziehen.

Unternehmerische Fähigkeiten

> **Regel Sechs**
> Keine Institution kann den Unternehmergeist Einzelner ersetzen. Ökonomische Gewinner erhalten Wohlstand und Macht, fehlender Unternehmergeist jedoch schwächt die Wirtschaft. Nur durch die Tatkraft und den Schaffensdrang Einzelner schafft das Alte Platz für das Neue.

Für eine wirtschaftliche Spitzenposition müssen Staaten und Regionen gleichermaßen bereit sein, ineffiziente Industriezweige, die dem hohen Standard der restlichen Welt hinterherhinken, zu fördern. Fortschritt läßt sich am besten durch Nachahmung anderer erreichen. – Leichter gesagt als getan.

Der erste Schritt besteht in der Erkenntnis, daß Wissenslücken bestehen und daß es andere gibt, die über dieses Wissen bereits verfügen. Doch ein weitverbreiteter menschlicher Irrglaube besagt, daß, wenn etwas Bestimmtes nicht im eigenen Land erfunden wurde, es auch nicht nachahmenswert ist. Europa betrachtet weder Asien noch Amerika als Vorbild. Die Europäer wollen weder den amerikanischen Cowboy-Kapitalismus noch das japanische Wirtschaftssystem kopieren. (Die Amerikaner dagegen haben in den achtziger Jahren die in der verarbeitenden Industrie zwischen ihnen und Japan bestehenden Qualitätsunterschiede durch schamloses Nachahmen der japanischen Methoden überwunden.).

Der Ausstieg aus bestimmten Branchen und die Nachahmung bewährter Strategien können Vorboten des Fortschritts sein.

Möchte sich Westeuropa in der Mikroelektronik etwa zu einer ernsthaften Konkurrenz entwickeln, muß es mit Hilfe der neuen revolutionären Technologien rasch neue Firmen gründen und diese zu großen Unternehmen ausbauen. Dazu bedarf es wiederum industrieller Flexibilität. Sobald Westeuropa dafür bereit ist, werden die Unternehmer, die diese Flexibilität zu nutzen wissen, auch aus ihrem Winterschlaf erwachen.

Die Entstehungsgeschichte der Reichtumspyramide

In manchen Ländern Europas herrschen bessere Startbedingungen für die Gründung kleiner High-Tech-Unternehmen als in anderen. Italien ist beispielsweise ein idealer Standort, Frankreich weniger. Doch in keinem Land Europas, nicht einmal in Großbritannien mit seinen amerikaähnlichen Kapitalmärkten, ist es bislang gelungen, eine große Anzahl von erfolgreichen Firmengründungen zu initiieren. Kleine Firmen, die klein bleiben, sind wirtschaftlich irrelevant. Sie tragen nicht wesentlich zur Erhöhung des BIP bei. Sie unterhalten keine F & E-Abteilungen. Sie zahlen keine hohen Löhne und Gehälter. Sie exportieren keine Waren. Und es liegt in ihrer Natur, keine neuen revolutionären Technologien zu entwickeln. Könnten sie einen technologischen Durchbruch erzielen, würden sie in kürzester Zeit zu Großunternehmen anwachsen.

Vom technologischen Standpunkt aus betrachtet ist es sehr merkwürdig, daß Korea mehr Halbleiterprozessoren herstellt als ganz Europa. Firmen wie Siemens oder Philips hatten weitaus mehr Erfahrung mit derartigen Produkten, als diese Technologie entwickelt wurde. Doch aus soziologischer Sicht ist Koreas Führungsposition in diesem Sektor durchaus nachvollziehbar. Amerikas altbewährte Elektrofirmen General Electric, Westinghouse und RCA sind am Übergang von Vakuumröhren zu Halbleitern gescheitert. Amerika war auf neue Konzerne wie Intel angewiesen, um in der Halbleiterbranche Marktführer werden zu können.

Alte Konzerne erkennen in vielen Fällen den Wert nicht, der in neuen Technologien steckt. Kein einziger der weltweit führenden Pharmakonzerne war maßgeblich an der Entwicklung der Biotechnik beteiligt. Letzten Endes blieb ihnen nichts anderes übrig, als die neugegründeten Biotechnik-Unternehmen aufzukaufen, weil sie das Anfangsstadium der Biotechnik verschlafen hatten.

In einer wissensbasierten Ökonomie liegt der Schlüssel zum Erfolg für Regionen darin, gute Rahmenbedingungen für das schnelle Wachstum von Unternehmen zu bieten.

Unternehmerische Fähigkeiten

Wirtschaft ist per Definition ein Raum, in dem Kapitalisten die Preise und Löhne aushandeln, im ständigen Bestreben, so billig wie möglich einzukaufen und so teuer wie möglich zu verkaufen. Heute erstrecken sich diese Aktivitäten auf die ganze Welt. Deshalb sprechen wir von einer globalen Ökonomie. Aufgrund weltweiter Konkurrenz hängt das Lohnniveau stärker von der weltweiten Nachfrage und dem weltweiten Angebot ab, ist also weniger auf das Angebot und die Nachfrage in einzelnen Ländern angewiesen. Ein gutes Beispiel dafür ist die Entwicklung von Software. Programmierer in Bangalore, Indien, verdienen fast annähernd soviel wie ihre niederländischen Kollegen. Daraus folgt, daß nicht die geographische Lage, sondern die jeweilige Qualifikation über das Lohnniveau entscheidet. In Fachkreisen wird dieses Phänomen als »Faktorpreisausgleich« bezeichnet.

Da es in einer globalen Ökonomie wesentlich mehr unqualifizierte Arbeitskräfte und weniger Facharbeiter gibt als in den wohlhabenden Industrieländern, ist es nur logisch, wenn die Löhne der ungelernten Arbeiter in den Industrienationen im Vergleich zum Lohn für Facharbeiter sinken. Gleichermaßen gilt, daß die im Verhältnis zu den reichen Industrieländern niedrigere weltweite Kapitalintensität dazu führt, daß die Kapitalerträge in einer globalen Ökonomie steigen. Diese Entwicklungen lassen sich in den USA bereits feststellen. Das Lohngefälle zwischen ungelernten Arbeitern und Facharbeitern, die etwa ein Fünftel des amerikanischen Arbeitsmarktes ausmachen, hat sich stark vergrößert. Der Kapitalanteil am nationalen Einkommen ist stark angestiegen. In Westeuropa konnte sich dieser Trend noch nicht durchsetzen, da die unterste Arbeiterschicht weitaus besser qualifiziert ist. Obwohl die notwendigen Änderungen wesentlich geringer ausfallen würden als die in Amerika bereits durchgeführten, verhinderten Gesetze und sozialrechtliche Bestimmungen bislang eine Lohnkürzung für die ungelernten Arbeitskräfte Westeuropas auf ein angemessenes Niveau. Da die Löhne ungelernter Arbeiter einzigartig hoch sind, ist es

Die Entstehungsgeschichte der Reichtumspyramide

nicht weiter verwunderlich, daß Unternehmen keine Arbeitsplätze in Westeuropa schaffen wollen.

Der Durchschnittslohn eines deutschen Fabrikarbeiters in der verarbeitenden Industrie ist etwa fünfundzwanzigmal so hoch wie der seines tschechischen Kollegen. Die bestehenden Unterschiede hinsichtlich der Produktivität reichen bei weitem nicht aus, um diese enorme Differenz zu rechtfertigen. Laut Volkswagen entspricht die Produktivität in seinen tschechischen Skoda-Werken zu 90 Prozent der in seinen deutschen Fabriken. Unter diesen Umständen wird sich jedes gewinnorientierte Unternehmen vernünftigerweise für einen Stellenabbau in Deutschland und eine Expansion in der Tschechischen Republik entscheiden, sobald diese Vorgehensweise arbeits- und sozialrechtlich machbar ist. Verzögert sich die Verabschiedung entsprechender Gesetze noch weiter, werden deutsche Unternehmen Marktanteile an ihre ausländischen Mitbewerber verlieren, für die solche Bestimmungen nicht gelten.

Beschließt Volkswagen die Auslagerung seiner Kfz-Produktion in die Tschechische Republik und verlagern Mercedes und BMW ihrerseits die Produktion nach Amerika, gehen in Westeuropa nicht ausschließlich Arbeitsplätze am Fließband verloren, sondern auch einige Managerposten, Ingenieurstellen und andere hochqualifizierte und gutdotierte Arbeitsplätze, die mit der Fließbandarbeit zusammenhängen. Im Endeffekt sinkt dadurch das Gesamteinkommen Westeuropas in größerem Maße als bei einer Lohnsenkung für ungelernte Arbeiter, die von einer Steuererhöhung für die arbeitende Bevölkerung begleitet werden muß, um die durch Lohnkürzungen gesunkenen Staatseinnahmen auszugleichen.

Hundert Jahre nach der zweiten Industriellen Revolution waren für jeden Bürger eines Industrielandes mit einer hohen Produktivität hohe Löhne und großzügige Lohnnebenleistungen – auch für unqualifizierte Tätigkeiten – etwas Selbstverständliches.

Doch die Zeiten der nationalen Ökonomien sind vorbei. Multinationale Konzerne schaffen sowohl ihre Technologien als auch ihr

Unternehmerische Fähigkeiten

Kapital in die Länder, in denen sich damit der höchste Gewinn erzielen läßt. Mit Hilfe des globalen Kapitalmarktes lassen sich kapitalintensive High-Tech-Firmen in reichen Ländern ebenso wie in armen gründen. Firmen sind nicht länger auf natürliche Ressourcen angewiesen, um erfolgreich zu sein, da diese auf dem Weltmarkt angeboten werden und leicht zu transportieren sind. Die koreanische und japanische Stahlindustrie beispielsweise zählen zur Weltklasse, obwohl es in keinem dieser Länder hochwertige Kohle- oder Eisenerzvorkommen gibt. Die Produktion ist überall möglich, was bedeutet, daß ein Facharbeiter aus der Ersten Welt im Grunde genommen mit einem Hilfsarbeiter aus der Dritten Welt zusammenarbeitet. Um es ganz offen zu sagen: Eine ungelernte Hilfskraft aus einem reichen Industrieland kann nicht mehr automatisch mit einem entsprechenden Einkommensniveau rechnen.

Europäische Unternehmen, die sich die üppigen Lohnnebenkosten für die Arbeitslosenversicherung (oder Rentenversicherung) ersparen wollen, verlagern ihren Standort einfach in Länder mit niedrigeren Abgabesätzen. In Skandinavien hat sich bereits die Erkenntnis durchgesetzt, daß es rentabler ist, den Firmenhauptsitz in ein Land mit geringeren Einkommensteuern zu verlagern, wenn ausländische Führungskräfte im Hauptsitz arbeiten sollen. Denn diese sind nicht bereit, skandinavische Steuersätze zu bezahlen. Der ganz normale Arbeiter, der sich den Arbeitnehmeranteil der Sozialversicherung sparen möchte, taucht in die Schattenwirtschaft ab, wo keine Steuern fällig sind. In Amerika ist die Schattenwirtschaft aufgrund der niedrigen Lohn- und Einkommensteuern nur latent vorhanden, in Westeuropa hingegen ist sie aufgrund der höheren Steuern weit verbreitet.

Kein Land der Welt kann von seinen Bürgern und Unternehmen wesentlich höhere Steuern als in anderen Ländern eintreiben. Die Folge wäre nämlich, daß Unternehmen ihren Standort verlagern und Einzelpersonen in die Schattenwirtschaft abtauchen. Aus

Die Entstehungsgeschichte der Reichtumspyramide

diesem Grunde drängt die derzeitige rot-grüne Bundesregierung Deutschlands so heftig auf eine Steuerharmonisierung innerhalb der EU. Die Bundesregierung erkannte mittlerweile, daß Sozialleistungen auf lange Sicht nur dann machbar sind, wenn in den Nachbarländern dieselben Bedingungen für Unternehmer herrschen.

Westeuropa muß sich den Realitäten einer globalen Ökonomie anpassen und endlich in das aktuelle Spiel einsteigen. Zu hoffen, daß sich das Spiel ändert, ist jedoch reine Zeitverschwendung.

Schlußfolgerung

Im kommenden Jahrhundert wird das Wirtschaftsspiel auf drei Ebenen gespielt werden.

Jeder Staat, der ein Lohnniveau, wie es in der Ersten Welt üblich ist, für seine Bürger anstrebt, muß sicherstellen, daß jeder einzelne über dasselbe Bildungsniveau und dieselben beruflichen Qualifikationen verfügt wie in jedem anderen Land der Welt. Diesen gutausgebildeten Fachkräften muß eine hervorragende Infrastruktur – Telekommunikation und Verkehr – zur Verfügung stehen. Jede Nation, die sich erfolgreich in den neuen wissensbasierten Industriezweigen engagieren möchte, muß zwangsläufig eine Führungsrolle in den Bereichen Forschung und Entwicklung (F & E) einnehmen und über Unternehmer verfügen, denen es gelingt, diese revolutionären Technologien in marktreife Produkte umzusetzen.

Bei den Unternehmen entscheiden die Qualifikation der Mitarbeiter, die erfolgten Kapitalinvestitionen, der technische Stand und die Fähigkeit, neue Produkte gewinnbringend in allen Ländern einzukaufen und wieder zu verkaufen, wie gut sie in diesem Spiel sind. Auch Existenzgründungen, die sich recht schnell zu multinationalen Konzernen entwickeln, entscheiden über Erfolg oder Mißerfolg. Für Existenzgründungen braucht es jedoch Unterneh-

Unternehmerische Fähigkeiten

merpersönlichkeiten. Die gesellschaftlichen Gepflogenheiten und die entsprechenden gesetzlichen Bestimmungen müssen für eine Flexibilität des Arbeitsmarktes sorgen, damit Unternehmer – und mit ihnen neue Firmen – darin Platz finden.

Auch für den einzelnen Arbeitnehmer sind Bildung und berufliche Qualifikation ausschlaggebend für seine Rolle in dem neuen Spiel – und seine Bereitschaft, Änderungen zu akzeptieren. An sich gibt es keinen Grund für die Annahme, Westeuropa könne dieses dreidimensionale Spiel nicht spielen. Doch Westeuropa muß sich entscheiden, ob es diesen Wandel anführen will oder unwillig in die neue Wirtschaft des 21. Jahrhunderts mitgeschleift wird. Westeuropa braucht dringend risikobereite Unternehmer, und es muß seine Gesellschaftsordnung so ändern, daß sich diese Unternehmer frei entfalten können. Westeuropa muß bereit sein, alte Gewohnheiten in der Überzeugung, daß nur Besseres nachkommt, über Bord zu werfen.

Lassen Sie mich das bereits am Anfang dieses Kapitels Gesagte wiederholen. Auf dem globalen Schachbrett der Ökonomie nimmt Europa die beste Ausgangsposition ein. Wenn es seine Schachzüge sorgfältig und überlegt plant, kann es sich im kommenden Jahrhundert zur größten und bedeutendsten Wirtschaftsmacht der Welt entwickeln. Doch es gibt keine Garantie, daß es sich auf den bevorstehenden Wandel einläßt und seine Stärken ins Spiel bringen kann.

Später werden wir erfahren, was Europa für den Aufbau der Unternehmerebene der Reichtumspyramide tun muß – doch letzten Endes entscheidet Europa selbst, ob es bereit ist, diese Steine am richtigen Platz einzusetzen.

Wissen schaffen

Jahrtausendelang bestanden die Bausteine für den Sockel der Reichtumspyramide aus der Landwirtschaft. Im Anschluß an die erste Industrielle Revolution wurde die Landwirtschaft als Grundlage für den allgemeinen Wohlstand durch Energiequellen ersetzt. Als Folge der dritten Industriellen Revolution nimmt nun das Wissen die Stellung ein, die vorher die Bausteine Landwirtschaft und Energiequellen innehatten.

Wissen schafft die revolutionären technologischen Errungenschaften, die wiederum das notwendige Ungleichgewicht erzeugen, in dem hohe Profite und Wachstumsraten möglich sind. Wissen schafft die Möglichkeit, Neues auf neue Art entstehen zu lassen. Die Erfindung des Autos und des Fließbandes etwa haben die Welt verändert. Herkömmliche Produktionsmethoden lassen sich so umgestalten, daß völlig neuartige Produkte entstehen können. Mikroprozessoren ermöglichen, daß Rechenoperationen, die vor dreißig Jahren nur mit IBM-Großrechnern möglich waren, heute sogar mit Laptops ausgeführt werden können. Aufgrund des niedrigen Preises und der Kompaktheit von Laptop und PC lassen sich ganz neue Aufgaben mit Computern lösen.

Entstehen viele neue Technologien zur selben Zeit oder wird in einem Fachgebiet ein außergewöhnlicher Durchbruch erzielt, sprechen Historiker von einer »ökonomischen Revolution«. Die erste Industrielle Revolution wurde durch die Erfindung der Dampfmaschine ins Rollen gebracht, die zweite durch die Elektrizifierung.

Wissen schaffen

Auch in prähistorischer Zeit fand bereits eine Revolution statt, als die Jäger und Nomaden seßhaft wurden, um Ackerbau zu betreiben. Für uns liegt dies jedoch so weit zurück, daß wir diesen Wandel kaum als eine Revolution ansehen. Doch erst durch diese wirtschaftliche Revolution konnten menschliche Zivilisationen entstehen. Nachdem das Problem der Nahrungsbeschaffung gelöst war, konnten sich die Menschen auf geistige Tätigkeiten konzentrieren, lesen und schreiben lernen, sich der Kunst widmen und architektonische Meisterwerke errichten. In den neu entstandenen Städten konnten viele Menschen auf relativ engem Raum zusammenleben, da ausreichend Nahrungsmittel vorhanden waren. Schulen konnten erbaut werden, und die Menschen begannen voneinander zu lernen.

Talent ist auf der ganzen Welt verbreitet, Erfindergeist jedoch nicht. Ein hoher Intelligenzquotient macht noch keinen Erfinder. Gesellschaften mit niedrigem allgemeinen Wissensstand und schwachem Wissensdrang entwickeln keine neuen Technologien. Und auch Ländern mit hohem Pro-Kopf-Einkommen fehlt es oft an Erfindungsgeist. Man denke zum Beispiel an die Schweiz.

Erfindergeist wird leider nicht von Generation zu Generation weitergegeben. Im 19. Jahrhundert galt Amerika als Meister der Nachahmung, während es in der zweiten Hälfte des 20. Jahrhunderts große Erfinder hervorbrachte. Japan konnte in diesem Zeitraum dagegen lediglich kopieren, was anderswo entwickelt wurde. Heute noch ist uns Japan den Beweis schuldig, daß es in der Lage ist, selbständig neue Technologien zu entwickeln. Deutschland hat in der ersten Hälfte des 20. Jahrhunderts bahnbrechende Neuerungen entwickelt, jedoch nicht in der zweiten Hälfte.

Neugier – die Frage, wie bestimmte Dinge funktionieren und was sich hinter dem nächsten Hügel verbirgt; Forscherdrang – der Mut, völlig unbekannte Gebiete zu erforschen; Lernbereitschaft – die Fähigkeit, von der Erfahrung anderer zu profitieren; Schaffens-

Die Entstehungsgeschichte der Reichtumspyramide

drang – das Bestreben, aus neuem Wissen etwas ganz anderes zu erschaffen: Diese vier Eigenschaften sind in der menschlichen Natur begründet. Sie kommen jedoch erst zum Tragen, wenn sie zur richtigen Zeit mit anderen Faktoren zusammentreffen.

Durchschnittliche Intelligenz ist überall auf der Welt gleichmäßig verbreitet, im Gegensatz zu wissenschaftlichem Fortschritt. Unabhängig davon, wie man menschliche Intelligenz bemißt – an der Anzahl verliehener Nobelpreise oder erteilter Patente, anhand des Fortschritts in Forschung und Entwicklung, an der Anzahl wissenschaftlicher Veröffentlichungen oder am Besetzen technologischer Spitzenpositionen – die Unterschiede auf der ganzen Welt sind beträchtlich. Nicht alle Gesellschaften beherrschen die Kunst, ein technologisches Ungleichgewicht herzustellen. Selbst innerhalb kreativer Gesellschaften ist die Kreativität nicht gleichmäßig verteilt. Der Anteil an amerikanischen Juden, denen ein Nobelpreis verliehen wurde, ist deutlich höher als ihr Anteil an der Bevölkerung (nach Israel ging jedoch noch kein einziger Nobelpreis). Auch Amerikas Universitäten, die sich durch hervorragende Leistungen in der Forschung hervorgetan haben, sind nicht gleichmäßig über das ganze Land verteilt. Nicht jeder amerikanische Bundesstaat verfügt über ein Silicon Valley oder eine Route 128.

Bedauerlicherweise liegt Wissen oft brach. Die Ureinwohner Amerikas machten keinen Gebrauch vom Rad, doch Archäologen fanden Überreste von indianischem Kinderspielzeug auf Rädern. Die Umsetzung von Wissen erfolgt nicht automatisch. Zweifelsohne liegen eine Menge wissenschaftlicher Errungenschaften zum Greifen nahe vor uns, deren Bedeutung wir noch nicht erkennen. Irgendwann in der Zukunft wird sich sicherlich jemand fragen, wie diese Gesellschaft – unsere – so blind sein konnte.

Kreativität entsteht nicht, wenn sie die Staatsgewalt herausfordern muß. Kreativität kann nur dann entstehen, wenn dies nicht der Fall ist – wenn ein Freiraum ohne Ordnung vorhanden ist, in dem sich

Wissen schaffen

Kreativität ungehemmt ausbreiten kann. Doch viele Menschen setzen Freiraum mit Chaos gleich – und Chaos gilt es nach dieser Ansicht zu verhindern.

Zur Umsetzung und Erweiterung von Wissen muß in den Gesellschaften die richtige Mischung aus Chaos und Ordnung vorhanden sein. Ein Zuviel an Ordnung (China) funktioniert ebensowenig wie ein Zuviel an Chaos (Rußland). Erfolgreiche Gesellschaften sorgen dauerhaft für ein dynamisches Spannungsfeld zwischen diesen Gegenpolen und achten darauf, daß ihnen weder Ordnung noch Chaos aus der Hand gleiten.

Neue Ideen und Pläne werden schnell vereitelt, wenn Gesellschaften nicht mit dem durch den Wandel ausgelösten Chaos umgehen können. Andererseits braucht es auch ein gewisses Maß an Ordnung, um Nutzen aus der Kreativität ziehen zu können.

Zwei in etwa gleich große Länder – Singapur und Israel – veranschaulichen deutlich die Bedeutung der vorhergehenden Aussage. Singapur setzte auf Ordnung, während Israel der individuellen Genialität Vorrang gab. Beide Staaten sind erfolgreich, doch Singapur steht heute insgesamt besser da. Das 1965 in Singapur erzielte Pro-Kopf-Einkommen betrug lediglich $ 500, das israelische $ 5000. Das heutige Pro-Kopf-Einkommen Singapurs beträgt $ 25000, das Israels $ 15000.

Singapur hat die ersten, einfachen Schritte erfolgreich hinter sich gebracht, indem es alle Ressourcen mobilisierte und die Kluft zu anderen Ländern überbrückte. Für weiteren Fortschritt ist es nun auf die Genialität einzelner Menschen nach israelischem Vorbild angewiesen. Wird Singapur dies gelingen? Das Land scheint seine Schwächen erkannt zu haben, zumindest läßt sich so seine Ankündigung interpretieren, in Zusammenarbeit mit dem MIT eine Technische Hochschule einzurichten, wobei der Schwerpunkt auf der Kreativitätsförderung liegen soll.

Die Entstehungsgeschichte der Reichtumspyramide

In Israel dagegen wird individuelle Genialität vergeudet, weil dort nicht das erforderliche Maß an Ordnung herrscht, um diese Fähigkeiten in vollem Umfang nutzen zu können. Diese Schwäche zeigt sich zum Beispiel am Fehlen einer voll funktionsfähigen Infrastruktur.

Regel Sieben

In jeder Gesellschaft, in der Ordnung am höchsten bewertet wird, kann keine Kreativität entstehen. Doch ohne jegliches Maß an Ordnung und Regeln löst sich die Kreativität in Nichts auf.

Menschliche Neugier und Forschungsdrang lassen sich fördern. Nutzbare Neugier benötigt Individuen, die mit dem bestehenden Wissen vertraut sind, sich von diesem Wissen jedoch nicht einschüchtern lassen. Die Förderung der menschlichen Neugier sollte das Hauptziel jeder Universität sein. Gesellschaften, die Neugier schätzen und honorieren, erzeugen zwangsläufig wißbegierige Menschen.

Ob neue Kontinente oder neue Erfindungen, Forschungsarbeit ist auf die Unterstützung der Gesellschaft angewiesen. Kolumbus hätte ohne die Hilfe des spanischen Hofes Amerika niemals entdecken können. Das Internet wäre ohne die dreißigjährige staatliche Förderung der USA niemals entwickelt worden. Der Schöpfungsprozeß (die Integration von Neuem in die Gesellschaft) an sich ist eine gesellschaftliche Aufgabe, auch wenn zunächst innovative Einzelpersonen gefragt sind, die alten Muster aufzubrechen. Die Wissenschaft ist ein nahezu unendliches Grenzgebiet, das viel Raum für Neugier, Forschungsdrang und Kreativität bietet – doch wirklich revolutionäre wissenschaftliche Durchbrüche gelingen meist nur im Team.

Die Weiterentwicklung von Wissen läßt sich durchaus mit der Suche nach Öl vergleichen. Neugier ist die entscheidende Eigen-

Wissen schaffen

schaft beim Auffinden neuer Ölvorkommen. Für dieses unsichere und äußerst riskante Unternehmen sind große Investitionen für Probebohrungen notwendig. Heute muß man dafür Bohrungen in der Nordsee durchführen, was früher technisch nicht machbar war. Ähnliche Möglichkeiten auf dem Festland bieten sich beispielsweise nur noch in Zentralasien, doch die politische und gesellschaftliche Instabilität dort machen die Suche nach Öl ebenfalls zu einem kostenintensiven und schwierigen Unterfangen.

Anfang der Sechziger, als die Mikrobiologie noch in den Kinderschuhen steckte, ließ sich nicht mit Sicherheit sagen, ob die Forschung auf diesem Gebiet zu irgendeinem Ergebnis führen würde. Es wurden über einen Zeitraum von zwanzig Jahren mehrere Milliarden investiert, obwohl nicht klar war, ob tatsächlich anwendbare Technologien entstehen konnten. Zwischen den Anfängen dieser Wissenschaft und der Entdeckung der Doppelhelix, der DNA und der rekombinanten DNA lagen viele Jahre. Das Kernstück der Biotechnik, die menschliche Genforschung, wird voraussichtlich erst im Jahre 2005 beendet sein. Vielleicht behindert jedoch die feindselige Einstellung zur Genmanipulation am Menschen diese Technologie im selben Umfang wie heute die politischen Umstände in Zentralasien das Bohren nach Öl.

Forschung und Entwicklung (F & E) werden oft zusammengelegt, um die Grundlagen des technischen Fortschritts zu analysieren. Dies ist jedoch ein Fehler. Schwerpunkt der Forschung ist die Umwandlung von neuen, revolutionären Erkenntnissen in neue Fachgebiete wie zum Beispiel die Biotechnik – also die Vertiefung von Wissen. Schwerpunkt der Entwicklung ist die Ausdehnung technischen Wissens auf bereits existierende Fachgebiete – also die Erweiterung von Wissen. Zwischen diesen Formen wissenschaftlicher Arbeit liegt die angewandte Forschung, die auf die Ergebnisse der Grundlagenforschung zurückgreift, um wissenschaftliche Forschungsergebnisse in die Praxis umzusetzen.

Die Entstehungsgeschichte der Reichtumspyramide

Voraussetzung wissenschaftlichen Fortschritts ist die Bereitschaft, die notwendigen Investitionen in der Forschung oder Entwicklung zu tätigen. Manche Länder sind dazu bereit, andere nicht. Die Höhe des erforderlichen Investitionsaufwands ist nicht auf den ersten Blick zu erkennen. Die Ausgaben für F & E der vier wichtigsten Industrienationen sind annähernd gleich hoch (in Prozent des Bruttoinlandsprodukts): Frankreich und Deutschland: 2,3 Prozent, Japan: 2,8 Prozent und Amerika: 2,5 Prozent. Dies liegt wohl eher daran, daß keiner dieser Staaten in der wissenschaftlichen Konkurrenz zurückfallen will, und nicht darin, daß es sich um exakt den richtigen Investitionsaufwand handelt.[38]

Auch wenn die Höhe der Ausgaben für F & E in allen vier Ländern etwa gleich groß ist, die Verteilung dieser Gelder erfolgt nach völlig unterschiedlichen Mustern. Ein großer Anteil des amerikanischen Budgets wird für militärische Forschungszwecke ausgegeben. Selbst nach Ende des Kalten Krieges beträgt der Anteil an Forschungsgeldern in diesem Sektor 20 Prozent des gesamten Forschungsetats Amerikas und über die Hälfte des Forschungsetats der einzelnen Bundesstaaten. In Japan dagegen ist das Budget für F & E im Militärwesen verschwindend gering. Amerika gibt den Löwenanteil seines F & E-Etats für die Forschung aus, Japan dagegen für die Entwicklung. In Japan finanziert die Industrie etwa 75 Prozent des gesamten Aufwandes für F & E. Bis zum Ende des Kalten Krieges, das zu einer Kürzung des Etats auf 30 Prozent führte, finanzierte die amerikanische Regierung über 40 Prozent der gesamten Ausgaben für F & E.[39] Die Situation in Japan und Amerika ist also annähernd gleich. Seit Ende des Kalten Krieges sank der Anteil Amerikas an den weltweiten Ausgaben für F & E beständig, doch 1997 und 1998 kehrte sich diese Tendenz um, und Amerikas Ausgaben stiegen schneller an als die der restlichen Welt.[40]

In anderen Industrienationen sind die Ausgaben für F & E bedeutend geringer. Italien wendet dafür lediglich 1,2 Prozent seines BIP auf und Spanien nur 0,8 Prozent. Manche Entwicklungsländer

Wissen schaffen

wenden relativ viel dafür auf (Südkorea: 2,25 Prozent seines BIP), doch auf die meisten dieser Länder trifft dies nicht zu. Etwa 96 Prozent der Ausgaben für F&E werden von den Industrienationen getätigt.

Auch in der Wirtschaft sind die Etats der Unternehmen für F&E unterschiedlich hoch. In den USA leisten Firmen aus der verarbeitenden Industrie 81 Prozent der Gesamtausgaben der Wirtschaft für F&E. Die meisten Firmen, die nicht in der verarbeitenden Industrie tätig sind, geben so gut wie nichts für F&E aus. Der Grund dafür, daß sich ein Staat Sorgen um die Abwanderung der verarbeitenden Industrie machen muß, liegt darin, daß er damit auch die Grundlage für Forschung und Entwicklung in seinem Land verlieren würde. Die F&E-Etats in der verarbeitenden Industrie sind deswegen so hoch, weil es früher unmöglich war, Innovationen gewinnbringend zu nutzen, außer man realisierte das Potential dieses neuen Wissens in der Produktion. Wissen zu verkaufen und anderen die Produktion zu überlassen war noch nie profitabel.

Der Hauptanteil der in den USA betriebenen Forschung und Entwicklung (84 Prozent) wird von Großkonzernen finanziert. Doch auch hier variiert die Höhe der Ausgaben (in Prozent des Gesamtumsatzes) beträchtlich: Boeing: 4 Prozent, Intel: 9 Prozent, Lucent: 12 Prozent, Microsoft: 17 Prozent.[41] Die Höhe der Ausgaben hängt vom jeweiligen Industriezweig ab und davon, ob die Firmen dieser Branche den Fortschritt in der Grundlagenforschung so einschätzen, daß tatsächlich neue Produkte oder Dienstleistungen entstehen können. Intels Gesamtumsatz wird mit Produkten erzielt, die in den letzten drei Jahren entwickelt wurden, während IBMs Gewinne nur zu 35 Prozent aus neuentwickelten Produkten stammen.[42]

Die Frage, warum erfolgreiche Großkonzerne und Industriestaaten den Hauptanteil der Ausgaben für F&E übernehmen, läßt sich

Die Entstehungsgeschichte der Reichtumspyramide

ganz einfach beantworten. Hier bietet sich wieder die Analogie zu der Suche nach Ölvorkommen an. Unternimmt ein kleines Unternehmen Probebohrungen an zwei Stellen, ist dies ein riskantes Unterfangen. Stößt die Firma an beiden Bohrlöchern nicht auf Öl, muß sie Konkurs anmelden. Ein Großunternehmen verfügt dagegen über die Mittel, an einer Vielzahl verschiedener Orte Probebohrungen durchzuführen. Allein das Wahrscheinlichkeitsprinzip gewährleistet schon, daß sie an einigen Stellen auf Öl stoßen werden. Und selbst wenn sie anfangs nur Mißerfolge verzeichnen können, bedeutet das nicht das Ende des Unternehmens.

Eine wirtschaftliche Größe wie die USA kann sich Investitionen auf allen Gebieten leisten, in denen eine gewisse Chance besteht, die Technologie voranzutreiben. Für einen Staat der Größe Israels ist dies hingegen nicht machbar. Der Etat für Forschung und Entwicklung ist in Amerika dreimal so hoch wie das gesamte Bruttoinlandsprodukt Israels. Israel muß seine Investitionen daher bündeln und sich auf eine geringe Anzahl von Forschungsprojekten beschränken, wenn die Investition überhaupt Ergebnisse erzielen soll. Verteilte sie die geringen Forschungsgelder auf alle Bereiche, wären Erfolge kaum zu erreichen.

In Westeuropa werden große Summen verschwendet, weil Länder Forschungsgelder in die verschiedensten Technologien investieren. Allerdings reichen diese nicht aus, um auch nur in einem Bereich wirkliche Fortschritte zu erzielen. Würde die Europäische Union (EU) ihre F & E-Etats zusammenlegen, wäre damit wesentlich mehr zu erreichen. Jeder Pfennig, den Spanien für F & E ausgibt, ist reine Geldverschwendung. Spaniens Etat ist zwar nicht sehr groß, aber da die Regierung nicht weiß, welche Forschungsgebiete das Potential eines neuen Industriezweiges bieten, investiert sie in alle Gebiete, anstatt sich auf ein einziges zu konzentrieren. Die gebündelten Ausgaben für F & E eines vereinigten Europas würden daher wesentlich mehr bewirken als die Aufwendung der gleichen Summe in den einzelnen Ländern.

Wissen schaffen

Weder für Unternehmen noch für Nationen lassen sich die Ausgaben für F & E mit einer technologischen Führungsrolle gleichsetzen. Europa investiert viel in F & E, ist jedoch nicht technologischer Spitzenreiter. Damit sich Investitionen auszahlen, müssen die neuen Technologien im Anschluß daran in der Wirtschaft umgesetzt werden. Amerikas Ausgaben für F & E in der Informationstechnik sind zum Beispiel nicht höher als die Europas, doch Amerika stellt wesentlich mehr Forschungsgelder für die Entwicklung von Hard- und Software bereit. Im Jahre 1996 war der amerikanische Forschungsetat, gerechnet als Anteil des BIPs, doppelt so hoch wie der Deutschlands oder Frankreichs.[43] Der Wissensstand in diesen Ländern ist in etwa gleich groß, doch die jeweiligen Vorgehensweisen unterscheiden sich sehr stark voneinander.

Auch wenn in manchen Wissensgebieten Durchbrüche erzielt wurden und nachweislich technischer Fortschritt gelang, ist die Forschung und Entwicklung für die Geldgeber ein riskantes und unsicheres Unterfangen. Oft lohnen sich Investitionen dort, wo man es am wenigsten vermutet hätte. Bei einem derart gänzlich unerwarteten Durchbruch sind die Geldgeber oft nicht in der Lage, daraus das Beste zu machen – entweder weil sie nicht in dieser Branche tätig sind, oder weil das Unternehmen nicht über die nötige Erfahrung verfügt, die neuen Errungenschaften zu nutzen. Legen Forscher ihren Arbeitgebern neuartige Ideen vor, die nicht in den Geschäftsplan des Unternehmens passen, kommt es häufig zu Existenzgründungen, da diese Tüftler dann mit Hilfe ihrer Forschungsergebnisse selbst eine Firma gründen.

Häufig vergeht viel Zeit, bis gänzlich geklärt ist, wie wichtig und nützlich die neuen Entwicklungen sind. Die Patentanwälte von Bell Labs wollten ihrem Unternehmen die Kosten für die Patentierung des Lasers ersparen, da sie der Ansicht waren, Lichtwellen wären für die Telekommunikation unwesentlich.[44] Erst dreißig Jahre später sollte sich die Bedeutung des Lasers in diesem Bereich herausstellen. Aber auch für die Telekommunikation und unzählige

Die Entstehungsgeschichte der Reichtumspyramide

andere Branchen wie Meßtechnik, Navigationstechnik, Chirurgie, Musikbranche, Druckindustrie, Werkstoffbearbeitung und Rüstung ist die Lasertechnik von essentieller Bedeutung.

Oft ist eine Entdeckung aber auch erst in Verbindung mit anderen Erfindungen brauchbar. Nur durch die hochwertigen Glasfaserkabel ließ sich der Laser in der Telekommunikation sinnvoll einsetzen. Als er erfunden wurde, war die CD noch Zukunftsmusik. Keiner konnte sich damals vorstellen, daß der Laser in der Mikrochirurgie eingesetzt werden könnte, oder daß er in der Augenchirurgie Brillengläser unnötig macht. Laseranwendungen wurden in den vergangenen zwanzig Jahren, ebenso wie seinerzeit die Glühbirne oder der Halbleiterprozessor, immer kostengünstiger und leistungsstärker. Was früher nicht machbar oder unrentabel schien, ist heute selbstverständlich.

Oft werden Entwicklungen erst dann nutzbar, wenn die Kosten fallen. Das Internet ist in diesem Zusammenhang ein gutes Beispiel. Sein Ursprung geht auf das Ende der sechziger Jahre zurück, als ein Kommunikationssystem zwischen einzelnen Militärstützpunkten mit IBM-Großrechnern entwickelt wurde. Dieses Projekt verschlang Milliarden von Dollars. In gewissem Sinne läßt sich auch heute noch behaupten, daß das Internet mit Großrechnern arbeitet. Der Unterschied zu damals besteht in der drastischen Kostensenkung und der geringen Größe moderner Computer. Der Zentralrechner zu einem Preis von mehreren Millionen Dollar, der damals aufgrund seiner Dimensionen in einem Extragebäude untergebracht werden mußte, ist heute für wenige hundert Dollar als Laptop zu haben. Keiner hatte sich damals diesen enormen Preisverfall vorstellen können.

Damit eine Erfindung oder Entwicklung zum größtmöglichen Nutzen eingesetzt werden kann, muß sich hochqualifiziertes Personal mit der neuen Materie befassen und entsprechend geschult werden. Ohne entsprechende Weiterbildungsmaßnahmen liegt jede

Wissen schaffen

noch so großartige Erfindung brach. Aus diesem Grund zieht es so viele hochqualifizierte Forscher aus den Entwicklungsländern in die Vereinigten Staaten. Aufgrund der mangelnden allgemeinen Qualifikation in ihrem Heimatland lassen sich dort ihre Erfindungen nicht vermarkten.

Wissen ist nicht greifbar. Studien zeigen, daß Forschungsarbeiten in anderen Ländern oder Unternehmen halb so produktiv sind wie Forschungen für das eigene Land oder den eigenen Betrieb.[45] Dies bedeutet große Verluste für Pioniere und einen Anreiz für Nachahmer, die selbst nur wenig in die Forschung und Entwicklung investieren, dafür aber auf die Forschungsergebnisse anderer zurückgreifen. Durch den Raub von Wissen lohnt es sich für die Geldgeber kaum noch, in die Forschung zu investieren, weil durch den Verkauf von Wissen – entweder in Form von Patentrechten oder indirekt in Form eines Produkts – kaum noch Gewinne erzielt werden können.

Die logische Folge ist, daß die Finanzierung solcher Projekte eingestellt wird. Diejenigen, die noch unschlüssig sind, ob sie in F & E investieren möchten, warten, ob sie die Ergebnisse anderer später kostenlos nutzen können – und überspringen die riskante und kostenintensive Entwicklungsphase. Sie springen erst dann auf den fahrenden Zug auf, wenn klar ist, wohin die Reise geht.

Die Verfügbarkeit von unentgeltlichem Wissen läßt an Orten wie Silicon Valley oder entlang der Route 128 konzentriert High-Tech-Firmen entstehen.[46] Man erfährt schneller, was der Konkurrent entwickelt, wenn es sich bei diesem um den Nachbarn handelt. Wissen hat wie Wasser das Bestreben, sich gleichmäßig zu verteilen. Dies kann jedoch einige Zeit dauern. In schnellebigen Wissensgebieten liegen die Vorteile, rasch an die relevanten Informationen zu kommen, auf der Hand. Aus diesem Grund errichten oder kaufen viele Firmen Zweigstellen gewissermaßen als Lauschposten im Silicon Valley. Woanders mögen die Betriebskosten zwar

Die Entstehungsgeschichte der Reichtumspyramide

niedriger sein, jedoch besteht dort kein direkter Zugriff auf die intellektuelle Gerüchteküche.

Aus Sicht eines Unternehmers ist die Rechnung über die Ausgabenhöhe für F&E einerseits ganz einfach, andererseits aber auch sehr komplex. Man investiert solange, wie der zu erwartende Gewinn Investitionskosten und Risiken abdeckt. Die Finanzierungskosten sind schnell ermittelt (bei den meisten kreditwürdigen Großkonzernen etwa 6 Prozent), doch wie sieht die konkrete Rechnung für Risiken und Unsicherheitsfaktoren aus? Sie sind mit Sicherheit hoch. Aber wie hoch?

In der Privatwirtschaft beträgt die Gewinnspanne beim Etat für F&E durchschnittlich 24 Prozent.[47] Da sich die Höhe der Forschungsausgaben von Unternehmen in den letzten Jahren kaum verändert hat, kann man davon ausgehen, daß diese Gewinnspanne wohl ausreicht, um die Investitionskosten (6 Prozent) und die unvermeidbaren Risiken und Unsicherheitsfaktoren abzudecken. Firmen sind also der Ansicht, daß der angemessene Risikofaktor bei etwa 18 Prozent liegt.

Rechnet man mit diskontierten Nettozeitwerten (die Standardgleichung für Investitionen für Unternehmer), muß ein Abzug am Ertrag vorgenommen werden, weil der Gewinn erst in der Zukunft realisiert werden kann. Gehen die Unternehmen bei der Berechnung des Ertrags von einer Zinsrate von 24 Prozent aus, entspricht ein Gewinn von $ 100, die in zehn Jahren realisiert werden, heute bloß $ 12. Für $ 12 Dollar, die man heute mit einer Zinsrate von 24 Prozent anlegt, erhält man in zehn Jahren $ 100. Für Unternehmen bedeutet das, daß Erträge, die sich erst in ferner Zukunft einstellen, im Grunde genommen gar keine Gewinne sind, auch wenn sie auf den ersten Blick hoch erscheinen mögen.

Gleichzeitig liegt der volkswirtschaftliche Ertrag (der Gesamtgewinn für die Gesellschaft) im Bereich F&E bei 66 Prozent (so das Durchschnittsergebnis von acht Studien). Die Ergebnisse schwank-

Wissen schaffen

ten zwischen einem Ertrag von 50 bis 105 Prozent, das heißt, der volkswirtschaftliche Ertrag ist etwa dreimal so hoch wie der der Unternehmen (24 Prozent).[48] Das bedeutet, daß zwei Drittel des Nettoertrags aus Investitionen in F&E nicht an die Geldgeber aus der Wirtschaft zurückfließen, während der volkswirtschaftliche Ertrag enorm hoch ist.

Interessant am volkswirtschaftlichen Ertrag ist auch die Tatsache, daß noch niemand zu einem anderen Ergebnis gekommen ist. In diesem Punkt sind sich alle Wirtschaftsexperten einig. Extreme Skeptiker könnten natürlich ins Feld führen, daß die besagten 66 Prozent nicht ganz stichhaltig seien, da der Grenzertrag für zukünftige Aufwendungen weit unter dem Durchschnittsertrag für vergangene liegen könnte. Die Wahrscheinlichkeit, daß der volkswirtschaftliche Grenzertrag in Zukunft um die 6 Prozent der Investitionskosten liegt, ist jedoch äußerst gering, da sich sonst der Durchschnittsertrag nicht auf 66 Prozent beliefe.

Der unterschiedlich hohe Nutzen für Wirtschaft und Gesamtgesellschaft ist der Hauptgrund, warum Regierungen die Finanzierung von F&E fördern müssen. Die Volkswirtschaft kann für sich eine Ertragsrate von 66 Prozent, und nicht eine von 24 Prozent wie für die Unternehmen in Anspruch nehmen. Sie braucht sich aber auch keine Gedanken darüber machen, welches Unternehmen am meisten von F&E in einem bestimmten Bereich profitiert.

Doch der Ertrag von 66 Prozent zeigt noch etwas ganz anderes auf. Sogar ein so hoher Forschungsetat wie der Amerikas ist nicht ausreichend, da eine Ertragsrate von 66 Prozent weit über der Ertragsrate anderer Bereiche liegt.

> **Regel Acht**
>
> Noch nie war etwas aus ökonomischer Sicht so klar wie die Erkenntnis, daß sich weitere volkswirtschaftliche Investitionen in die Grundlagenforschung in jedem Fall auszahlen.

Die Entstehungsgeschichte der Reichtumspyramide

Die richtige Strategie besteht darin, den Forschungsetat in den kommenden zehn Jahren von derzeit 3 auf 4 Prozent des BIP zu erhöhen und die Ergebnisse abzuwarten. Werden keine bedeutenden Fortschritte in den Wissenschaften erzielt, kann der Etat wieder auf die ursprünglichen 3 Prozent gekürzt werden. Liegt der Ertrag weiterhin im 66-Prozent-Bereich, kann man ihn weiter erhöhen, bis der ermittelte Ertrag wieder sinkt.

Da der wirtschaftliche Ertrag wesentlich sicherer ist, wenn bereits vorhandenes Wissen vertieft wird (verstärkte Bohrungen in bereits bestehenden Ölfeldern), und wesentlich unsicherer, wenn nach technischen Revolutionen geforscht wird (Pionierbohrungen, um neue Ölvorkommen zu entdecken), tendieren Unternehmen dazu, erst dann in F & E zu investieren, wenn die Entwicklungsphase beinahe abgeschlossen ist. Die Zeitspanne bis zur Umsetzung der Forschungsergebnisse in marktfähige Produkte ist kürzer, und Zeit ist Geld.

Aufgrund dieser Tendenz in der Wirtschaft sollten staatliche Forschungsgelder überwiegend in langfristige Projekte der Grundlagenforschung investiert werden. In diesen Bereich investieren die Unternehmen nämlich so gut wie nichts – doch genau hier besteht die Möglichkeit, einen Durchbruch zu erzielen, der der Wirtschaft großen Nutzen bringen kann. Aus diesem Grund mußte zum Beispiel die Biotechnik staatlich gefördert werden. In anderen Ländern, in denen auf dem Gebiet der Mikrobiologie keine staatliche Förderung stattfand, wurden auch keine Ergebnisse erzielt.

Die Konsequenz aus einer Analyse, die sich mit einer Erhöhung der Investitionen im Bereich F & E beschäftigt, ist schon aufgrund der verfügbaren Zahlen offensichtlich. Obwohl die amerikanische Regierung und gemeinnützige Institutionen wie Universitäten rund 85 Prozent der Kosten für die Grundlagenforschung übernehmen, beteiligen sie sich nur zu 26 Prozent an den Entwicklungskosten.

Wissen schaffen

Etat für Forschung und Entwicklung in Amerika[49]

Gebiet	Insgesamt	Grundlagenforschung	Angewandte Forschung	Entwicklung
Geldgeber				
Regierungen der Bundesstaaten	30	58	29	25
Industrie	65	27	64	74
Gemeinnützige Institutionen	5	15	7	1

(Zahlenangaben in Prozent)

In den meisten Fällen finden sich private Geldgeber für F & E-Projekte, wenn anhand der üblichen Kosten-Nutzen-Analyse davon ausgegangen werden kann, daß sich das Projekt in weniger als fünf Jahren bezahlt macht. Kann damit erst in zehn oder mehr Jahren gerechnet werden, muß eine staatliche Finanzierung erfolgen. Bei Projekten, bei denen die Investitionsphase zwischen fünf und zehn Jahren liegt, bietet es sich an, die Kosten zwischen Staat und Unternehmen aufzuteilen. Darauf haben sich zum Beispiel die amerikanische Bundesregierung und die Automobilindustrie geeinigt, als sie die Finanzierung eines gemeinsamen Projektes – die Entwicklung neuer Batterien für ein wirtschaftliches Elektroauto – regelten.

Wem gehört was?

Kapitalismus kann nur mit klaren, rechtlich durchsetzbaren Eigentumsverhältnissen funktionieren.[50] Das Privateigentum an Produktionsmitteln und das Privateigentum an den Ergebnissen der Produktion sind die Grundvoraussetzungen des Kapitalismus. Diesem Prinzip verdankt er seinen Namen. Ein derartiges Wirtschafts-

Die Entstehungsgeschichte der Reichtumspyramide

system ergibt nur Sinn, wenn einklagbare und eindeutige Eigentumsrechte eingerichtet wurden.

Mit Beginn der dritten Industriellen Revolution wurden Wissen und Fähigkeiten zum einzig dauerhaften Wettbewerbsvorteil. Geistiges Eigentum entscheidet über den wirtschaftlichen Erfolg oder Mißerfolg moderner Unternehmen. Rohstoffe lassen sich überall kaufen und dorthin transportieren, wo sie gebraucht werden. Benötigtes Kapital läßt sich aus den Finanzmärkten in New York, Tokio oder London beschaffen. Keine Maschine ist einzigartig oder so teuer, daß sie sich nicht auch der Mitbewerber leisten kann. Wissen, das einst an dritter Stelle der Faktoren stand, die ausschlaggebend für ökonomischen Erfolg oder Mißerfolg waren, hat nun seine ehemaligen Rivalen Rohstoffe und Kapital verdrängt und den ersten Platz eingenommen.

Deshalb bedarf es nun einer differenzierteren Klärung der Eigentumsverhältnisse. Es muß eindeutig festgelegt sein, wem welches geistige Eigentum gehört, das jeweilige Eigentum muß stärker geschützt werden und die Beilegung von entsprechenden Rechtsstreitigkeiten – die mit Sicherheit auftreten werden – muß beschleunigt werden.

Große Firmen wie Microsoft (1998 das Unternehmen mit dem weltweit höchsten Firmenwert) verfügen außer über Wissen über keine Vermögenswerte. Ihre Art der Teilnahme am Wirtschaftsspiel ist der Kampf um ihr geistiges Eigentum, sein Schutz und seine Verbreitung. Läßt sich das geistige Eigentum in Industriezweigen wie der Mikroelektronik, Biotechnik, Designer-Werkstoffe und Telekommunikation ohne großen Aufwand reproduzieren, ist es den jeweiligen Firmen nicht möglich, großen Wohlstand für deren Eigentümer zu schaffen oder ihren Mitarbeitern hohe Löhne zu zahlen. Diese wissensbasierten Industriezweige arbeiten nicht nur für sich selbst, sondern ermöglichen es anderen Bereichen, sich ebenfalls auf das Wissen und seine Verbreitung zu konzentrieren, wie es die Beispiele Ölbranche

Wissen schaffen

und Einzelhandel zeigten. Der Schlüssel zum Erfolg im Einzelhandel liegt aller Wahrscheinlichkeit nach in der Qualität der Software für die elektronische Datenverarbeitung und das Logistiksystem.

Die wachsende Bedeutung geistigen Eigentums läßt sich bei einem Blick auf die Profite, die durch die Vergabe von Technologie-Lizenzen erzielt werden, sehr gut verdeutlichen. In der Vergangenheit waren die Unternehmen durchaus bereit, ihre Technologien mit anderen zu teilen, da diese scheinbar nicht die Ursache für den Erfolg waren, bei einem Verkauf keinen hohen Preis erzielten und vermutlich gestohlen worden wären, hätte man sie nicht billig verkauft. Doch diese Zeiten sind vorüber. Polaroid und Kodak einigten sich bei einer Patentrechtsverletzung auf einen außergerichtlichen Vergleich in Höhe von fast $ 1 Milliarde. Texas Instruments erzielte nach Einführung einer schärferen Lizenzvergabepolitik Gebühren von mehr als $ 1,5 Milliarden. In manchen Jahren war bei Texas Instruments der Gewinn durch Lizenzgebühren höher als der sonstige Betriebsgewinn. Mit Bekanntwerden dieser Zahlen legten auch andere Unternehmen mehr Gewicht auf ihre Lizenzpolitik.

Geistiges Eigentum gewinnt im Bereich Geschäftsstrategien immer mehr an Bedeutung. Klagen wegen Patentrechtsverletzung werden immer öfter erhoben, um ein Klima der Ungewißheit zu erzeugen, Zeit zu gewinnen und die Anlaufkosten für die Konkurrenz zu erhöhen. Das Unternehmen Digital Equipment Corporation verklagte Intel wegen eines Verstoßes gegen die Patentrechte an seinem Alpha-Chip, was als aussichtsloser Kampf um Digitals Unabhängigkeit endete. In einem Artikel des »Wall Street Journal« über den laufenden Prozeß wurde der Leiter der Abteilung für Chip-Forschung bei Intel mit folgenden Worten zitiert: »Es gibt nichts mehr, was nicht schon kopiert worden wäre.« Firmen wie Intel bewilligen ihren Rechtsabteilungen einen enorm hohen Etat, damit sämtliche Rechtsmittel zum Schutze ihres geistigen Eigentums eingelegt werden können. Der Prozeß endete mit der Verurteilung Intels zur Zahlung von Schadenersatz in Höhe von $ 1 Mil-

Die Entstehungsgeschichte der Reichtumspyramide

liarde an Digital Equipment wegen eines Verstoßes gegen das Patentrecht. Das Urteil fiel zum Teil deshalb so hoch aus, um dem Trend Einhalt zu gebieten, daß Firmen gerichtliche Klagen dafür benutzen, eine unsichere Rechtslage, zeitliche Verzögerungen und eine Erhöhung der Anlaufkosten zu verursachen.

In einer Welt, in der der Schlüssel zum Erfolg im Wissen liegt, müssen die Rechte am geistigen Eigentum eindeutig, leicht einklagbar und veräußerbar sein, da anderenfalls das gesamte kapitalistische System gefährdet ist. Diejenigen, die bereit sind, den technischen Fortschritt zu finanzieren, müssen ihre Entwicklungen und Erfindungen besitzen, verkaufen und benutzen können. In einer wissensbasierten Industrie bedeutet dies, einklagbare Eigentumsrechte an Wissen zu schaffen – in anderen Worten, ein funktionierendes Rechtssystem über die Rechte an geistigem Eigentum. »Reverse Engineering« (der englische, politisch korrekte Ausdruck für Kopieren) ist eine Lebensform in der Geschäftswelt. Doch wo verlaufen die Grenzen? Wie auch immer die Antwort lauten mag, sie findet sich mit Sicherheit nicht in einem Patentrecht, das schon über hundert Jahre besteht.

Jeder weiß, was mit Landbesitz oder dem Eigentum von Produktionsmitteln gemeint ist und wie sich die entsprechenden Rechte daran durchsetzen lassen. Andererseits ist überhaupt nicht klar, was dies für geistiges Eigentum bedeutet oder wie sich die Rechte daran vollstrecken lassen. Kapitalisten sind die Eigentümer der Produktionsmittel, die von ihren Mitarbeitern genutzt werden, doch wie können diese Eigner ihrerseits das Wissen ihrer Mitarbeiter nutzen? Welchen Anteil an diesem Wissen dürfen Angestellte zu ihrem neuen Arbeitgeber mitnehmen? Wie können Arbeitgeber überhaupt verhindern, daß ihre Mitarbeiter im Falle eines Ausscheidens geistiges Eigentum mitnehmen? Die Rechte an Landbesitz und an Produktionsmitteln gelten für die Ewigkeit. Trifft dies auch für die Rechte am geistigen Eigentum zu? Wenn nicht, wie lange halten sie dann vor?

Wissen schaffen

Die Rechte, die das geistige Eigentum betreffen, entstanden aus dem bestehenden Patentrecht, Urheberrecht, Warenzeichenrecht und den Rechten zum Schutz von Betriebsgeheimnissen. Doch auf die neuen Technologien lassen sich diese Rechte nicht anwenden, da sie sich technisch gesehen auf das 19. Jahrhundert beziehen. Diese Rechte erlauben es zum Beispiel, in einer Bibliothek etwas in einem Buch nachzuschlagen, ohne dem Autor dafür Lizenzgebühren zahlen zu müssen. Kann man diese Vorgehensweise mit dem Herunterladen eines Buches aus dem Internet vergleichen?

Wenn ja, wie kann man noch Geld mit dem Verkauf von Büchern verdienen, wenn es doch so einfach und kostengünstig ist, eine Ausgabe in den Computer einzuscannen und es ins Internet einzuspeisen, wo es dann kostenlos heruntergeladen werden kann? Die derzeitige Rechtslage ist nicht imstande, dieses Problem zufriedenstellend zu lösen, weil sich solche Probleme nicht stellten, als die entsprechenden Gesetze erlassen wurden.

Rechtsexperten sind zu der Einsicht gekommen, daß es zur Klärung der ungenügenden Rechtslage genüge, mal hier, mal dort einen Flicken anzusetzen. Zu dieser Erkenntnis gelangten sie allein durch die Überzeugung, daß eine wirklich fundamentale Änderung ähnliches auslösen würde wie damals, als Pandora ihre Büchse öffnete und alle Übel entwichen. Jeder kann sich lebhaft vorstellen, der Verlierer zu sein. Nur wenige sind in der Lage, sich die Nutzen einer geänderten Rechtslage für die Gesellschaft und die Wirtschaft auszumalen.

Diese Einsicht ist falsch. Die Zeit ist nicht nur reif für kleinere Änderungen, sondern dafür, daß grundlegend über völlig neue Gesetze nachgedacht wird. Die problematische Rechtslage wird sich nie klären lassen, wenn wir diese Aufgabe denjenigen überlassen, die mit dieser Unklarheit ihren Lebensunterhalt verdienen. Ihr Eigeninteresse ist zu hoch, um mehr als ein paar kleineren Änderungen zuzustimmen.

Die Entstehungsgeschichte der Reichtumspyramide

Ändert sich nichts an der Rechtslage zum Schutze geistigen Eigentums, ist es essentiell für Unternehmen, die ihre ökonomische Stellung behaupten wollen, ihr Wissen geheimzuhalten. In der wissenschaftlichen Fachpresse ist des öfteren zu lesen, daß die Veröffentlichung von Forschungsergebnissen mutwillig hinausgezögert wird. Geheimhaltung ist ein wesentlich größeres Hindernis für die Verbreitung von Informationen als jedes x-beliebige Rechtssystem zum Schutze geistigen Eigentums. Ein Entwickler, der weiß, was allgemein bekannt ist, kann sich auf den nächsten Schritt konzentrieren. Man vergeudet keine Zeit mehr damit, etwas zu erfinden, was es längst gibt, und ist nicht auf der Suche nach einem Weg, den ein anderer längst entdeckt hat. Eine kürzlich durchgeführte Studie zeigt, daß 73 Prozent aller Patente von Privatpersonen auf öffentlich zugänglichem Wissen von Universitäten, privaten oder staatlichen Forschungseinrichtungen basieren.[51] Privates, geheimgehaltenes Wissen verhindert die neue Wissensgeneration.

Die neuen Technologien haben neue mögliche Rechtsformen geistigen Eigentums (lassen sich Teile eines Menschen patentieren?) geschaffen und dazu geführt, daß alte Rechte praktisch nicht länger vollstreckbar sind (was nützt das Urheberrecht, wenn man sich Bücher auch von der elektronischen Bibliothek herunterladen kann?). Natürlich versteht es sich von selbst, daß die Entwicklung eines neuen menschlichen Gens zur Eliminierung von genetischen Defekten oder zur Schaffung des besseren Menschen nicht genauso gehandhabt werden kann wie die Erfindung eines neuen Getriebes.

Wir müssen ganz neu anfangen und genau festlegen, was den Schutz als »geistiges Eigentum« genießen darf und was nicht.

Was sollte man patentieren lassen können? Keine Gesellschaft würde es zulassen, daß jemand das Monopol für ein Heilmittel für Krebs erhält. Kein Biologe würde dem Klonen von und damit dem Besitztum über Menschen zustimmen. Doch es muß andererseits völlig legal sein, daß Unternehmen, die im Bereich biologischer Forschung tätig sind, Patente für menschliche »Kleinstteile« besitzen.

Wissen schaffen

Anderenfalls läßt sich wohl niemand finden, der bereit wäre, in die gentechnische Forschung nach einem Heilmittel für Erbkrankheiten (wie der Alzheimerschen Krankheit) zu investieren. Die in der Biotechnik verwendeten Verfahren haben allerdings auch eine Kehrseite. Mit denselben Techniken, die zur Heilung von Erbkrankheiten eingesetzt werden, läßt sich auch der größere, intelligentere und bessere Mensch »züchten«. Die Patente an genetischen Heilmitteln lassen sich nicht von den Patenten an genetischem Material zur Erzeugung des »besseren« Menschen unterscheiden. Die Grenze zwischen dem, was sein darf und was nicht, ist nicht einfach zu ziehen.

Zunächst muß zwischen fundamentalem neuen Wissen und der logischen Ergänzung bereits vorhandenen Wissens unterschieden werden, um jene Grenze zu ziehen. Beides muß patentiert werden können, jedoch in einer anderen Form. Die Entwicklung eines neuen Teilbereichs der Biologie, der die natürlichen Eigenschaften von Pflanzen, Tieren oder des Menschen ändert, unterscheidet sich grundlegend von der Entdeckung eines biologischen Ablaufs. In diesen Bereichen muß ein Patent die vorhandenen Unterschiede berücksichtigen.

Die neuen Technologien gestalten die Einlegung von Rechtsmitteln zum Schutze geistigen Eigentums wesentlich schwieriger. Es stellt kein Problem mehr dar, mit einem hochwertigen Scanner und der Software zur optischen Zeichenerkennung schnell und kostengünstig eine elektronische Bibliothek anzulegen. Digitale Drucksysteme können diese Daten ebenso schnell und einfach wieder in die übliche Buchform bringen. Läßt sich Gedrucktes schnell, preiswert und in privatem Rahmen in geringer Auflage und hoher Qualität reproduzieren und in jeder beliebigen Form verbreiten, sind die Grenzen, die in der Vergangenheit die Reproduktion von Drucksachen beschränkten, aufgehoben.

Damit wurde das Ende des Urheberrechts besiegelt – nicht nur in bezug auf Bücher, sondern für alle Informations- und Datensysteme. Ein System, das es Internet-Surfern gestattet, in Büchern aus

Die Entstehungsgeschichte der Reichtumspyramide

realen Büchereien on-line zu blättern, kann nicht den passenden Rahmen für die Auseinandersetzung zu diesem Thema bieten.

Was auf den ersten Blick hin nur Autoren und das Verlagswesen betreffen mag, ist weitaus komplexer. Können Bücher kostenfrei heruntergeladen werden, werden Finanzberater feststellen, daß ihre Datenbanken von Konkurrenten heruntergeladen und wiederverkauft werden können, und zwar zu einem günstigeren Preis, da diesen keine Kosten für die Erstellung der Datenbanken entstehen.

Die Zukunft der Druckbranche wird nicht viel anders aussehen als das, was sich heute in der Musikbranche abspielt. Auch wenn die technische Ausstattung für die Aufnahme von Musik auf CDs noch zu teuer ist, als daß sie sich jeder Privathaushalt leisten könnte, wird der Marktanteil von illegal produzierten CDs auf etwa 20 Prozent geschätzt. Im Gegensatz dazu erfordert elektronisches Publizieren lediglich einen PC und einen Scanner, die beide zu erschwinglichen Preisen im Handel erhältlich sind. Noch gibt es keine vollständige elektronische Bibliothek, doch es wird nicht mehr lange dauern. Zur Zeit entsteht zum Beispiel eine in Singapur. Das Rechtssystem mag zwar durchaus in der Lage sein, die professionelle Erstellung von Raubkopien und Büchern sowie deren Verkauf zu unterbinden, doch kein Gesetz der Welt verhindert es, daß Einzelpersonen CDs für den persönlichen Gebrauch kopieren oder eine begrenzte Stückzahl an ihre Freunde weitergeben. Die Vermutung liegt nahe, daß der Marktanteil an Raubkopien und illegal hergestellten CDs schon bald den Markt mit konventionell hergestellten CDs und Kassetten überflügelt.

> **Regel Neun**
>
> Ein wissensbasierter Kapitalismus funktioniert nur, wenn die jetzige Rechtslage zum Schutz geistigen Eigentums grundlegend erneuert wird. Der Kapitalismus erfordert klare, einfach durchsetzbare Eigentumsrechte.

Wissen schaffen

Der Erwerb von Wissen spielt sowohl für Nationen mit Nachholbedarf als auch für die führenden Industriestaaten eine immer größere Rolle. In manchen Entwicklungsländern hat sich diese Erkenntnis bereits durchgesetzt. China zum Beispiel verlangt von Firmen wie Boeing und Reuters, die auf dem chinesischen Markt aktiv sind, im Tausch gegen den verlockenden Zugang zu seinem Binnenmarkt die Teilhabe an deren Technologie. Die Amerikaner mißbilligen dieses Ansinnen, da sie sich noch recht lebendig an ihre Schulzeit erinnern, als sie von dem intelligenten Ingenieur mit dem brillanten fotografischen Gedächtnis hörten, der Anfang des 19. Jahrhunderts die britischen Textilfabriken aufsuchte und später genau diesen Fabriktyp in Neu-England nachbauen ließ. Und anfangs waren die Amerikaner in der Nachkriegsphase gleichermaßen amüsiert, als japanische Geschäftsmänner in sämtlichen amerikanischen Fabriken auftauchten. Doch die Zeiten des Amüsements sind vorüber. Nur noch wenigen Besuchern aus der Dritten Welt wird der Zugang zu amerikanischen Fabriken gestattet.

Und doch: Der einzige Weg, den Vorsprung zu anderen Nationen aufzuholen, ist und bleibt die Nachahmung. Jedes Land, das die Kluft zu anderen Ländern überwunden hat, hat dies so gehandhabt. Dritte-Welt-Länder wissen, daß sie auf immer ein Entwicklungsland bleiben, wenn es ihnen nicht gelingt, an das erforderliche Wissen heranzukommen. Diese Länder können es sich nicht leisten zu kaufen, was ihr Herz begehrt – auch wenn diejenigen, die über dieses Wissen verfügen, bereit wären, es ihnen zu verkaufen, was natürlich nicht der Fall ist. Deshalb bleibt Dritte-Welt-Ländern nichts anderes als die Nachahmung.

Selbst wenn es durchaus verständlich ist, daß sich Entwicklungsländer weigern, für Medikamente, die sie für das Wohl ihrer Bürger benötigen, Lizenzgebühren zu entrichten, fällt es doch schwer nachzuvollziehen, warum man ihnen Raubkopien von Madonna-CDs gestatten sollte. Indien ist auf beiden Gebieten in gleichem Umfang tätig.

Die Entstehungsgeschichte der Reichtumspyramide

Letztlich geht es nicht nur darum, welche Position ein Land als Erfinder und Entwickler einnimmt und auf welcher Stufe der ökonomischen Erfolgsleiter es steht. Unterschiedliche Kulturen und Nationen haben ein völlig andersartiges Verständnis vom Schutz geistigen Eigentums. Die Vorstellung, daß Kreativität ihren Preis hat, geht auf den jüdisch-christlich-moslemischen Glauben an einen Gott zurück, der die Menschheit nach seinem Bilde schuf. Im Hinduimus, Buddhismus oder der konfuzianischen Religion gibt es eine derartige Vorstellung nicht. Die Überzeugungen, was öffentlich zugänglich und kostenlos erhältlich sein sollte und was nicht, unterscheiden sich erheblich. In Asien findet sich auf Kunstwerken nur ganz selten der Schriftzug des Künstlers. Wissen gilt als kostenloses Gut, weil der Gedanke, daß Wissen vom Menschen unter Einsatz kostenintensiver Mittel geschaffen wurde, nicht existiert.

Trotz dieser unterschiedlichen wirtschaftlichen Positionen, Kulturen und Traditionen muß ein System zum Schutze geistigen Eigentums geschaffen werden, das von den meisten Regierungen der Welt angenommen werden kann. Ein Gesetz, das in Land X nicht besteht oder nicht einklagbar ist, kann vermutlich auch in Land Y nicht vollstreckt werden. Wird nun versucht, dieses Gesetz in Land Y einzuklagen, wird die Produktion schlichtweg nach Land X verlagert, um der Rechtsgewalt zu entrinnen.

Die Wünsche und Bedürfnisse der unterschiedlichen Länder an ein intelligentes Gesetz zum Schutze geistigen Eigentums hängen zu einem Großteil von deren wirtschaftlicher Position ab. Nationale Rechtssysteme, wie das der Vereinigten Staaten, werden nicht automatisch zum Weltstandard. Das ökonomische Aufholspiel entspricht nicht dem wirtschaftlichen Spiel um den ersten Platz. Länder, die sich an beiden Spielen versuchen, haben das Recht auf ein Weltsystem, das ihren Erfolg ermöglicht.

Wie auch immer dieses Rechtssystem konkret aussehen mag, es muß sich dabei um ein globales System handeln, das unterschiedliche Positionen und Überzeugungen integriert.

Schlußfolgerung

In der Forschung und Entwicklung, vor allem aber in der Forschung, ist der Anreiz zum »Schwarzfahren« erheblich: Jemand anders soll die großen Durchbrüche finanzieren, wir übernehmen die Kosten für die Entwicklung, wenn sich die Profite schon am Horizont abzeichnen. Selbst bei Regierungen ist dieser Trend zu beobachten: Es wird solange abgewartet, bis eine andere Regierung die Grundlagenforschung übernimmt. Diese Versuchung war erheblich kleiner, als sich die Grundlagenforschung noch überwiegend im Verteidigungswesen abspielte.

Im Gegensatz zur Weltpolitik sind in der Wirtschaft die negativen Folgen des »Schwarzfahrens« erheblich geringer, da die Kostenersparnisse das Risiko, beim technischen Fortschritt zurückzufallen, aufwiegen. Schließlich besteht immer die Möglichkeit, es den anderen zu einem späteren Zeitpunkt durch Nachahmung gleichzutun. – Doch wenn die ganze Welt »schwarzfährt«, anstatt in F & E zu investieren, wird es irgendwann keine neuen Technologien mehr geben.

Kenntnisse und Fertigkeiten

Nur Menschen, die über entsprechende Kenntnisse und Fertigkeiten verfügen, können neues Wissen schaffen, innovative Produkte und Prozesse entwickeln, in modernen Produktionsprozessen tätig sein, komplexe Maschinen ordnungsgemäß bedienen und instand halten und die neuen Produkte nutzen.

Die Ausbildung des Menschen ist eine gesellschaftliche, keine individuelle Aufgabe. Menschliche Fähigkeiten können nur wachsen, wenn das Wissen einer Generation an die nächste weitergegeben wird, wodurch diese dann die Möglichkeit hat, sich ganz der Vertiefung dieses Wissens und der Aneignung neuer Fähigkeiten zu widmen. Nur so braucht sie nicht bereits Bekanntes aufs neue zu entdecken. Sich Kenntnisse selbst anzueignen ist nur in begrenztem Maße möglich. Sehr richtig heißt es in einem alten Sprichwort »Zeig' mir einen, der sich selbst etwas beigebracht hat, und ich zeig' dir seine Mängel.« Fortschritt erfordert die systematische Erziehung der jungen Generation durch die Gesellschaft.

Die Einführung der allgemeinen Schulpflicht sowie des staatlich finanzierten Bildungswesens zählen zu den wohl wichtigsten Errungenschaften der Gesellschaft. Damit wurde die Abhängigkeit des Bildungsniveaus der Kinder von der finanziellen Situation der Eltern aufgehoben. Mangelnde Bildung – und damit geringe Einkommen – in einer Generation wurden nicht mehr automatisch an die nächste weitergegeben. Der Gebildete kann sich darauf verlassen, in der Arbeitswelt auf gleichermaßen gebildete Mit-

Kenntnisse und Fertigkeiten

arbeiter zu stoßen. Er braucht keine Zeit darauf zu verschwenden, Analphabeten, die die Arbeitsanweisungen nicht lesen können, das Nötigste zu erklären. Die effiziente Anwendung ihrer Fähigkeiten läßt sich weiter ausbauen. Somit bleibt mehr Raum für Kreativität.

Letztlich ist dieses Bildungssystem der Grund für die ständige Verbesserung des Lebensstandards und einen wachsenden Wohlstand – beides mittlerweile Selbstverständlichkeiten. Das kontinuierliche ökonomische Wachstum existierte noch nicht einmal in der Theorie, geschweige denn in der Praxis, als die allgemeine Schulpflicht in den USA im 19. Jahrhundert eingeführt wurde.

Hochrechnungen der Weltbank zufolge besteht das größte potentielle Produktivvermögen (das heißt produktiv eingesetztes Kapital pro Kopf) in Ländern mit großer Gesamtfläche, geringer Bevölkerungsdichte und hohem Bildungsstand wie Australien ($ 835 000) und Kanada ($ 704 000). In diesen Ländern decken Grundbesitz und Bodenschätze etwa 80 Prozent des Produktivvermögens ab, während menschliche Fähigkeiten für die restlichen 20 Prozent sorgen. Im Gegensatz dazu sind die Verhältnisse in Japan genau umgekehrt (mit $ 565 000 an fünfter Stelle): Mehr als 80 Prozent des Produktivvermögens werden mit Hilfe menschlicher Fähigkeiten und Wissen geschaffen, und nur 20 Prozent aufgrund von Grundbesitz und Bodenschätzen. Die Vereinigten Staaten liegen (mit $ 421 000) genau dazwischen; hier werden 60 Prozent des Produktivvermögens durch Humankapital und 40 Prozent durch Grundbesitz und Bodenschätze geschaffen.[52] Amerika nimmt weltweit die Spitzenposition in bezug auf das tatsächliche Pro-Kopf-Vermögen ein, in der Hochrechnung der Weltbank erreicht es den zwölften Platz.

Doch die Vereinigten Staaten waren schon immer Spitzenreiter, wenn es galt, ein Potential auch umzusetzen. Ihre Aufgeschlossenheit für Wandel und Neues sowie der amerikanische Unternehmer-

Die Entstehungsgeschichte der Reichtumspyramide

geist sind ein guter Ausgleich für etwaige Mängel an Bodenschätzen oder geringere Grundkenntnisse.

In der dritten Industriellen Revolution wird das Wissen der Schlüssel zum Erfolg sein, und Bodenschätze werden kaum noch eine Rolle spielen. Die gleiche Verteilung von Humankapital, Bodenschätzen und Grundbesitz wie jetzt wird zu anderen Folgen führen: Der Wert des Humankapitals wird steigen, der Wert der Bodenschätze wird sinken.

Im Kapitalismus des 19. Jahrhunderts wurde den Kenntnissen des Arbeiters keine tragende Rolle beigemessen. Die Arbeitskraft wurde nach dem Prinzip »Hire and Fire« in Anspruch genommen; Fertigkeiten und Kenntnisse zählten nicht. Der Sozialismus konnte deswegen entstehen, weil er versprach, die Arbeit nicht als Nebensache zu behandeln, sondern ihr eine zentrale Rolle zukommen zu lassen. In diesem Versprechen lag die politische Anziehungskraft des sozialistischen Gedankens. Interessanterweise wurde der einzelne Mensch gerade zu dem Zeitpunkt, als Kommunismus und Sozialismus zerfielen, von den modernen Technologien in eine zentralere Position innerhalb der produktiven Rahmenbedingungen des Kapitalismus erhoben. Der Kapitalismus war gezwungen, seinen Schwerpunkt von Maschinen auf Wissen und Können zu verlagern.

Zum Aufbau einer Reichtumspyramide im 21. Jahrhundert muß sich die Art der Wissensaneignung daher grundlegend verändern.

In Zukunft werden, um erfolgreich zu sein, immer mehr Kenntnisse und Fertigkeiten benötigt. Die Anforderungen werden einem ständigen Wechsel unterworfen sein. Nur wenigen wird das in Schule und weiterführenden Hochschulen erworbene Wissen für ihr gesamtes Arbeitsleben ausreichen. Die Erwachsenenbildung für jede Altersstufe muß Realität werden.

Da die neuen Technologien, die in rasantem Tempo weiterentwickelt werden, vorgeben, welche Kenntnisse benötigt werden,

Kenntnisse und Fertigkeiten

müssen Arbeitgeber und Arbeitnehmer gemeinsam ein Schulungskonzept für die Fortbildung am Arbeitsplatz entwerfen. Es steht außer Frage, daß kaum jemand sein ganzes Arbeitsleben für dieselbe Firma arbeitet. Unternehmen müssen sich darauf einstellen, daß ihnen einzelne Beschäftige nicht über Jahrzehnte zur Verfügung stehen. Bedauerlicherweise hat dies zur Folge, daß an betriebsinternen Schulungen eingespart wird. Verständlich, denn wer will schon in Fortbildungsmaßnahmen investieren, wenn die Mitarbeiter vielleicht schon bald die Firma verlassen.

In einer globalen Ökonomie, in der weltweit nach den billigsten Arbeitskräften gesucht wird, richtet sich der Lohn des einzelnen nicht mehr danach, ob er in einem reichen oder armen Land lebt, sondern nach seinem Können. Der qualifizierte Inder verdient in etwa das Gehalt eines Amerikaners, und der ungebildete Amerikaner erhält den Lohn eines indischen Hilfsarbeiters. Wollen die ungelernten Arbeiter der Ersten Welt nicht mit den gleichermaßen unqualifizierten Hilfskräften aus der Dritten Welt konkurrieren, müssen sie ihre Kenntnisse und Fertigkeiten erweitern. Mit fortschreitender Globalisierung und grundlegendem technologischen Wandel benötigen die unteren zwei Drittel der Arbeiterschaft der Industrienationen eine wesentlich bessere berufliche Qualifikation, wenn ein Absinken ihrer Löhne vermieden werden soll.

Berufliche Qualifikation im Wandel

Menschliche Kenntnisse und Fertigkeiten sind wie Weine unterschiedlicher Jahrgänge. Einige reifen schon seit langer Zeit, andere dagegen sind noch jung. Was die vor uns liegende Zeit von bereits vergangenen unterscheidet, ist das Maß, in dem sie von neuem Wissen und neuen Fähigkeiten beherrscht werden wird. Die modernen Verfahren, Produkte und Dienstleistungen der dritten Industriellen Revolution führen zu einer dramatischen Veränderung der Verdienstmöglichkeiten.

Die Entstehungsgeschichte der Reichtumspyramide

Die älteren Arbeitnehmer stellen Erfahrung und Wissen zur Verfügung, während die jungen neu erworbene Kenntnisse anbieten. Doch Erfahrung hat ihren Wert verloren. In den letzten fünfundzwanzig Jahren ist das Einkommensniveau älterer Arbeitnehmer, unabhängig von der beruflichen Qualifikation, beständig gesunken.

»Mit vierzig ist alles vorbei«, so die Schlagzeile des »Fortune Magazine« im Februar 1999.[53] Diesem Artikel zufolge ist es mit fünfundfünfzig Jahren kaum noch möglich, einen Arbeitsplatz zu finden. Die Altersgrenze für Neueinstellungen liegt mittlerweile bei vierzig Jahren, und ältere Arbeitnehmer sollten sich darauf einstellen, daß sie mit 50prozentigen Gehaltskürzungen rechnen müssen, wenn sie nach einer Entlassung eine neue Arbeitsstelle suchen.

In der neuen, wissensbasierten Ökonomie gibt es Lohnzuwächse nur für hochqualifizierte Arbeitnehmer. Bei männlichen Beschäftigten stiegen die Reallöhne im Vergleich zum Lohnniveau vor fünfundzwanzig Jahren nur für Hochschulabsolventen.[54] Je niedriger der Bildungsstand, desto einschneidender fielen die Lohnkürzungen aus.

Vor diesem Hintergrund überrascht das Ergebnis mehrerer Studien nicht: Das Einkommensgefälle zwischen Beschäftigten mit einem hohen Intelligenzquotienten (120 und mehr) und einem niedrigen (unter 80) wird immer größer.[55] Eine auf geistigem Kapital basierende Revolution steigert den Wert der Intelligenz.

Hinter diesen Veränderungen des Lohngefälles in Amerika, die vor fünfundzwanzig Jahren ihren Anfang nahmen, verbirgt sich eine Botschaft. Im 21. Jahrhundert wird sich keine Nation, die das Ziel eines allgemeinen Wohlstands vor Augen hat, einen niedrigen Ausbildungsstand eines Teils seiner Bürger leisten können. Dies gilt gleichermaßen für Frauen und Männer. Jede Gesellschaft, die ihre weiblichen Mitglieder nicht entsprechend ausbildet, wird schei-

Kenntnisse und Fertigkeiten

tern. Das Motto der Aga-Khan-Stiftung Shia Ismailis (einer moslemischen Bildungseinrichtung) lautet: »Bilde einen Mann aus, und Du hast einen gebildeten Mann. Bilde eine Frau aus, und Du hast eine gebildete Familie.« Erfolgreiche Gesellschaften tragen Sorge für die Ausbildung ihrer weiblichen Mitglieder, zum einen, weil sie das Arbeitskräftepotential um einige Talente und Begabungen bereichern, und zum andern, weil ungebildete Mütter ihre Kinder nur selten zu gebildeten Menschen erziehen.

In einer wissensbasierten Ökonomie sind zwei miteinander verflochtene und doch sehr unterschiedliche Tätigkeitsbereiche gefragt. Zur Schaffung von Wissen sind hochqualifizierte, weitverbreitete, kreative Kenntnisse und Fertigkeiten aus dem oberen Tätigkeitsbereich gefordert. Zur Umsetzung dieses Wissens braucht es hochqualifizierte weitverbreitete Kenntnisse und Fertigkeiten auf entsprechendem Bildungsniveau im mittleren und unteren Tätigkeitsbereich. In einem Land müssen nicht unbedingt beide Fähigkeiten vorhanden sein. Wie wir bereits erfahren haben, waren die USA in der ersten Hälfte des 20. Jahrhunderts die Nummer Eins, was das BIP pro Kopf anbelangt (weil das Wissen in den USA am besten genutzt wurde), doch Deutschland stand an erster Stelle, was die Schaffung neuen Wissens betraf. Da es Amerika ausgezeichnet verstand, diese Fertigkeiten im mittleren und unteren Tätigkeitsbereich einzusetzen, erzielte es höheren Wohlstand als Deutschland, obwohl es nicht über das hohe kreative Potential an der Spitze der Arbeiterschaft verfügte.

Die Erfahrung zeigt, daß Notwendiges unterbleibt, solange sich die Gesellschaften ausschließlich auf den freien Markt verlassen.

Die Gründe dafür liegen auf der Hand. Erziehung beginnt in der frühesten Kindheit. Je jünger Kinder sind, um so größer ist der Lernerfolg, auch wenn sich darüber streiten läßt, ob die Ursachen psychologischer oder physiologischer Natur sind. Die alte Lebensweisheit »Was Hänschen nicht lernt, lernt Hans nimmermehr« hat

Die Entstehungsgeschichte der Reichtumspyramide

auch heute nichts von ihrer Gültigkeit verloren. Je früher die Ausbildung beginnt, um so stärker wird sich dies in späteren Jahren auszahlen, da auf dieses Wissen länger zurückgegriffen werden kann. Außerdem muß man junge Menschen nicht dem Produktionskreislauf entreißen, um sie auszubilden.

Betrachtet man, wie das Einkommensniveau mit der Anzahl an Schuljahren steigt, wird man feststellen, daß sich die ersten und die letzten Ausbildungsjahre aus wirtschaftlicher Sicht lohnen, doch der wirtschaftliche Ertrag pro Schuljahr zwischen diesen Extremen sehr gering ist. Die Gründe dafür sind offensichtlich: Arbeiter mit einem unterdurchschnittlichen Bildungs- und Ausbildungsstand gehören zu den Verlierern der Gesellschaft, da sie keine guten Berufschancen erhalten. Ebenso gilt umgekehrt natürlich, daß überdurchschnittlich qualifizierte Arbeitnehmer viel verdienen, da ihnen entsprechende Stellen angeboten werden.

Ausbildung ohne Aussicht auf eine lebenslange berufliche Laufbahn

Die Erziehung des einzelnen war schon immer eine äußerst riskante Investition. Doch in unserer Zeit hat sich das Risiko noch weiter verschärft. Wie soll man die erforderlichen Investitionen für seine Karriere planen, wenn selbst erfolgreiche Firmen ständig Personalkürzungen vornehmen?

Meinen Mitschülern und mir war nach Abschluß der High School klar, welche Bedeutung der strategischen Planung unserer Karriere zukam. In den fünfziger Jahren fanden die meisten der High-School-Abgänger in Montana eine Stelle als Arbeiter im Kupferabbau. Der Anfangslohn war sehr hoch, und man konnte mit einer jährlichen Erhöhung des Reallohns um 2 bis 3 Prozent rechnen. Damals gab es die Karriereleiter noch, das heißt, die Arbeiter konnten sich vom Hilfsarbeiter zum Vorarbeiter hocharbeiten und erhielten anspruchsvollere Aufgaben. Wer bei dieser Tätigkeit Intelli-

Kenntnisse und Fertigkeiten

genz und Urteilsvermögen bewies, wurde schon bald als Sprengmeister eingesetzt, der für die unterirdischen Sprengungen zuständig war. Mit jeder Beförderung erhöhte sich automatisch der Stundenlohn. Mit fünfunddreißig stand der Sprung auf die höchste Stufe der Karriereleiter an. Der Arbeiter erhielt einen Vertrag, in dem geregelt wurde, daß die Entlohnung nun nicht mehr auf Stundenbasis erfolgte, sondern nach Kubikmeter abgetragenem Erdreich. Damit endete das Dasein als Lohnsklave. Eine derartige Karriere ermöglichte es dem High-School-Absolventen, genauso viel zu verdienen wie ein College-Abgänger.

Doch diese Zeiten sind vorbei. Die Kupferminen wurden geschlossen. Tausende von Kumpeln stehen auf der Straße.

Was einst nur in rückläufigen Industriezweigen der Fall war (Fertigkeiten und Kenntnisse werden plötzlich wertlos), trifft heute auf alle Bereiche zu. Die Freisetzung von Arbeitskräften gehört mittlerweile zum betrieblichen Alltag, selbst in Unternehmen, die mit Gewinn arbeiten. In einer globalen Ökonomie ist es ein Leichtes, seine Produktionsstätten dorthin zu verlagern, wo die entsprechenden Fähigkeiten kostengünstiger angeboten werden. Somit lassen sich die Produktionskosten nahezu ohne Aufwand senken.

Firmen sind nicht länger an ihre Belegschaft gebunden. Arbeitgeber stellen Arbeitskräfte ein, deren Qualifikation auf dem neuesten Stand ist. Auf diese Weise sparen sie die Kosten für Schulungs- und Fortbildungsmaßnahmen ein. In der zweiten Hälfte der neunziger Jahre haben florierende amerikanische Unternehmen Jahr für Jahr mehr als eine halbe Million Arbeitskräfte entlassen. Sich wie früher hochzuarbeiten, ist heute genauso wenig möglich wie das lebenslange Beschäftigungsverhältnis bei einem Arbeitgeber.

Heutigen Schulabgängern wird folgende Weisheit mit auf ihren Lebensweg gegeben: »Es ist sehr unwahrscheinlich, daß du dein Leben lang für dieselbe Firma arbeiten wirst. Du mußt lernen, die Verantwortung für deine persönliche Karrierestrategie zu über-

Die Entstehungsgeschichte der Reichtumspyramide

nehmen. Regelmäßige Lohnerhöhungen sind ein Relikt vergangener Zeiten.« Ehrliche Arbeitgeber schließen sich diesem Rat an. Allerdings stellt sich die Frage: Wie läßt sich dieser Rat in die Tat umsetzen?

Wenn es nicht mehr möglich ist, in einer einzigen Firma Karriere zu machen, muß die Karriere des Einzelnen doch zumindest bei mehreren verschiedenen Unternehmen realisierbar sein. Das heißt, eine gute Arbeitsleistung zu Beginn des Beschäftigungsverhältnisses in Betrieb A führt zwangsläufig zu Fördermaßnahmen, einer besseren Position und einem höheren Gehalt bei Betrieb B. Doch leider glückt dies den meisten Arbeitnehmern nicht. Wechselt ein Arbeitnehmer die Firma, beginnt er wieder von vorne. Die Karriereleiter wird nicht mehr Stufe für Stufe erklommen.

Die vernünftigste Strategie besteht also darin, solange die Firma zu wechseln, bis man diejenige findet, in der es noch interne Aufstiegsmöglichkeiten gibt. Doch da die Anzahl an Unternehmen, in denen diese Art der Karriere noch möglich ist, ständig sinkt, wird es immer mehr höher qualifizierte Arbeitnehmer geben, die an diesem Punkt leer ausgehen.

Es geht also nicht um einen Arbeitsplatz, sondern um eine berufliche Laufbahn. Sinken die Löhne entsprechend der beruflichen Qualifikation, sind ausreichend Arbeitsplätze vorhanden. Dies zeigt sich deutlich an der aktuellen Situation in den USA. Es gab noch nie zuvor so viele Arbeitsplätze wie in den neunziger Jahren – doch über die Hälfte der gesamten Arbeitskräfte Amerikas ist von Lohnkürzungen betroffen.

Im Gegensatz zu Arbeitsplätzen sind Karrieremöglichkeiten in Amerika Mangelware. Doch ohne Aussicht auf eine erfolgreiche Laufbahn läßt sich nicht mit Bestimmtheit sagen, welche Fähigkeiten einen weiterbringen werden, was wiederum eine strategische Karriereplanung unmöglich macht. Weil so gut wie keiner konkret weiß, wo er später arbeiten wird und welche Fähigkeiten dann

Kenntnisse und Fertigkeiten

benötigt werden, kann er auch nicht festlegen, worauf er sich spezialisieren möchte.

Schon immer waren firmeninterne Fortbildungsmaßnahmen für einen Großteil der Beschäftigten wesentlich, um Wissen zu erwerben. Doch mit der heutigen Entlassungspolitik der Unternehmen sind die Tage intensiver innerbetrieblicher Fortbildung vorüber. Was tritt an ihre Stelle? In Lehrbüchern wird die These vertreten, daß der Zeitpunkt kommen wird, an dem die Arbeitnehmer ihrem Arbeitgeber die bislang kostenlosen Schulungsmaßnahmen bezahlen werden. Bisher ist jedoch kein einziger solcher Fall bekannt. Es macht eigentlich auch keinen Unterschied, ob der Arbeitnehmer die Gebühren für seine Fortbildungskurse an seinen Chef oder ein externes Institut entrichtet, da die Kernfrage immer noch lautet: Welche Kenntnisse sind eigentlich nötig?

Regel Zehn
Für den Einzelnen besteht die größte Unbekannte in einer wissensbasierten Ökonomie darin, trotz fehlender Karrieremöglichkeiten beruflich voranzukommen.

Eine weitere Folge des allgemeinen Stellenabbaus ist die wirtschaftliche Unsicherheit. Umfragen zufolge rangiert ein sicherer Arbeitsplatz noch vor maximalen Lohn- und Gehaltszahlungen. Diese Antwort entspricht nicht den Lehren der Wirtschaftswissenschaft. Der normale Arbeitnehmer soll sich sein Leben lang um Verdienstmaximierung bemühen und sich keine Gedanken über die Risiken und Ungewißheiten der Arbeitswelt machen. Doch jedem Beschäftigten ist es wichtig, sicheren Boden unter den Füßen zu haben.

Paradoxerweise wird genau dann, wenn alle Welt erwartet, daß sich Unternehmen die größte Mühe geben, ihre Mitarbeiter, deren Kenntnisse sie so dringend benötigen, an sich zu binden, dieser

Die Entstehungsgeschichte der Reichtumspyramide

unausgesprochene Sozialvertrag mit Füßen getreten. Kopfarbeiter werden in den USA ebenso wie alle anderen Arbeiter entlassen, sobald sich deren Kenntnisse als unnötig oder veraltet erweisen. Zusätzlich kommt es zu Kürzungen des Realeinkommens, sobald sie durch billigere Arbeitskräfte in anderen Ländern ersetzt werden können. Da ständige Personalkürzungen an der Tagesordnung sind, weiß der kluge Mitarbeiter, daß er jede Chance auf eine neue, noch so geringfügig bessere Stelle ergreifen muß. Die Firmen geben weniger für Fortbildungsmaßnahmen für Kopfarbeiter aus, auch wenn ihnen eigentlich an einem konstanten Beschäftigungsverhältnis gelegen sein müßte. Somit schließt sich der Kreis ungenügender Investitionen.

Da ein sicherer Arbeitsplatz immer unwahrscheinlicher wird, gibt es auch weniger Mitarbeiter, denen das Wohl ihres Betriebs am Herzen liegt. Umfragen haben ergeben, daß sich seit den letzten zwanzig Jahren nichts an der Identifizierung amerikanischer Arbeiter mit ihrem Beruf geändert hat, daß aber die Anzahl derer, die sich auch mit ihrem Betrieb identifizieren, um ein Fünftel gesunken ist.[56] Wenn sich nur noch die Hälfte aller Arbeiter mit ihrer Firma identifiziert, kann aber etwas nicht stimmen.

Die lebenslange Karriere in einer Firma ist heutzutage kaum noch möglich. Dieses Phänomen führt dazu, daß innerbetriebliche Fortbildungsmaßnahmen nur selten durchgeführt werden. Bei ständigen Personalkürzungen spielt auch der Arbeitsausfall bei Fortbildungen eine große Rolle. Mitarbeiter arbeiten nicht mehr ihr ganzes Berufsleben für einen einzigen Arbeitgeber, und der Arbeitgeber selbst begreift sich nicht als fürsorglicher Vater seiner Beschäftigten. Den Arbeitgebern ist klar, daß ihre Mitarbeiter durch die ständigen Personalkürzungen gelernt haben und sich im Anschluß an Fortbildungsmaßnahmen auf die Suche nach einer besser bezahlten Position machen. Folglich werden Fähigkeiten, die nicht innerhalb kurzer Zeit erlernt werden können, nicht mehr vermittelt.

Kenntnisse und Fertigkeiten

Das Ziel der Gewinnmaximierung gebietet Fortbildungsmaßnahmen nur noch dann, wenn die Lerninhalte schnell und kostengünstig vermittelt werden können. In den meisten Fällen bedeutet dies, daß nur die bereits hochqualifizierten Mitarbeiter gefördert werden, da es ihnen aufgrund ihrer langen Ausbildungszeit leichter fällt, Neues zu erlernen. Letztlich erhalten also nur Hochqualifizierte eine Weiterbildung. Jede Nation, die sich aber auf privat finanzierte Fortbildungsmaßnahmen verläßt (wie die USA), wird schon bald erkennen müssen, daß nicht nur ein allgemeiner Wissensmangel eintritt, sondern daß das Wissen auch sehr ungleichmäßig verteilt ist.

Bei einem Blick zurück können wir feststellen, daß die für die erste Industrielle Revolution benötigten Fertigkeiten und Kenntnisse dadurch entstanden, daß die bis dahin geltende Verbindung zwischen dem Familieneinkommen und den Investitionen in die Ausbildung der Kinder aufgehoben wurde. Dieses solide Fundament der Reichtumspyramide wurde mit Steuergeldern finanziert und schuf die Mittelklasse, die dem Arbeiter im Kapitalismus einen akzeptablen Lebensstandard ermöglichte.

Bei einem Blick nach vorn wird klar, daß die neuen Technologien, die das Zeitalter der Globalisierung einläuten und neue Kenntnisse und Fertigkeiten fordern, die Verbindung zwischen innerbetrieblichen Karrieren und persönlich initiierter Fortbildung trennen. Heute läßt sich nicht mehr definieren, welche Fähigkeiten ein berufliches Fortkommen garantieren oder wie man seine persönliche Karriere planen soll, selbst wenn man bereit wäre, die entsprechenden Kosten auf sich zu nehmen. In einer wissensbasierten Ökonomie ist die Aneignung von Fähigkeiten und Wissen kein Prozeß mehr, der sich auf die Ausbildung im Alter von fünf bis fünfundzwanzig Jahren eingrenzen läßt. Dennoch gibt es bislang kein System, das für die Fortbildung für alle über fünfundzwanzig zugeschnitten ist.

Die Entstehungsgeschichte der Reichtumspyramide

Der Kapitalismus leidet neben Rezessionen und Finanzkrisen noch an einer weiteren Krankheit: der Kurzsichtigkeit. Da im Kapitalismus diskontierte Nettowerte als Grundlage für die Entscheidungsfindung dienen, findet nur eine kurzfristige Planung statt. Unternehmen planen etwa drei bis fünf Jahre voraus. Diese Zeitspanne reicht jedoch nicht aus, um sich die für eine florierende Wirtschaft benötigten Fähigkeiten anzueignen – achtzehn Jahre bis zum Abitur, und fünfundzwanzig Jahre für ein abgeschlossenes Studium. Im 21. Jahrhundert ist es unerläßlich, das alte Bildungswesen zu erneuern.

Von den drei großen Wirtschaftsregionen haben zwei Probleme mit dem Bildungswesen und dem Ausbildungsniveau. Die unterste Schicht der japanischen Arbeiter ist gut ausgebildet, doch es mangelt an Kreativität im oberen Bereich. Amerika dagegen verfügt über ein hohes Maß an Kreativität an der Spitze, doch die untere Schicht ist unterqualifiziert. Nur Europa kann von sich behaupten, beide Kriterien zu erfüllen.

Sowohl in Japan als auch in Amerika werden seit Jahrzehnten Studien veröffentlicht, woran es diesen Nationen mangelt. Allein im Jahre 1998 wurden in Japan drei Analysen publiziert, die eine Umgestaltung der Lehrpläne an den Universitäten und Schulen des Landes forderten, um die Kreativität zu fördern.[57] Die Universitäten, die nach dem Zweiten Weltkrieg mit dem Ziel, den Rückstand gegenüber anderen Nationen aufzuholen, gegründet wurden, bedürfen einer grundlegenden Reform, um zu gewährleisten, daß dort auch tatsächlich das Wissen vermittelt wird, welches für die technologischen Durchbrüche Voraussetzung ist.

Auch in Amerika liegen eine Reihe fundierter Studien über die mangelnde Qualifikation der unteren zwei Drittel der Arbeiterschaft vor. Seit über zwanzig Jahren wird in Amerika die Notwendigkeit einer radikalen Reform des Bildungswesens diskutiert.

Kenntnisse und Fertigkeiten

Sämtliche Analysen kommen zu dem Schluß, daß das Bildungsniveau amerikanischer Schulabgänger weit unter dem europäischen und japanischen Durchschnitt liegt. Sogar in manchen Entwicklungsländern liegt das Niveau höher.

Doch keines der beiden Länder hat es bislang geschafft, etwas dagegen zu unternehmen. Worin besteht die Lösung? Ganz sicher nicht darin, weitere Konzepte zu erstellen. Davon gibt es schon genug, und die meisten verstauben ungenutzt in Schubladen. Was gibt Amerika und Japan letztlich den Anstoß zu handeln?

Mit dieser Frage kehren wir zu den Baumeistern zurück – an ihnen liegt es, die verschiedenen Ebenen der Reichtumspyramide zu errichten, die für den Erfolg im 21. Jahrhundert unerläßlich sind.

Schlußfolgerung

Schleichende Probleme wie das rückläufige Lohn- und Gehaltsniveau, das sich derzeit in den Vereinigten Staaten abzeichnet, sind nicht einfach zu lösen. Diese Probleme werden jedoch nicht als Krise wahrgenommen. Oft findet man sich einfach mit der neuen Realität ab, anstatt sie zu ändern. Genau das geschieht in Amerika seit fünfundzwanzig Jahren.

Erfolgreiche Gesellschaften erkennen diese Veränderungen bereits im Vorfeld und lassen daraus resultierende Probleme erst gar nicht entstehen. Sie warten nicht ab, bis es zu Aufständen kommt, da es dann für vernünftige Lösungen meistens zu spät ist. Aber eine grundlegende Reform dieser Politik kann nicht von heute auf morgen vollzogen werden. Doch unsere Politiker dürfen nicht erst auf einen Aufstand warten, bis sie die nötigen Gegenmaßnahmen ergreifen.

Nichts zu tun und die nötigen Investitionen in Fort- und Weiterbildung dem Einzelnen zu überlassen, heißt letztlich, die Ebene der

Die Entstehungsgeschichte der Reichtumspyramide

Reichtumspyramide, die aus Kenntnissen und Fertigkeiten aufgebaut ist, den ungezügelten Kräften des freien Marktes zu überlassen. Die Vernachlässigung der Kenntnisse und Fertigkeiten wird die amerikanische Reichtumspyramide zu Fall bringen – ebenso wie die Pyramiden der Mayas in Zentralamerika durch die Kräfte des Dschungels einstürzten.

Investitionen

Die nächste Stufe der Reichtumspyramide setzt sich aus Investitionen in Fabriken, Bürogebäuden, Maschinen, Wohnungsbau und die Infrastruktur zusammen. Der Kapitalismus trägt seinen Namen aufgrund des Eigentums an diesem Sachkapital, da in der Zeit nach der Industriellen Revolution das Sachkapital der entscheidende Faktor für wirtschaftlichen Erfolg war. Ökonomischer Fortschritt und Wohlstand ließen sich direkt aus der Investition von Kapital ableiten.

Investitionen sind grundsätzlich mit einer Opferbereitschaft zugunsten der Zukunft verbunden. Bei einigen Tierarten ist diese Bereitschaft gewissermaßen programmiert. Sie legen Vorräte für den Winter an und bauen sich einen Unterschlupf für die kalte Jahreszeit. Manche Tierarten, wie der Biber, bauen sogar Dämme und verändern so ihre natürliche Umgebung. Viele treffen jedoch keine derartige Vorsorge. Übertragen in die Wirtschaftssprache heißt das: Letztere müssen eine bestimmte Zeit (den Winter) mit einem erheblich niedrigeren Lebensstandard überstehen. Doch viele von ihnen schaffen das nicht.

Ein entscheidender Punkt, in dem sich der Mensch vom Tier unterscheidet, ist das Bewußtsein für Vergangenheit und Zukunft. Der Mensch betrachtet das Leben als eine lange Reise und ist deshalb bereit, in die Zukunft zu investieren, selbst wenn er weiß, daß er die Früchte dieser Investitionen nicht selbst ernten wird. Große Kulturen zeichneten sich durch ihre Bereitschaft aus, neue Mittel und Wege zu nutzen und in sie zu investieren. Letzten Endes war dies der Grund ihrer Größe.

Die Entstehungsgeschichte der Reichtumspyramide

Die Zivilisation ist die Geschichte von der Bereitschaft, Zeit für den Fortschritt des Einzelnen und der Gesellschaft zu investieren. Die Römer wurden nicht zufällig berühmt für ihre Fähigkeiten im Straßenbau. Die Pyramiden in Ägypten und Mexiko spiegeln die Bereitschaft dieser Kulturen wider, Opfer für die Nachwelt zu bringen. Auch beim Bau der modernen Reichtumspyramide muß in langen Zeiträumen gedacht werden. Es handelt sich schließlich um ein gemeinschaftliches Projekt, das dem individuellen Genie Raum zur freien Entfaltung bietet. Lesen und Schreiben zu lernen ist für Lehrer und Schüler ein zeitintensives Unterfangen. Im allgemeinen läßt sich nicht vorhersagen, wann sich der Lernerfolg einstellt und wer am meisten davon profitiert. Doch eines ist sicher: Jede Generation profitiert von der Arbeit der vorherigen und kann auf vorhandenem Wissen aufbauen.

Der Neugier verdankt die Menschheit einige bahnbrechende Innovationen. Das Ziel dabei war in erster Linie, die menschliche Neugier zu stillen, während in den meisten Fällen erst später darüber nachgedacht wurde, wie sich diese Erfindung für einen höheren Lebensstandard nutzen ließe. Die in der Physik zur Aufspaltung der Materie eingesetzten Teilchenbeschleuniger tragen zwar zum Verständnis der Natur der Dinge bei, doch dieses Wissen hat keine praktischen Auswirkungen auf den Alltag. Und niemand kann sich heute vorstellen, wie manche modernen Entwicklungen den Lebensstandard von morgen verbessern sollen. Dennoch treiben wir den Fortschritt beständig voran.

Die menschliche Gier nach mehr, gepaart mit der Unzufriedenheit über dem Ist-Zustand, bildet im Grunde die Antriebskraft des Kapitalismus.

Im Vergleich mit der Investitionsbereitschaft des Kapitalismus erscheinen alle großen Kulturen als übereifrige Investoren. Im Kapitalismus hat es sich eingebürgert, Investitionen nur dann zu tätigen, wenn abzusehen ist, daß sie sich nach drei bis fünf Jahren

Investitionen

amortisiert haben. Wirklich große Kulturen aber investierten weit über diesen Zeitraum hinaus, teilweise sogar in Projekte (die Pyramiden, der Parthenon-Tempel, die Römerstraßen, das Kloster Angkor Vat, die Tempel der Maya und die mittelalterlichen Kathedralen) für die Ewigkeit.

Investitionen sind das A und O der Reichtumspyramide, da sie auf all ihren Ebenen gebraucht werden, um Wohlstand und die über den alltäglichen Bedarf hinausgehenden Ressourcen zu schaffen, die große Kulturen kennzeichnen. Unternehmer leisten bei der Einführung neuer Techniken und Geräte Pionierarbeit. Den Europäern etwa war es nur mit Hilfe von Kompaß, Ruder und Kiel möglich, die Welt zu erforschen und erobern. Damit sich Werkzeuge sinnvoll verwenden lassen, muß entsprechendes Wissen darin einfließen. Ohne Maschinen lassen sich nur wenige Kenntnisse und Fertigkeiten anwenden. Was ist ein Programmierer ohne Computer wert? Nur mit den entsprechenden Gerätschaften können Bodenschätze genutzt werden (nur mit Plattformen im Wert von mehreren Millionen Dollar kann in großer Wassertiefe nach Öl gebohrt werden) oder die Lebensqualität verbessert werden (erst durch Filtrieranlagen gewinnen wir Trinkwasser). Im Kapitalismus sind die Eigentümer dieser Maschinen die Entscheidungsträger. Reichtum entsteht aus dem Eigentum an diesen Produktionsmitteln und dem damit erzeugten Gewinn.

Die Investition in neue Produktionsmittel basiert auf dem Interesse an der Zukunft. Einzelpersonen und Unternehmen nutzen die Ressourcen und die Zeit, die sie auch für den täglichen Konsum verwenden könnten (sie verzichten auf den heutigen Genuß, das heißt sie sparen), zugunsten der Entwicklung von Gerätschaften (sie investieren), so daß sie in Zukunft mehr produzieren können. Mit ihrer Hilfe können sie den neuesten technischen Stand nutzen, Fähigkeiten erweitern, Bodenschätze in verstärktem Umfang nutzen und somit noch mehr Wohlstand schaffen. So erweitern sie die

Die Entstehungsgeschichte der Reichtumspyramide

Möglichkeiten des Konsums – und verlagern den Konsum von der Gegenwart in die Zukunft.

Im Jahre 1997 betrug der Wert von Maschinen und Anlagen in Amerika $ 24 883 Milliarden. Umgerechnet verfügte jeder Arbeiter damit über Maschinen im Wert von $ 191 000. Mit jeder Milliarde Dollar des Bruttoinlandsprodukts wurden Maschinen und Anlagen im Wert von $ 3 Milliarden geschaffen. Diese Summe setzt sich wie folgt zusammen: jeweils 35 Prozent für Firmen und Maschinen sowie den Wohnungsbau, 20 Prozent für öffentliche Infrastruktur (zum Beispiel Straßenbau, Kläranlagen, Schulen, Flughäfen, militärische Einrichtungen) und die restlichen 10 Prozent für Gebrauchsgüter (zum Beispiel Autos und Haushaltsgeräte).[58]

Bei Sachinvestitionen stellen sich drei wichtige Fragen: 1. In welcher Höhe soll investiert werden? Anders ausgedrückt, wieviele der heutigen Ressourcen sollen für die Zukunft aufgespart werden? 2. Wie sieht das richtige Mischungsverhältnis von privaten und gesellschaftlichen Investitionen aus? 3. Werden diese Investitionen so effizient wie möglich getätigt werden, oder könnte mit Hilfe moderner Technologien oder neuer Gesellschaftsstrukturen noch mehr Ertrag aus den vorhandenen Maschinen, Mitteln und Gerätschaften erwirtschaftet werden?

Wieviel muß investiert werden?

Während die Anzahl der Maschinen und Geräte in manchen Bereichen verglichen mit der geleisteten Gesamtarbeitsstundenzahl sehr schnell anwächst (die Zahl der Investition in die Datenverarbeitung steigt viermal schneller als Investitionen in Sachkapital insgesamt), sinkt die Gesamtinvestitionssumme für Sachkapital in Amerika kontinuierlich. Die Kapitalintensität wuchs in den sechziger Jahren viermal schneller als in der Zeitspanne von 1987 bis 1997.

Der Konsumverzicht zugunsten des Zukunftsinteresses erfolgt in Amerika nicht mit der notwendigen Konsequenz. Investitionen im

Investitionen

privaten, betrieblichen und öffentlichen Bereich sind stark rückläufig. Zwischen den sechziger und neunziger Jahren fielen die privaten Entwicklungsinvestitionen für Gebrauchsgüter um 33 Prozent, die für den Wohnungsbau um 40 Prozent. Die betrieblichen Investitionen in Maschinen sanken um 47 Prozent. Staatliche Investitionen in die Infrastruktur wurden sogar um 49 Prozent gekürzt.

Amerika investiert heutzutage wesentlich weniger als in der Vergangenheit oder als Westeuropa oder Japan. Aus streng kapitalistischer Sicht bedeutet dies jedoch nicht zwangsläufig, daß die Amerikaner zu wenig investieren. Der Lebensstandard in Amerika ist aufgrund individueller Entscheidungen, nicht für die Zukunft zu sparen, heute höher, während andere Industrienationen, die jetzt auf Konsum verzichten, um in die Zukunft zu investieren, später einen wahrscheinlich höheren Lebensstandard genießen werden. Das Gemeinwohl spielt bei diesen individuellen Entscheidungen keine Rolle: Der Einzelne hat das Recht, zwischen Konsum und Sparen zu wählen.

Aus wirtschaftstheoretischer Sicht ist diese Argumentationskette völlig korrekt, andererseits birgt diese Analyse einen grundsätzlichen Denkfehler. Im September 1998 verzeichnete Amerika zum ersten Mal seit fünfundsechzig Jahren eine negative Sparquote. Das vorhergehende Mal, während der Großen Depression im Jahre 1933, wurden die Arbeiter nicht mehr entlohnt, ein Drittel der Arbeitskräfte war arbeitslos, aber es gab weder Arbeitslosengeld noch Sozialhilfe, und die Menschen mußten ihr Eigentum verkaufen, um dem Hungertod zu entrinnen. Im Gegensatz dazu gaben die Amerikaner im Herbst 1998 mehr Geld aus, als sie verdienten, da sie sich aufgrund der Börsenkurse reich vorkamen und entsprechend mehr konsumieren wollten.

Doch dieses Bedürfnis schafft ein gesellschaftliches Problem. Der Gewinn aus steigenden Börsenkursen kann nicht für Investitionen

Die Entstehungsgeschichte der Reichtumspyramide

in Produktionsmittel verwendet werden. Der Betrag, der für den Verkauf von Aktien eingenommen wird, muß der Summe entsprechen, die für den Ankauf von Aktien ausgegeben wird. In Hinblick auf Investitionen handelt es sich bei Aktiengeschäften um Nullsummengeschäfte, da keine neuen Gelder fließen. Nur wenn der Verbrauch unter den Gewinnen liegt, lassen sich die nötigen Investitionen in die Entwicklung und Herstellung von Maschinen finanzieren.

Kann sich eine Gesellschaft diese Art von Laisser-faire wirklich leisten und dem Marktgeschehen – einer negativen Sparquote – über einen längeren Zeitraum tatenlos zusehen? Keine Gesellschaft kann ohne die notwendigen Investitionen in Maschinen und Infrastruktur überleben. Wird zugelassen, daß sich der Markt für die Entsparung entscheidet, kann dies nur als Versagen der Gesellschaft gewertet werden. Ist Krieg zu wichtig, um den Generälen überlassen zu werden, so sind auch Investitionen zu wichtig, um sie ausschließlich individuellen Vorlieben und dem Markt zu überlassen. Es gibt gesellschaftliche Interessen, die wichtiger sind als individuelle Vorlieben für einen höheren Lebensstandard. Weigert sich der Einzelne, sich freiwillig mit der Zukunft auseinanderzusetzen, muß dies die Gesellschaft tun.

Dies gilt vor allem für Gesellschaften wie den USA, in denen der Konsumzwang stark ausgeprägt ist. Viele konnten ihm nicht widerstehen. In den letzten dreißig Jahren ist die Privatverschuldung der Amerikaner von 59 auf 85 Prozent des Nettolohns angestiegen. Zwei Drittel dieser Schulden werden über Verbraucherkredite finanziert.[59] Die 1,3 Millionen Konkurse des Jahres 1997 sprechen eine eindeutige Sprache: Die Amerikaner geben mehr Geld aus als sie sich leisten können.[60]

Es ist richtig, daß die Amerikaner weniger investieren als vergleichbare Länder, doch verzerrt der herkömmliche Vergleich der Privatsparquote die Realität. Oft werden die Zahlen nur genannt, weil

Investitionen

man mühelos mit ihnen argumentieren kann. Im Jahre 1997 betrug die Sparquote in Amerika 4 Prozent, in Japan 22 Prozent und in Deutschland 13 Prozent der jeweiligen Nettoeinnahmen.[61] Voraussichtlich wird die Sparquote in Amerika 1999 um ein weiteres Prozent fallen.[62] Doch Sparquoten mangelt es an einigen sehr wichtigen Informationen.

Erstens werden bei der Berechnung der Sparquote Verbrauchsgüter als Konsum, nicht als Investition behandelt. Wie wir jedoch wissen, machen die Verbrauchsgüter 10 Prozent der amerikanischen Sachanlagen aus, und die Amerikaner investieren vermutlich mehr in Verbrauchsgüter, als es die Europäer oder Japaner tun.

Zweitens werden die für den Wohnungsbau verwendeten Ressourcen in den Statistiken als Ersparnisse und Investition gewertet, doch die Baukosten je Quadratmeter Wohnfläche sind in Amerika vergleichsweise günstiger als in Japan oder Europa. Das führte dazu, daß die Amerikaner über mehr Wohnraum pro Person verfügen als Japaner und Europäer. Beim internationalen Vergleich müssen also die unterschiedlich hohen Baukosten berücksichtigt werden.

Drittens erfaßt die private Sparquote definitionsgemäß keine staatlichen und privatwirtschaftlichen Ersparnisse. Während der amerikanische Durchschnittsbürger weniger auf die Seite legt als der Japaner oder Europäer, sieht es bei den amerikanischen Firmen ganz anders aus. Manche Staaten unterscheiden in ihrem Etat zwischen ihren Investitionen und Ausgaben für andere Zwecke, auf Amerika trifft dies jedoch nicht zu. In den gängigen Statistiken werden die öffentlichen Ausgaben Amerikas aber als reiner Kostenfaktor behandelt. In Wahrheit werden 20 Prozent der amerikanischen Investitionen in Sachanlagen aus öffentlichen Mitteln finanziert.

Bei dem üblichen Vergleich der nationalen Sparquoten wird das amerikanische Haushaltsdefizit als ein Faktor für das Negativ-

Die Entstehungsgeschichte der Reichtumspyramide

wachstum der Sparquote behandelt. Praktisch wird Haushaltsdefizit von der Gesamtsumme, die für Privatanleger zur Verfügung steht, abgezogen, da ein Teil der Gelder, die für Investitionen verwendet werden könnten, von der Regierung zur Finanzierung des Haushaltsdefizits als Kredit aufgenommen wird. Sind aber öffentliche Investitionen die Verursacher des Haushaltsdefizits, sinkt die Gesamtsumme an Investitionskapital nicht.

Auch Handelsdefizite können die Quelle weiterer Investitionen sein, sofern es sich bei den Importgütern um Investitionsgüter handelt. Im Grunde genommen werden weltweit Kredite aufgenommen, um die Maschinen und Anlagen der amerikanischen Arbeiter zu finanzieren. Die Amerikaner zapfen sozusagen die hohen Sparquoten in aller Welt an. Zum Beispiel, indem ausländische Unternehmen in den USA Firmen kaufen oder gründen und so den Amerikanern Maschinen und Anlagen zur Verfügung stellen.

Regel Elf

Nur wer sich an der Zukunft interessiert zeigt, wird in Sachanlagen investieren. Wer hier den Rotstift ansetzt, hat kein Interesse an der Zukunft, egal, welche Ausreden er vorbringen mag.

Die nationalen Sparquoten verraten, wer Eigentümer und damit Kontrollorgan des Kapitalismus ist, doch sie sagen nichts darüber aus, wieviele Anlagen und Maschinen der Arbeitskraft eines Landes zur Verfügung stehen. Simpel ausgedrückt heißt das, daß Mercedes eher Chrysler aufkauft als umgekehrt, da die deutsche Sparquote höher ist als die amerikanische. Doch in einer globalen Ökonomie spielt nicht die Sparquote eines Landes die entscheidende Rolle für die Gesamtproduktivität, sondern das für Investitionen in Sachanlagen bereitgestellte Kapital.

Da keine Daten vorliegen, die einen internationalen Vergleich der Sachanlagen ermöglichen, müssen alternativ die betrieblichen In-

Investitionen

vestitionen in Maschinen und Anlagen betrachtet werden. Im Jahre 1997 gab Japan 16 Prozent seines BIP dafür aus, Deutschland 13 Prozent und die Vereinigten Staaten 11 Prozent. Da der Kaufpreis für Hardware schneller als in jedem anderen Bereich gefallen ist und Amerika wesentlich mehr Hardware erwirbt als beispielsweise Japan oder Deutschland, ist die Differenz bei den Investitionsausgaben geringer als die Differenz in der gekauften Produktionskapazität.

Die im Vergleich zu anderen Industrienationen niedrigeren Investitionsausgaben für Anlagen und Maschinen Amerikas können bis zu einem gewissen Maß durch die höhere Produktivität ausgeglichen werden. Normalerweise ist der Ertrag aus dem Eigenkapital amerikanischer Aktionäre (das Kapital, das die Aktionäre für Investitionen in Sachanlagen ausgeben) etwa dreimal so hoch wie in Japan und immerhin doppelt so hoch wie in Europa.[63] Den Mangel an Quantität kann Amerika zum Teil durch eine bessere Ausnutzung des Sachkapitals ausgleichen.

Bei einer gewissen Skepsis hinsichtlich der Produktivität der Wirtschaft kann man natürlich das Argument ins Feld führen, daß die hohe Ertragsrate durch die niedrige Investitionsrate der Amerikaner bedingt ist. Niedrigere Investitionsausgaben führen in der Tat zu einem höheren Ertrag, da bei einem geringeren Grundkapital das Angebot an Maschinen geringer ist und diese deswegen zu einem höheren Preis eingesetzt werden können. In diesem Argument steckt ein Körnchen Wahrheit, doch die ganze Wahrheit ist es nicht. Ein gewisser Anteil des höheren Ertrags ist auf die höhere Produktivität zurückzuführen. Keiner wird bezweifeln, daß die Amerikaner Meister des Downsizing sind und keine Sekunde zögern, unrentable Aktivitäten einzustellen.

Der logische Schluß daraus ist, daß die Amerikaner in den letzten beiden Jahrzehnten vermutlich zu wenig und die Japaner zu viel investiert haben. In Japan ist der Börsengewinn bereits vor der Fi-

Die Entstehungsgeschichte der Reichtumspyramide

nanzkrise auf weniger als 4 Prozent gesunken. Die Europäer, die weniger als die Japaner, aber mehr als die Amerikaner investiert haben und mehr als die Japaner, aber weniger als die Amerikaner verdienen, haben am ehesten den goldenen Mittelweg gefunden. Das Fazit ist weder bitter noch umstritten: Die Amerikaner sparen und investieren zu wenig.

Dieses Problem liegt teilweise an dem kapitalistischen Glaubensbekenntnis, das besagt, daß sich Investitionen nur lohnen, wenn sich damit der Konsum von morgen steigern läßt. Doch Investitionen und Konsumverzicht gehören untrennbar zusammen. Die kapitalistische Investitionskalkulation stößt jedoch auf ein Problem in einer Gesellschaft, in der Wachstum erwartet wird, und in der die meisten Verbraucher wissen, daß sich ihr Vermögen schon morgen vermehrt haben wird. Warum sollte jemand seinen heutigen Konsum beschränken, wenn seine finanzielle Situation nicht so gut ist und ihn in die Zukunft verlagern, wenn es ihm besser geht? Otto Normalverbraucher möchte sich bestimmt nicht einschränken.

Im Kapitalismus gibt es auch die Erwartungshaltung, daß man mit fortgeschrittenem Alter »entspart«, um den lebenslangen Konsum an die lebenslangen Einnahmen anzupassen. Üblicherweise spart die junge Generation, während die ältere konsumiert. Doch wenn es mehr ältere Menschen als jüngere gibt, wie sollen dann die Nettosparquoten erzielt werden, auf die jede Gesellschaft angewiesen ist? Darauf hat die Wirtschaftswissenschaft keine Antwort. Da sich immer mehr Menschen gegen das Sparen entscheiden, verlangsamt sich das Wirtschaftswachstum. Keine Gesellschaft kann sich dieses Verhalten auf Dauer leisten, wenn sie überleben will.

Bei Investitionen erweist sich der Kapitalismus als in hohem Maße lenkend und einschränkend. Nur Investitionen, die einen positiven Nettozeitwert schaffen, sind zu tätigen, während Investitionen, die einen negativen Nettozeitwert kreieren, zu stoppen sind. Die freien Märkte folgen dem Diktat dieser ökonomischen Theorie.

Investitionen

Beim Privatkonsum dagegen dreht sich der Kapitalismus um 180 Grad und verzichtet auf jede Form der Steuerung – er gibt sich offen für Ausgaben in jeder Art und Weise. Jeder einzelne hat das Recht, sein Geld so auszugeben, wie er es für richtig hält. Keiner darf den anderen hinsichtlich seines Konsumverhaltens kritisieren. Natürlich kann jeder einen Fehlkauf zugeben, doch einem anderen dieses Verhalten vorzuwerfen, ist unerwünscht.

In Zeiten permanenten Abschwungs mit fallenden Investitionsausgaben kann der Kapitalismus nicht gedeihen, vielleicht nicht einmal überleben. Kapitalismus ist wie ein Fahrrad: Man kann nur vorwärts, nicht rückwärts fahren. Die Möglichkeiten, wie das kapitalistische System auch in einer Dauerkrise (etwa der Großen Depression) funktioniert, wurden hinlänglich erprobt – und läuteten beinahe sein Ende ein. Führt das kapitalistische System nicht zu Wachstum, kann es nicht überleben. Das bedeutet aber auch, daß der Kapitalismus an sich gefährdet ist, wenn es ihm nicht gelingt, den Willen zum Sparen zu erzeugen.

Diese wirtschaftliche Standardtheorie läßt jedoch den Menschen mit all seinen Eigenschaften völlig außer Sicht. Menschen gründen Gesellschaften, von denen sie wiederum profitieren. Investitionsgüter können ebenso Freude bringen wie Konsumgüter. Die soziale Konditionierung entscheidet, ob einzelne auf Investitionsgüter stolz sind oder nicht und ob sie daraus einen Nutzen ziehen.

Der Kapitalismus leidet unter einer Schwäche – der Tendenz, zu wenig zu sparen und zu investieren. Zur Bekämpfung dieser Schwäche ist es unerläßlich, Investitionen nicht lediglich als Maßnahmen zur Steigerung des künftigen Konsums zu begreifen, sondern als Selbstzweck. Aufbau durch Investitionen bereitet Freude, schließlich handelt es sich um einen kreativen Schöpfungsprozeß, der dem Menschen im Blut liegt. Es ist so, als lese oder schreibe man ein gutes Buch. Natürlich könnte man den Wert eines Buches nach seinem Ladenpreis beurteilen, doch ein gutes Buch hat einen

Die Entstehungsgeschichte der Reichtumspyramide

beständigen Wert, der weit über seine Herstellungskosten hinausgeht.

In den USA führt die gesamte soziale Konditionierung jedoch nicht nur zu der Einstellung, daß der Konsum des Einzelnen Vorrang hat, sondern daß Konsum den höchsten Wert an sich darstellt. Milliarden Dollar fließen in die Werbung, um die Vorteile der unterschiedlichsten Konsumgüter anzupreisen. – Andererseits wird die Werbetrommel für Investitionen so gut wie gar nicht gerührt.

Das richtige Verhältnis von öffentlichen und privatwirtschaftlichen Investitionen

In allen Gesellschaften gibt es mit öffentlichen Geldern finanzierte Einrichtungen. Sämtliche militärische Anlagen sind zum Beispiel Gemeingut. Ein Staat ohne Armee ist kein Staat. Auch die Straßen gehören der Allgemeinheit. Die Straßenbauer sind auf die Enteignungsbefugnis des Staates angewiesen, um im öffentlichen Interesse die Privatbesitzer zu zwingen, ihren Grundbesitz zu den üblichen Marktpreisen zu verkaufen, damit Straßen gebaut werden können, wo sie gebraucht werden. Wird jemand gezwungen, etwas zu verkaufen, gibt es das freie Spiel der Marktkräfte – den Kapitalismus in seiner Urform – nicht mehr.

Manche Einrichtungen werden nur deshalb von der Allgemeinheit finanziert, weil es sich dabei um ein »natürliches Monopol« handelt, das heißt, ein für die Allgemeinheit errichtetes Projekt ist die kostengünstigste Option. Beim Straßenbau wäre es zum Beispiel unrentabel, weitere Parallelstraßen zu errichten, es sei denn, die Kapazität dieser Straße ist erschöpft. Dasselbe Prinzip gilt für Flughäfen, Gas,- Strom und Telefonleitungen. Wettbewerb ist in diesem Fall unerwünscht, da es zu teuer wäre, zu jedem Haus zwei oder drei Stromleitungen zu legen.

Andere Projekte werden aus öffentlichen Geldern finanziert, weil man sie schon braucht, bevor die Marktnachfrage eintritt, und weil

Investitionen

die Amortisierung so lange dauert, daß Privatinvestoren davor zurückschrecken würden. Ein klassisches Beispiel hierfür ist die amerikanische Eisenbahn. Östlich des Mississippi, wo in den Großstädten bereits der wirtschaftliche Aufschwung eingesetzt hatte, wurden die Eisenbahnlinien privat finanziert. Sie waren ein profitables Geschäft, da sie die regionalen Märkte zu einem nationalen Markt verschmelzen ließen. Westlich des Mississippi wurde die Eisenbahn mit öffentlichen Mitteln finanziert. Sinn und Zweck dieser Eisenbahnlinie war es, als preiswertes Transportsystem regionale Märkte zu schaffen, die dann wiederum zu einem nationalen Markt zusammengefaßt werden konnten. Da dieses Projekt de facto im leeren Raum gestartet wurde, schreckte die lange Amortisierungsphase Privatinvestoren ab. Langfristig gesehen handelte es sich um ein rentables Projekt für die Öffentlichkeit, doch als kurzfristige Investition war es für Privatinvestoren ungeeignet.

Die moderne Entsprechung dieses Beispiels ist das Internet. Ursprünglich war es als Kommunikationssystem zwischen militärischen Stützpunkten geplant, um einen atomaren Angriff überleben zu können. Da damals noch mit IBM-Großrechnern gearbeitet werden mußte, war dieses System für den Normalbürger unerschwinglich. Mit der Entwicklung von kleinen und schnellen Computern konnte das Kommunikationssystem bald schon für wissenschaftliche Zwecke genutzt werden, etwa an Universitäten. Erst mit der Entwicklung des preiswerten PC mit der selben Leistung wie die damaligen Großrechner fielen jedoch die Kosten, und die private Nutzung erreichte den Punkt, an dem das Internet profitabel erweitert und betrieben werden konnte. Doch während seiner Anlaufphase von immerhin fünfundzwanzig Jahren mußte das Internet in erster Linie mit öffentlichen Geldern finanziert werden.

Diese frühen öffentlichen Investitionen sind der entscheidende Grund dafür, warum das Internet ein von den Amerikanern dominiertes Kommunikationssystem ist und warum sie im elektronischen Handel führend sind. In anderen Ländern, deren Regierun-

Die Entstehungsgeschichte der Reichtumspyramide

gen keine derartigen Investitionen getätigt haben, beginnt nun die altbekannte Aufholjagd.

Die Errichtung eines flächendeckenden Telekommunikationsnetzes auf der Grundlage von Glasfaserkabeln ist ebenfalls eine Investition, an der sich manche Länder beteiligen und andere wie zum Beispiel die USA nicht. Die Amerikaner gehen davon aus, daß die Einnahmen über die zusätzlichen Dienstleistungen, die heute mit Hilfe eines Breitbandkommunikationssystems den privaten Haushalten angeboten werden könnte, nicht ausreicht, um die enormen Kosten abzudecken. In Ostdeutschland wurde dieses Projekt dagegen in der Annahme realisiert, daß es mit Hilfe von Glasfaser – ähnlich wie damals mit der Eisenbahn – möglich wäre, Dienstleistungen anzubieten, die wir uns heute nicht einmal in unseren kühnsten Träumen ausmalen können. Zum jetzigen Zeitpunkt läßt sich noch nicht beurteilen, wer mit seiner Einschätzung richtig liegen wird.

Öffentliche Investitionen in die Infrastruktur haben zwei wesentliche Auswirkungen. Zum einen bilden sie selbst Vermögen, zum anderen werden dadurch private Investitionen rentabler und steigern den Wert privater Sachanlagen.

Wirtschaftsexperten beurteilen Investitionen anhand der Gewinnspanne neuer Anschaffungen. Bei einer sehr hohen Ertragsrate wird zu wenig investiert. Die gleichen Wirtschaftsexperten streiten sich aber auch über die Ertragsrate bei öffentlichen Investitionen, da einige Studien sehr hohe Erträge bei öffentlichen Investitionen der Vergangenheit ergaben (50 bis 60 Prozent).[64] Da diese Gewinnspanne mindestens dreimal so hoch ist wie die durchschnittliche Bruttoertragsrate im privaten Sektor, wäre dieses Ergebnis ein Beweis dafür, daß der amerikanische Staat zu wenig investiert.

Kritiker dieser Studien behaupten, daß diese Ertragsspannen aus nicht nachvollziehbaren Gründen zu hoch sind. Sie gehen davon aus, daß eine negative Korrelation festgestellt wurde. In den be-

Investitionen

reits erfolgreichen Wirtschaftssektoren werden die höheren Einnahmen zum Teil für höhere Investitionen in die Infrastruktur verwendet, die ihnen selbst zugute kommen. Die hohen Investitionen in die Infrastruktur sind die Folge, nicht die Ursache des wirtschaftlichen Erfolgs.

Letzten Endes ist denjenigen, die sich fragen, ob sich Investitionen im öffentlichen Sektor auszahlen, mit dieser theoretischen Diskussion wenig geholfen. Verallgemeinernde Feststellungen, ob nun zuviel oder zuwenig investiert wird, nützen der Sache kaum. Öffentliche Investitionen in die Infrastruktur müssen von Fall zu Fall beurteilt werden. Es ist sehr schwierig, eine allgemeine Aussage zu machen, ob höhere Investitionen im öffentlichen Sektor richtig sind, während andererseits die Beurteilung der Rentabilität eines konkreten Projekts nicht so schwierig ist.

Der erste Schritt zur Förderung öffentlicher Investitionen liegt in der Etatplanung. In den meisten Ländern – außer den USA – werden die öffentlichen Ausgaben in zwei Bereiche aufgegliedert: den Etat zur Deckung der laufenden Kosten und den Etat für Investitionen. Dadurch hat der Steuerzahler, sprich Wähler, sprich Verbraucher die Möglichkeit, eine intelligente Entscheidung darüber zu treffen, wofür sein Geld ausgegeben wird. Es ist ein grober Fehler, diese beiden Bereiche nicht voneinander zu unterscheiden, da ihr Sinn und Zweck völlig auseinanderfallen.

Was sich über private Investitionen in Sachkapital sagen läßt, gilt in gleichem Maße für öffentliche Investitionen in die Infrastruktur. Wenn es zutrifft, daß andere Industrienationen viel mehr investieren – und dies ist der Fall –, dann haben sich entweder die USA oder eben diese Länder falsch entschieden. Wenn Amerika in der Vergangenheit wesentlich höhere Investitionsausgaben hatte (und auch dies trifft zu), macht das Land entweder jetzt einen Fehler oder hat sich damals geirrt. Aller Wahrscheinlichkeit nach sind es die Amerikaner, die sich für den falschen Weg entschieden haben. Vermutlich

Die Entstehungsgeschichte der Reichtumspyramide

ist es sinnvoller, mehr Investitionen im öffentlichen Sektor als im privaten zu tätigen. Doch eigentlich erübrigt es sich, eine Diskussion über das richtige Verhältnis zu führen, denn was wir am dringendsten brauchen, sind verstärkte Investitionen in beiden Bereichen.

Effiziente Investitionen

Sowohl im privaten als auch im öffentlichen Sektor besteht die Möglichkeit der Fehlinvestition. Sobald ein Unternehmen seinen Betrieb einstellt oder aus Investitionen vergleichsweise niedrige Erträge erzielt, kann man davon ausgehen, daß eine Fehlinvestition daran schuld ist. In der US-Wirtschaft ist die Zahl derartiger Konkurse sehr hoch (88 Prozent der Neugründungen – in den neunziger Jahren entspricht die Anzahl der Konkurse sogar der Anzahl der Existenzgründungen), und es gibt sehr viele Unternehmen, deren Investitionserträge weit unter den marktüblichen liegen.[65] Von den im Magazin »Fortune« veröffentlichten größten amerikanischen Unternehmen haben es 31 Prozent nicht geschafft, einen Ertrag zu erzielen, der um mindestens 4 Prozentpunkte höher liegt als der Ertrag der risikolosen langfristigen Staatsanleihen – was selbst schon eine äußerst bescheidene Mindestrendite ist.[66]

Im öffentlichen Sektor ist das Verhältnis von rentablen zu fehlgeschlagenen Investitionen vermutlich nicht anders als im privaten, doch die Fehlinvestitionen im privaten Bereich stören uns weniger als die im öffentlichen Sektor. Denn bei den ersteren reguliert der Einfluß des Marktgeschehens Ausmaß und Dauer dieses Mißgriffs. Die Unternehmen ziehen sich aus dem jeweiligen Projekt zurück und investieren keine weiteren Summen, wenn der Ertrag zu wünschen übrigläßt. Im Gegensatz dazu erwecken Fehlinvestitionen im öffentlichen Sektor eher den Eindruck, als ließen sie sich nie wieder gutmachen. Da die Behörden, die für die Verwaltung öffentlicher Einrichtungen zuständig sind, über eine Monopolstellung verfügen, ist es der Öffentlichkeit unmöglich, bessere, effizientere und kostengünstigere Investitionen zu tätigen.

Investitionen

Der größte Anreiz zu vermehrten privaten und öffentlichen Investitionen besteht derzeit für die Bereiche Telekommunikation und Stromversorgung. Außerhalb der Vereinigten Staaten waren Telefon- und Stromversorgungsunternehmen bis vor kurzem noch öffentliches Eigentum. In Amerika waren diese Versorgungsunternehmen bis vor kurzem noch öffentlich regulierte Monopole – sie befanden sich zwar in Privatbesitz, doch Preise und Leistungen unterlagen staatlichen Vorgaben. Die Erfahrung hat uns gelehrt, daß beide Möglichkeiten nicht funktionieren. In Ländern, in denen das öffentliche Eigentum an diesen Versorgungsunternehmen die Norm war, wird jetzt privatisiert. In Ländern mit öffentlich regulierten Versorgungsunternehmen findet nun durchgängig eine Deregulierung statt. Beides spiegelt die Suche nach einer effizienteren Methode wider.

Bei öffentlichen Versorgungsunternehmen ist der Anreiz, Gewinne zu erzielen, sehr niedrig. Außerdem wird nur äußerst zögerlich auf neue Technologien umgestellt. Gewinnmaximierung ist dort kein Thema, und neue Technologien werden als Bedrohung alter Investitionen empfunden. Doch bei einer Regulierung treten dieselben Probleme auf. Privatbesitzer verspüren ebenfalls kaum einen Anreiz, für die Wirtschaftlichkeit ihrer Betriebe zu sorgen, da sie bei Investitionen in den Genuß einer garantierten Gewinnspanne kommen. Aus demselben Grund setzen auch sie neue Technologien nur zögernd ein. So spielten bei der Einführung des Mobiltelefons weder AT&T (die Erfinder des Handys) noch die öffentliche Telefongesellschaft Nippon, Japan, eine führende Rolle. Beide Unternehmen hatten zuviel in die im Erdreich verlegten Kupferleitungen investiert. Ihrer Ansicht nach war die Wahrscheinlichkeit eines Gewinns aus den Investitionen in die neue Technologie geringer als der wahrscheinliche Wertverlust der alten Technologien.

Doch wenn beide traditionellen Methoden für den Betrieb von Versorgungsunternehmen falsch sind, stellt sich die Frage, wie dieses Problem zukünftig gehandhabt werden soll.

Die Entstehungsgeschichte der Reichtumspyramide

Im Bereich der Telekommunikation zeichnet es sich ab, daß mit Hilfe der neuen Technologien ein Industriezweig mit dem in der freien Marktwirtschaft üblichen Wettbewerb entsteht. Das Handy ist durchaus eine ernstzunehmende Konkurrenz zu herkömmlichen Telefonen mit unterirdisch verlegten Telefonleitungen. Man braucht nur Satellitenzeit zu kaufen, und schon ist der Weg frei für eine Telefongesellschaft, die sich auf Ferngespräche spezialisiert. Die Übertragung ist noch störanfällig, und die Eliminierung von Quersubventionen des alten Systems (diejenigen, die viele Ferngespräche im Monat führten, subventionierten diejenigen, die nur ein paar Ortsgespräche führten) ist ein schwieriges und schmerzhaftes politisches Unterfangen. Doch die Überwindung dieser Probleme ist nur noch eine Frage der Zeit. Neue Technologien wie das Internet verstärken die Bedeutung der herkömmlichen Telefonleitungen. Doch hier könnten die Anbieter von Kabelfernsehen mit den Telefongesellschaften in Konkurrenz treten.

Doch auch die Privatisierung bringt Probleme mit sich. Bei einer Privatisierung besteht die Tendenz, aus der öffentlichen Monopolstellung lediglich eine private zu machen. Vermögen, das als Monopol veräußert wird, hat einen wesentlich höheren Wert als dasselbe Vermögen, geteilt in vier miteinander konkurrierende Unternehmen. Die Fluggesellschaft British Airlines ist ein gutes Beispiel. Sie wurde im Ganzen als weltweit tätiges Unternehmen verkauft und brachte der britischen Regierung damit einen Erlös, der weit über dem lag, der erzielt worden wäre, wenn sie in vier verschiedene Unternehmen aufgeteilt und getrennt verkauft worden wäre. Andererseits gibt es bei einem Verkauf als einzelnes Unternehmen keinen Grund zu der Annahme, daß sich dadurch die Effizienz steigern würde – aus einem Monopol in öffentlicher Hand wurde lediglich ein Monopol in Privatbesitz.

Es ist nicht einfach, »natürliche Monopole« zu organisieren. Ein wettbewerbsfähiger Rahmen ist erst möglich, wenn es die entsprechende Technologie zuläßt. In den meisten Fällen ist das Un-

Investitionen

ternehmen, das zum Verkauf ansteht oder dereguliert werden soll, zumindest teilweise ein natürliches Monopol. Das bedeutet, daß ein gewisses Maß an staatlicher Regulierung bestehen bleibt. Die Lösung dieses Problems lautet, nicht zu versuchen, den Ertrag auf ein akzeptables Niveau zu regulieren (dadurch verschwindet der Anreiz, die Wirtschaftlichkeit des Unternehmens zu steigern), sondern sich statt dessen auf das Preisgefüge der angebotenen Leistungen zu konzentrieren. Solange das neue System dieselben Leistungen zu einem niedrigeren Preis als den Gesamtkosten im alten System verkauft, bleibt der Steuerzahler auf der Gewinnerseite. Mit fortschreitender Technologie ist es ratsam, die Preise jährlich um einen gewissen Prozentsatz zu senken. Somit besteht zwar immer noch ein gewisses Maß der Deregulierung, doch dabei wird nur die Preisentwicklung und nicht mehr die Gewinnspanne für Investitionen berücksichtigt. Es sollte immer darum gehen, wie sich die Preise für den Verbraucher entwickeln, und nicht darum, wieviel Geld der Kapitaleigner erwirtschaftet.

Ein weiterer Bereich, in dem sich die Effizienz bei der Anschaffung und der Nutzung von Sachanlagen offensichtlich steigern läßt, ist die Pflege öffentlicher Einrichtungen über ihre eigentliche Lebenserwartung hinaus. Der Bau und die Instandhaltung von öffentlichen Einrichtungen unterliegt meistens verschiedenen Behörden mit einem unterschiedlich hohen Etat. Üblicherweise werden die Aufträge im Anschluß an eine öffentliche Ausschreibung an den preiswertesten Anbieter vergeben. Gänzlich unberücksichtigt bleiben dabei die Gesamtkosten (Bau- und Instandhaltungskosten) eines bestimmten Projekts. Im allgemeinen wird nicht auf eine wirklich hochwertige Bauweise geachtet, weshalb die Instandhaltungskosten im allgemeinen höher sind als ursprünglich kalkuliert. Sofern möglich, sollten die Anbieter bei öffentlichen Ausschreibungen daher ein gemeinsames Angebot über die Bau- und die langfristigen Instandhaltungskosten einreichen, damit ein Anreiz besteht, die Gesamtkosten zu minimieren.

Die Entstehungsgeschichte der Reichtumspyramide

Staatliche Behörden kommen normalerweise auch für die Zinsen bei Investitionen auf, während sich die Projekte noch im Bau befinden. Somit sieht der günstigste Anbieter keinen Grund, warum er den Bau schnell abschließen sollte. Die aufgelaufenen Zinsen machen in vielen Fällen einen Großteil der Gesamtkosten eines langfristigen kapitalintensiven Infrastrukturprojekts aus. Das Bauunternehmen kann diese Kosten zu Recht ignorieren, da schließlich Vater Staat dafür aufkommt. Es ist deshalb nicht weiter verwunderlich, daß es immer länger dauert, bis solche Projekte abgeschlossen werden können. Eine Lösung hierfür wäre, Bauunternehmen für die bis Bauabschluß aufgelaufenen Zinsen aufkommen zu lassen. Somit wäre das Bauunternehmen gezwungen, bereits im Vorfeld abzuwägen, ob es sich für veraltete Technologien und damit eine längere Bauphase oder für moderne Technologien und eine kürzere Bauzeit entscheidet.

Schon immer haben öffentliche Behörden auf eine Verstärkung des Angebots gesetzt und eine Senkung der Nachfrage (Nutzungskontrolle) ignoriert. In dieser Gleichung gibt es auf Seiten der Nachfrage genügend Raum für kreative Lösungen zur Steigerung der Effizienz. Probleme während der Stoßzeiten – bei Straßen, mit der Elektrizität, in Flughäfen und bei der Wasserversorgung – sind weit verbreitet. Folglich erhöht sich die Effizienz, wenn Investitionen in die Infrastruktur über Preiserhöhungen und nicht über das allgemeine Steuereinkommen finanziert werden. Erhöhte Preise bieten einen Anreiz dafür, die Leistungen nur dann in Anspruch zu nehmen, wenn die Vorteile daraus die Kosten überwiegen und wenn es sich bei diesen Leistungen nicht länger um einen Gratisservice handelt. Aus demselben Grund sollten öffentliche Behörden einen Teil der Investitionen in größere infrastrukturelle Projekte über Kredite finanzieren. Durch die langfristige Tilgung der Zinsen und des Krediters werden künftige Nutzer gezwungen, sich an den Investitionskosten zu beteiligen.

Wann immer möglich, sollte die Finanzierung der öffentlichen Infrastruktur mit Privatgeldern erfolgen. Öffentliche Mittel und öf-

Investitionen

fentliche Kredite sollten Projekten vorbehalten sein, bei denen sich die Finanzierung aus Privatgeldern wegen des Umfangs, der Risiken oder der langen Amortisierungsphase des Projekts nicht lohnt. Denn in vielen Fällen stehen zu Beginn eines Projekts keine Privatgelder zur Verfügung.

Die Lösung, ein Vorhaben mit öffentlichen Mitteln ins Leben zu rufen und mit Staatsgeldern zu betreiben, bedeutet nicht, daß dies auch für die restliche Laufzeit des Projektes gelten muß. Hierfür ist das Internet ein gutes Beispiel. Es wurde mit öffentlichen Mitteln gestartet und in der ersten Phase seines Bestehens auch staatlich betrieben, befindet sich heute jedoch fest in privater Hand.

Sobald ein Projekt Gewinne abwirft, sollte es dem privaten Sektor überlassen werden. Hierfür hat das britische Modell mit der Privatisierung der Flughäfen Vorbildcharakter. Natürlich läßt sich darüber streiten, ob nun eine öffentliche oder eine private Verwaltung sinnvoller ist, doch es gilt, daß der Verkauf alter Infrastrukturprojekte Gelder zur Finanzierung einer neuen Infrastruktur einbringt. In vielen Fällen mag es sich dabei um ein natürliches Monopol handeln, doch gibt es Formen der Deregulierung, die Monopolisten davon abhalten, die Preise für die Öffentlichkeit zu erhöhen, ohne gleichzeitig ihre Effizienz anzutasten.

Letzten Endes ist die soziale Infrastruktur einer der Bestandteile des allgemeinen Wohlstands.

Schlußfolgerung

Das amerikanische System fördert vor allem den persönlichen Konsum, während der Erwerb von Sachanlagen ein Schattendasein führt. Es wäre ein Leichtes, die entsprechenden Anreize zu schaffen, damit in Zukunft mehr in Maschinen und Anlagen investiert wird. Doch die Amerikaner werden damit so lange warten, bis sie wirklich davon überzeugt sind, wie wichtig dieser Punkt ist.

Die Entstehungsgeschichte der Reichtumspyramide

Nur diejenigen, denen es Freude bereitet, sich als Pyramidenbauer zu begreifen, die an der Entstehung neuer Projekte Gefallen finden und anschließend stolz auf ihre Arbeit sind, werden sich freiwillig für eine Reform des bestehenden Systems einsetzen, die den persönlichen Konsum einschränkt und Investitionen in Sachkapital fördert. Erfolgreiche private Pyramidenbauer wissen auch, daß ihre Leistung davon abhängt, Mitstreiter zu finden. Eine gute soziale Infrastruktur führt sie ihnen zu.

Der ökonomische Unterschied zwischen Waren, die direkt den Konsum fördern und Waren, die dies nur indirekt tun, indem sie dem Konsum in der Zukunft dienen, ist nicht so groß, wie behauptet wird. Man kann genauso stolz auf die Maschinen seines Unternehmens oder auf die Errungenschaften seiner Stadt (Verwaltungscomputer auf dem neuesten technischen Stand, das beste öffentliche Transportsystem) sein wie auf seine persönlichen Besitztümer (das größte Haus, das schnellste Auto).

Natürliche Ressourcen und Umweltschutz

Vor hundert Jahren stellten Wölfe und Berglöwen für unsere Vorfahren eine ebenso existentielle Gefahr dar wie Krankheitserreger für die moderne Menschheit, und die Bekämpfung dieser Feinde ist heute ebenso lebenswichtig wie damals. In hundert Jahren, wenn es schon längst als Teil der Realität akzeptiert sein wird, daß Pflanzen, Tiere und der Mensch selbst zum Teil Produkte menschlicher Manipulation sind, werden wir eine völlig veränderte Vorstellung über den Begriff »Umwelt« haben als heute. Auch der Begriff »genetischer Defekt« wird dann eine ganz andere, wesentlich umfassendere Bedeutung erhalten haben. In Kombination mit ebenso revolutionären Durchbrüchen in den Werkstoffwissenschaften, welche die die Entwicklung von Materialien mit exakt gewünschten physikalischen Eigenschaften ermöglichen, werden die Schätze der Natur nicht mehr als begrenzt ausbeutbare Quelle, sondern als Hauptbetätigungsfeld für das Schaffen von Wohlstand gelten.

Die Natur als Mittel zur Schaffung von Wohlstand zu nutzen, ist eine heikle Angelegenheit. Es handelt sich nicht um einen Kampf zwischen Gut und Böse. Wirtschaftswachstum steht nicht zwangsläufig im Widerspruch zum Umweltschutz. Die Interaktionen sind wesentlich komplizierter und subtiler. Man betrachte zuerst den Standpunkt eines Umweltschützers:

»In einer Welt aus endlichen Ressourcen führt der Anspruch von etwa 20 Prozent der Weltbevölkerung auf 80 Prozent der weltweiten Ressourcen zwangsläufig dazu, daß die Mehrheit der

Die Entstehungsgeschichte der Reichtumspyramide

Menschheit benachteiligt wird. Der Rückzug der Reichen aus dem Konsumwahn ist somit ein notwendiger Schritt zur Verbesserung des Lebensstandards für eine ständig wachsende Anzahl von Menschen.

Angesichts zahlreicher Warnungen vor der Klimakatastrophe und anderen umweltzerstörenden Ereignissen besteht kein Zweifel, daß unsere Wirtschaftsweise noch immer im Widerspruch zu den Belangen der Umwelt steht. Trotz aller Bemühungen im Bereich des Umweltschutzes wird die Natur in wachsendem Maße als Lieferant der Industrie und Endlager für industriellen Abfall angesehen. Dies ist die bittere Wahrheit nach zwanzig Jahren Umweltschutzpolitik.«[67]

Nachfolgend das Zitat eines Umweltschutzgegners zum selben Thema, aber mit einem völlig konträren Standpunkt:

»Umweltschützer zählen zur Elite der Menschheit. Sie gehören zu den oberen 20 Prozent der Weltbevölkerung und sind vereint in dem Ziel, das Steigen des Lebensstandards der unteren 80 Prozent der Menschheit aufzuhalten. Ihre Forderungen bedeuten das Aus für jegliche Form wirtschaftlichen Fortschritts. Die wahren Feinde des radikalen Umweltschutzes sind der Kapitalismus und die amerikanische Lebensweise.«[68]

Wären diese so gegensätzlichen Schlußfolgerungen richtig, bliebe uns in Zukunft nichts anderes als die Ausbeutung und Zerstörung unserer Umwelt. Die oberen 20 Prozent der Weltbevölkerung werden ihren Lebensstandard zugunsten der unteren 80 Prozent aus freien Stücken wohl niemals aufgeben. Andererseits werden die unteren 80 Prozent ihr Ziel eines höheren Lebensstandards nicht aufgeben, um die Umwelt für die oberen 20 Prozent zu bewahren. Die Wirtschaftsaktivitäten werden sowohl in den Industrienationen als auch den Entwicklungsländern an Umfang gewinnen. Freiwillig beschränkt der Mensch seine Möglichkeiten niemals. Neu entwickelte Technologien werden immer auch eingesetzt.

Natürliche Ressourcen und Umweltschutz

Glücklicherweise ist keine der beiden geschilderten Sichtweisen korrekt. Man kann sich auch aus einer völlig anderen Sichtweise den Themen »natürliche Ressourcen« und »Umweltschutz« nähern und kommt dann auch zu einer anderen Schlußfolgerung.

In jeder Hinsicht erntet die Umweltschutzbewegung, die vor zwanzig, dreißig Jahren ihren Anfang nahm, erste Früchte. Unsere Luft und unser Wasser sind viel sauberer geworden. Immer öfter wird davon abgesehen, Industrieabfälle in der Natur zu entsorgen. Auch die Gefährdung durch das Passivrauchen ist vielerorts ein Relikt vergangener Tage. Die Bestände nahezu ausgerotteter Tierarten wie Adler, Berglöwe, Wal, Alligator und Wolf erholen sich wieder.[69]

Dennoch gibt es noch eine ganze Reihe wesentlicher Probleme – allen voran die globale Erwärmung – doch viele andere wurden bereits ganz oder zumindest teilweise gelöst.

Die Entwicklung neuer Technologien sorgt dafür, daß heute Rohstoffe wesentlich ergiebiger und effizienter verwendet werden können. Man nehme einen beliebigen Rohstoff, berechne seinen Verbrauch in Prozent des Bruttoinlandsprodukts, und es zeigt sich, daß der Verbrauch stark abgenommen hat. In den letzten fünfundzwanzig Jahren ist der Energieverbrauch pro BIP-Einheit um ein Drittel gesunken, und er wäre vermutlich noch schneller gefallen, wären die Energiepreise nicht auf den bislang niedrigsten Stand gesunken.[70] Der Kupferverbrauch pro BIP-Einheit ist um 31 Prozent gesunken, der Wasserverbrauch pro Kopf in den letzten fünfzehn Jahren um 25 Prozent. Wirft man einen Blick auf andere Länder, wird schnell klar, daß noch weitere Kürzungen des Verbrauchs möglich sind. Japan und Deutschland etwa verbrauchen nur halb so viel Energie pro Dollar des BIP wie die Vereinigten Staaten.

Aufgrund der bahnbrechenden neuen Technologien kann sogar die Endlichkeit der Rohstoffe in Frage gestellt werden. Die Ölvorkommen sind nicht auf eine bestimmte Menge beschränkt. Die förderbare Ölmenge hängt lediglich von den Technologien ab, die dafür

Die Entstehungsgeschichte der Reichtumspyramide

eingesetzt werden. Ende der siebziger Jahre, zur Zeit der durch die OPEC verursachten zweiten Ölkrise, wurde von einer dauerhaften Ölknappheit und einem Ölpreis von $ 100 pro Barrel (entspricht dem heutigen Wert von $ 160) ausgegangen. Wären bei der Ölförderung weiterhin die alten Technologien eingesetzt worden, wäre die Vermutung auch eingetroffen. Doch aufgrund neuer Fördermethoden, die Ölbohrungen auch in großer Tiefe ermöglichen, erwies sie sich als falsch. Damit stehen plötzlich drei Viertel der Erdoberfläche, die von Wasser bedeckt sind, für die Suche nach neuen Ölquellen zur Verfügung. Es gibt jetzt wesentlich mehr Ölvorkommen als je zuvor. Eine Ölknappheit kann daher langfristig ausgeschlossen werden, und die Preise sind auf den bislang niedrigsten Stand gefallen.

Auch bei Rohstoffen spiegeln die Marktpreise das Verhältnis von Nachfrage und Angebot wider. Die Ereignisse bei der Ölförderung wiederholten sich bei anderen Energiequellen, Mineralstoffen und Agrarprodukten. Die geringere Nachfrage führte in Verbindung mit neuen Technologien zu einem Überangebot an Rohstoffen. In allen Bereichen fielen die Preise. Der Preis für Gas je Kilowattstunde ist sogar niedriger als der Ölpreis. Die Preise für Agrarprodukte oder Mineralstoffe erreichten ihren bislang tiefsten Stand. Die Preise für Kupfer, Weizen und Mais beispielsweise fielen dramatisch. Ursache dafür ist teilweise die asiatische Finanzkrise, doch in den meisten Fällen waren die Preise bereits vorher aufgrund der neuen Technologien stark gefallen. Selbst der Preis für Gold ist so niedrig wie nie zuvor. Mit Hilfe der neuen Technologien konnten sich selbst die Vereinigten Staaten, die noch vor zwei Jahrzehnten über so gut wie keine Goldvorkommen mehr verfügten, zu einem der führenden Goldlieferanten entwickeln.

Revolutionäre Durchbrüche in der Werkstofftechnik ermöglichen die Produktion hochwertiger Werkstoffe, welche die bislang in der Fertigung verwendeten natürlichen Rohstoffe ersetzen. Für die Herstellung von Siliziumscheiben und Halbleiterprozessoren etwa wird Sand verwendet.

Natürliche Ressourcen und Umweltschutz

Die Kluft zu den unteren 80 Prozent der Weltbevölkerung ist längst nicht mehr so groß wie einst. Das Welt-BIP verzeichnet das schnellste Wachstum seit Menschengedenken, und dieses Wachstum findet vor allem in den Entwicklungsländern statt. Natürlich erlebt die Wirtschaft nicht überall einen Aufschwung, doch der Lebensstandard von Milliarden Menschen in der Dritten Welt hat sich erheblich verbessert. In China wurde zwanzig Jahre lang eine Wachstumsrate von 8 bis 10 Prozent erzielt. Dies verbesserte den Lebensstandard von 1,3 Milliarden Menschen um das Fünffache. Einige Entwicklungsländer haben sogar die Industrienationen eingeholt. In Südkorea, Taiwan, Singapur und Hongkong ist das BIP pro Kopf genauso hoch wie in Europa.

Niemand in den Industrienationen mußte für diese Entwicklung seinen Lebensstandard senken.

Lediglich in Afrika, südlich der Sahara, ist kein Fortschritt zu verzeichnen. Doch dies hat nichts mit dem Konsumwahn der Industrienationen zu tun, sondern spiegelt die fehlende Gesellschaftsstruktur und das damit verbundene Chaos wider. Aus diesem Grund ist dort keine positive Entwicklung möglich, und alle Hilfe von außen bleibt wirkungslos.

Kritiker der Aufteilung der Weltbevölkerung in 80 Prozent Arme und 20 Prozent Reiche lassen völlig außer acht, daß sich mit steigendem Konsum der besagten 80 Prozent auch deren Produktivität erhöhen muß. Sobald diese 80 Prozent den westlichen Lebensstandard erreicht haben, werden sie mindestens genauso viel zum weltweiten BIP beitragen, wie sie konsumieren. Es ist nicht möglich, den amerikanischen Lebensstandard zu genießen, ohne gleichzeitig für dieselbe Produktivität zu sorgen.

Wirtschaftswachstum ist nicht der Feind des Umweltschutzes. Ganz im Gegenteil, Umweltschutz ist auf Wachstum angewiesen. Nur in einer wachsenden Wirtschaft und mit gehobenem Lebensstandard wächst auch das Engagement des Menschen für die Um-

Die Entstehungsgeschichte der Reichtumspyramide

welt. In der Fachsprache der Wirtschaftsexperten gelten natürliche Ressourcen wie saubere Luft und klares Wasser als »Luxusgüter«. Die Nachfrage danach wächst schneller als unser Einkommen. Nur aufgrund seines gestiegenen Vermögens engagiert sich Hongkong zum ersten Mal in der Wiederaufforstung.[71] Solange der allgemeine Wohlstand noch weit unter dem heutigen Niveau lag, bestand kein Interesse an solchen Aktivitäten. In Ländern mit einem extrem niedrigen Einkommen beschäftigt sich niemand mit Umweltschutz. Nur in armen Ländern werden die Wälder abgeholzt, damit ausreichend Brennholz für die Feuerstellen vorhanden ist. In westlichen Ländern kann man sich umweltfreundlichere Methoden zum Heizen und Kochen leisten. Reiche können sich die intakte Umwelt kaufen, die der Mittelstand bei steigendem Einkommen mit politischen Mitteln fordert.

Je besser die Einkommensverhältnisse, um so geringer ist die Geburtenrate. Was China mit drakonischen Maßnahmen zu erreichen versucht – die Geburtenkontrolle – ergibt sich mit steigendem Einkommen von selbst. Je mehr Wachstum ein Land verzeichnet, um so weniger Kinder werden dort geboren. In den meisten Industrienationen sterben mehr Menschen, als geboren werden.

Seit Anbeginn der Zeit ist die Weltbevölkerung von Null auf knapp sechs Milliarden Menschen angewachsen. Dennoch können wir uns des höchsten Lebensstandards und der längsten Lebenserwartung in der Geschichte der Menschheit erfreuen. Die Lebenserwartung in den ärmsten Ländern der Welt ist heute höher, als sie in den reichen Ländern vor hundert Jahren war.

Natürlich ist es sinnvoll, sich Gedanken darüber zu machen, für wie viele Menschen die Welt geschaffen ist. Andererseits ist eine Debatte über die Grenze für die Weltbevölkerungszahl (Schätzungen gehen von acht bis zwölf Milliarden aus), gemessen an den heutigen Möglichkeiten der Nahrungsmittelindustrie und der Trinkwasserversorgung fehl am Platz. Die richtige Frage muß lauten: Wel-

Natürliche Ressourcen und Umweltschutz

che Lebensweisen schaffen unter Einsatz neuester Technologien allgemeinen Wohlstand? Es geht nicht darum, was akzeptabel, sondern was erstrebenswert ist. Welchen Wert haben Kinder für uns? In urbanen Industriegesellschaften sind sie in ökonomischer Hinsicht ein bedeutender Kostenfaktor mit einem niedrigen Gegenwert. In ländlichen Strukturen sieht diese Kosten-Nutzen-Analyse etwas besser aus. Aus diesem Grund hat die moderne Durchschnittsfamilie weniger Kinder als früher. Welche persönlichen und gesellschaftlichen Entscheidungen ergeben sich daraus? Lautet das Ziel, jedem einen hohen Lebensstandard zu ermöglichen, ergeben sich daraus Grenzen für das Bevölkerungswachstum. Doch die Erfahrung hat uns gelehrt, daß diese Grenzen nicht aufgezwungen werden müssen, sobald die Menschen begriffen haben, daß sie als Kleinfamilie ein besseres Leben führen. Mit Hilfe der modernen Geburtenkontrolle ist es uns möglich, das Bevölkerungswachstum nicht über die Grenzen der Umweltverträglichkeit hinaus ansteigen zu lassen.

Die Wichtigkeit der Umweltschutztechnologien zeigt sich besonders deutlich im Gesundheitswesen. Krankheiten und eine kurze Lebenserwartung sind völlig natürliche Ereignisse. Hohe Sterblichkeitsraten, vor allem in jungen Jahren, und eine kurze Lebenserwartung sind perfekt auf das Überleben der menschlichen Rasse zugeschnitten. Doch revolutionäre Durchbrüche in der Medizin haben diese natürlichen Gegebenheiten auf den Kopf gestellt.

Die Biotechnologie schafft neue Möglichkeiten in der Schädlings- und Unkrautbekämpfung und kann so hochkonzentrierte Pestizide und Herbizide mit ihren bekannt unangenehmen Nebenwirkungen ersetzen. Natürlich wird die Menschheit immer auf die Landwirtschaft als Nahrungsmittellieferant angewiesen sein, doch wir können lernen, dabei auf umweltfreundlichere Methoden zurückzugreifen.

Mit der Biotechnik rückt die Frage, welche Investitionen im Umweltschutz nötig sind, in den Brennpunkt allgemeinen Interesses.

Die Entstehungsgeschichte der Reichtumspyramide

Diese Technologie ermöglicht es uns, eine Welt nach unseren Vorstellungen zu schaffen. Damit können krankheitsresistente und ertragreichere Pflanzen, die wesentlich weniger Wasser zum Wachsen benötigen, entwickelt werden. Auch in der Tierwelt wurden Verbesserungen von Menschenhand bereits realisiert. Kühe, die mehr Milch geben als früher, sorgen für eine geringere Belastung des Weidelands. Auch der Mensch selbst profitiert von den Errungenschaften der Biotechnologie. Erbkrankheiten können eliminiert werden, die Schaffung des neuen (klügeren, größeren und schöneren) Menschen ist vielleicht nur noch eine Frage der Zeit. Natürlich birgt diese Entwicklung eine große Gefahr, da sie nicht nur eingesetzt werden kann, um genetische Defekte zu beseitigen, sondern auch, um das Erbgut zu manipulieren.

Die modernen Technologien stellen keine Bedrohung für die Umwelt dar. Ganz im Gegenteil, sie werden sich als ihr Retter erweisen. Niemand wird wohl die Menschen davon überzeugen können, auf das eigene Auto zu verzichten. In Großbritannien durchgeführte Analysen gehen davon aus, daß der Benzinpreis auf umgerechnet 5 DM pro Liter erhöht werden müßte, damit der Verbrauch im nächsten Jahrzehnt nicht ansteigt.[72] Brennend aktuell ist daher die Entwicklung neuartiger Brennstoffzellen. In der Raumfahrt wird diese Technologie schon lange erfolgreich für die Energiegewinnung aus Wasserstoff und Sauerstoff eingesetzt. Als einziges Abfallprodukt entsteht dabei Wasser. Ließen sich die Kosten für diese Kraftstoffzelle auf ein vernünftiges Maß senken, stünden uns Fahrzeuge zur Verfügung, die ohne Benzin fahren und keine schädlichen Abgase produzieren würden. Die Herstellungskosten der Polymermembranen, die für die Fertigung dieser Zellen nötig sind, sind bereits von $ 750 auf $ 5 pro Quadratmeter gesunken. Auch die Herstellungskosten für einen Motor mit Kraftstoffzellen, die einst hundertmal so hoch waren wie die für einen Ottomotor, sind heute nur noch zehnmal so hoch.[73] Vielleicht befinden sich irgendwann einmal die Auf-

Natürliche Ressourcen und Umweltschutz

kleber »Fuel Cells Inside« auf unseren Fahrzeugen, so wie heute auf den meisten Computern »Intel Inside« steht.

Ähnlich könnte eine Preissenkung der neuen Methoden einer Meerwasserentsalzung bewirken, daß Trinkwasser niemals zur Neige gehen kann. Bei nur rund 2,5 Prozent der weltweit vorkommenden Wasservorräte handelt es sich um trinkbares Süßwasser (davon sind wiederum zwei Drittel Eis). Wäre aber die Entsalzung kostengünstig durchführbar, würden uns die Weltmeere zur Verfügung stehen. Für die Großstädte Chinas würde dies das Ende der Wasserknappheit und des fallenden Grundwasserspiegels bedeuten. Und in Island stünde der Bevölkerung dann nicht mehr die dreißigtausendfache Menge an Trinkwasser zur Verfügung wie derzeit den Menschen in Dschibuti oder Kuwait.

Die ursprüngliche Begeisterung für die Atomenergie ist auf den Menschheitstraum von einer preiswerten Energiequelle und den sich daraus bietenden Möglichkeiten zurückzuführen. Wir können viel daraus lernen, daß sich dieser Traum nicht erfüllt hat. Nicht alle Technologien reifen bis zur Perfektion aus oder oder bieten die Möglichkeit eines Preissturzes, wie wir ihn bei den Halbleiterprozessoren miterlebt haben. Viele Technologien bringen schwerwiegende, zum Teil unlösbare Probleme mit sich. Wie läßt sich zum Beispiel radioaktiver Abfall entsorgen? Wie lassen sich die Risse verhindern, die durch Langzeitbestrahlung an Metallrohren auftreten? Ist diese Technologie zu kompliziert, als daß sie sich vom Menschen beherrschen ließe? Die Sicherheitsvorkehrungen haben dazu geführt, daß Atomstrom heute teurer ist als Strom aus herkömmlichen Kraftwerken.

Wie Pflanzen und Tiere verändert auch der Mensch seine Umwelt. Die Landwirtschaft hat wohl den größten Einfluß auf die Natur. Doch gelingt es, auf diesem Gebiet die Produktivität zu steigern, können landwirtschaftlich genutzte Flächen der Natur zurückgegeben werden. Im westlichen Nord-Dakota etwa durchstreifen heute Rotwild und Büffel die Graslander, die früher für den Anbau von Weizen und die Viehzucht genutzt wurden.

Die Entstehungsgeschichte der Reichtumspyramide

Eigentlich wäre es folgerichtig, daß neuartige Kommunikations- und Transportsysteme den wirtschaftlichen Aufschwung auf der ganzen Welt verbreiten – doch genau das Gegenteil ist der Fall: Die Wirtschaft boomt in immer weniger Regionen, dort dafür aber um so stärker. Starke wirtschaftliche und soziale Kräfte drängen uns immer mehr in die Ballungsgebiete.

Über die Gründe dieser Entwicklung läßt sich nur spekulieren. Wirtschaftsexperten konzentrieren sich bei der Suche nach einer möglichen Erklärung natürlich auf wirtschaftliche Kräfte. Ein Erklärungsmodell besagt, daß das Leben in Ballungsräumen den Austausch von Informationen erleichtert. Doch die wahrscheinlichste Ursache dafür liegt meines Erachtens eher darin, daß der Mensch ein Herdentier ist und es vorzieht, in Gesellschaft zu leben. In Urzeiten war der Mensch durch die Nahrungssuche gezwungen, in weiten Ebenen zu leben. Die Jäger und Sammler und die ersten Menschen, die primitive landwirtschaftliche Methoden wie das Abbrennen der Felder einsetzten, waren im Kampf ums Überleben auf große Landflächen angewiesen. Sobald das Problem der Nahrungsversorgung gelöst ist (lediglich 1 Prozent der amerikanischen Bevölkerung ernährt die restlichen 99 Prozent), ziehen wir Menschen es vor, in Ballungsräumen zu leben.

Wie auch immer die Gründe letzten Endes lauten mögen, das Ende dieser Entwicklung zeichnet sich bereits jetzt ab. Immer mehr Raum, der nicht für wirtschaftliche Aktivitäten bestimmt ist, wird geschaffen. Hier läßt sich die Umwelt mit Hilfe modernster Technologien verändern.

Umweltschutz ist nicht der Feind des Wachstums. Auch dies können wir aus der fünfundzwanzigjährigen Geschichte der Umweltschutzbewegung lernen. Immer schärfere Umweltgesetze wurden erlassen, die keinerlei negative Auswirkung auf das Wirtschaftswachstum hatten. Aus ökonomischer Sicht waren die letzten fünfundzwanzig Jahre nicht nur für die Industrieländer eine her-

Natürliche Ressourcen und Umweltschutz

vorragende Zeit, sondern vor allem auch für manche Entwicklungsländer. Würden die Vorteile von sauberer Luft, klarem Wasser und der Erholung der Bestände von Berglöwen und anderen Tierarten in die Standardberechnung des ökonomischen Ertrags einfließen, was eigentlich der Fall sein sollte, wäre dieses Ergebnis sogar noch besser.

Umweltschutz und die Förderung natürlicher Ressourcen sind eine untrennbare Einheit. Beide ermöglichen einen hohen Lebensstandard für den Menschen. Jede Spezies beeinflußt ihr Umfeld. Jede Spezies profitiert von der Umwelt. Jede Spezies, einschließlich die der Menschen, ist Teil der Umwelt. Eine Umwelt ohne die menschliche Rasse ist ebenso unnatürlich wie eine ohne Tiere und Pflanzen. Aber alle Spezies verändern die Umwelt – manchmal zu ihrem Vorteil. Die Symbiose beispielsweise ist eine weitverbreitete Lebensform, so liefern Tiere den Dünger für Pflanzen, und Würmer lockern das Erdreich für sie.

Was die menschliche Rasse so einzigartig macht, ist zum einen ihre Fähigkeit, zu planen, wie sich die Umwelt verbessern läßt, und zum anderen ihre Fähigkeit, sie ihren Vorstellungen anzupassen. Der Mensch muß sich auf dem Gebiet des Umweltschutzes keinesfalls darüber Gedanken machen, wie sich eine natürliche Umgebung ohne den Menschen aus vergangenen Zeiten wiederherstellen läßt (es wird immer Menschen geben), sondern darüber, welche Form der Umwelt wir für uns und natürlich auch für Pflanzen und Tiere schaffen wollen. Sobald diese Vision konkrete Gestalt annimmt, können wir uns damit beschäftigen, wie wir dorthin gelangen.

> **Regel Zwölf**
>
> Wirtschaftswachstum ist nur ein anderes Wort für Fortschritt im Umweltschutz – nicht das Gegenteil!

Die Entstehungsgeschichte der Reichtumspyramide

Im Laufe der Jahre haben wir gelernt, Umweltprobleme zu lösen. Allein die Verhandlungen über den Grenzwert für Schwefeldioxidemissionen haben dazu geführt, daß diese Emissionen unter den Wert gefallen sind, ab dem das entsprechende Umweltschutzgesetz greift.[74] Nutzung in vernünftigem Rahmen und völliger Verzicht sind zwei verschiedene Vorgehensweisen. Da es in jeder natürlichen Umgebung ein gewisses Maß der Selbstreinigung gibt, läßt sich diese Fähigkeit sinnvoll nutzen. Die erzielten Erlöse können für andere Umweltschutzmaßnahmen eingesetzt werden. Die Gemeinschaft macht im Grunde genommen ihr kollektives Recht an sauberer Luft und Wasser geltend und verkauft diese Rechte, um eine bessere Umwelt zu finanzieren.

Auch im Bereich der Umweltverschmutzung ist ein Handlungsspielraum vorhanden. Zunächst sollte man die kostengünstigsten Maßnahmen ergreifen, um die Umweltverschmutzung zu beseitigen. Umweltsündern sollten Steuern auferlegt werden.

Die Nutzung natürlicher Ressourcen ließe sich steigern, wenn eine entsprechende Verlagerung stattfindet, das heißt, staatliche Subventionen werden dem gewährt, der am meisten zur Steigerung des Bruttosozialprodukts beiträgt (die Landwirtschaft der USA steuert lediglich 10 Prozent zum Bruttosozialprodukt bei). Das bedeutet Beschneidungen für einige, die bisher ein historisch verbrieftes Recht auf eine kostengünstige Nutzung natürlicher Ressourcen geltend machten (80 Prozent des in Kalifornien sehr teuren und staatlich subventionierten Wassers fließen in die Landwirtschaft).

Letzten Endes bedeutet Wohlstand auch, konstruktiven Nutzen aus unserer Umwelt zu ziehen und sie nach Möglichkeit zu verbessern. Saubere Luft, klares Wasser und eine schöne Umgebung sind für das Überleben der Menschheit nicht unbedingt nötig (in einem Großteil der Welt ist all dies nicht gegeben) – und doch stellen sie einen unverzichtbaren Teil unseres Wohlstands dar.

Natürliche Ressourcen und Umweltschutz

Ein unlösbares Problem?

Auch für den Umweltschutz gilt die Regel, daß jedes politische und ökonomische System bestimmte Dinge gut beherrscht und andere weniger gut. Auch in der Wirtschaft gibt es gewisse Anreize zu einer umweltverträglichen und schonenden Nutzung natürlicher Ressourcen und zu einer Reduzierung der Umweltverschmutzung. Mit steigendem Einkommen einer Nation nimmt der politische Druck zu, sich für den regionalen oder nationalen Umweltschutz einzusetzen. Niemand, der die Möglichkeit hat, etwas gegen die Umweltverschmutzung zu unternehmen, wird freiwillig darauf verzichten. Je wohlhabender wir werden, um so stärker werden wir uns im Umweltschutz engagieren.

Der Umgang mit langwierigen und höchst unsicheren Problemen wie der globalen Klimakatastrophe gehört zu den Fähigkeiten, über die unsere politischen und wirtschaftlichen Systeme in geringerem Maße verfügen. Auch diejenigen unter uns, die kein ausgeprägtes Interesse an wissenschaftlichen Disputen zeigen, müßten hellhörig werden, wenn sie von folgenden Auswirkungen der Klimakatastrophe erfahren: In den letzten zwanzig Jahren wurden über einen Zeitraum von immerhin vierzehn Jahren in den USA die höchsten Temperaturen aller Zeiten gemessen, das Jahr 1997 ging als heißestes Jahr in die Geschichte ein, wurde aber vom Jahr 1998 noch übertroffen.[75] Meteorologische Studien deuten darauf hin, daß die erst für die kommenden Jahrzehnte prophezeiten Naturkatastrophen bereits jetzt eintreten; so hat sich die Zahl von Orkanen und Hurrikans drastisch erhöht.[76] Naturkatastrophen ereignen sich in immer kürzeren Abständen.

Die Konsequenzen der globalen Erwärmung sind erschreckend.

Pflanzen- und Tierarten, die nicht in kältere Regionen umgesiedelt werden können, sind zu Tausenden vom Aussterben bedroht. Der für die Landwirtschaft so wichtige natürliche Kreislauf wird unter-

Die Entstehungsgeschichte der Reichtumspyramide

brochen (der Regen bleibt aus), und Millionen Menschen werden den Hungertod erleiden. Durch die ultraviolette Strahlung wird das Plankton in der obersten Wasserschicht zerstört, wodurch die Nahrungskette in unseren Ozeanen und das gesamte Leben unter Wasser gefährdet werden. Hautkrebserkrankungen werden in unvorstellbarem Ausmaß zunehmen. Es wird immer öfter zu gewaltigen Stürmen kommen.

Kurzum, die Welt wird keinen angenehmen Lebensraum mehr für den Menschen darstellen.

Während der Eiszeit vor 18000 Jahren war der Wasserspiegel unserer Ozeane um einhundert Meter niedriger. Vor 120000 Jahren jedoch lag der Wasserspiegel um 5 bis 6 Meter höher. Die meisten menschlichen Siedlungen liegen etwa 60 Meter über dem Meeresspiegel. Stiege der Meeresspiegel nur um 3 Meter an, wären die Einwohner von Bangladesch, immerhin 30 Millionen Menschen, gezwungen, ihre Heimat zu verlassen. Wohin? Diese Frage kann keiner beantworten.[77]

Alle diese Schreckensvisionen könnten eintreten, denn die globale Erwärmung ist eines der Probleme, welche die Menschheit kaum zu lösen vermag. Es liegt einfach nicht in der Natur des Menschen und seiner sozioökonomischen Systeme, Probleme zu lösen, die zum einen noch so weit weg erscheinen und zum anderen vielleicht gar nicht eintreten. Gruselgeschichten dieser Art können uns zwar ängstigen, doch es ist fraglich, ob sie uns auch zum Handeln bringen.

Es ist immer möglich, die Existenz von Problemen zu verleugnen oder nach möglichst einfachen Erklärungen zu suchen. Die veränderte Wetterlage im nächsten Jahr könnte zum Beispiel ganz simpel durch natürliche statistische Schwankungen erklärt werden. Veränderungen müssen schon ein gewaltiges Ausmaß annehmen oder von Dauer sein, damit wir begreifen, daß sie ein wahres und kein statistisches Problem sind. Selbst die Tatsache, daß die Tem-

Natürliche Ressourcen und Umweltschutz

peraturen in den letzen beiden Jahrzehnten außergewöhnlich hoch waren und daß das heißeste aller Jahre gemessen wurde, ist für viele von uns noch lange kein Beweis für die globale Erwärmung. (Ebensowenig, wie die bekanntermaßen geringe Wahrscheinlichkeit eines Lottogewinns von 1 : 13 Millionen jemanden vom Tippen abhält.)

Wenn wir irgendwann davon überzeugt sind, daß es sich bei den beobachtbaren beschriebenen Naturkatastrophen um die Folgen der Klimakatastrophe handelt, wird es zu spät sein, sie noch zu verhindern.

Selbst wenn wir uns darauf einigen, daß das Problem der globalen Erwärmung besteht, heißt das noch lange nicht, daß sie vom Menschen verursacht wurde. Sie könnte auch natürliche Ursachen haben. Schon oft gab es in der Geschichte Phasen, in denen es viel heißer war als heute. Vielleicht stehen wir ja am Anfang einer Phase mit natürlich bedingten hohen Temperaturen. Von 1940 bis 1970 wurde ein bislang einmaliger Anstieg der Kohlendioxidemissionen verzeichnet, doch die Temperaturen haben sich in diesem Zeitraum nicht erhöht.[78] Sich darauf zu einigen, daß es auf Erden immer wärmer wird, heißt nicht, den Menschen dafür verantwortlich zu machen.

Manche Menschen, die in den kälteren Regionen dieser Welt beheimatet sind, werden es vielleicht sogar begrüßen, daß die Temperaturen allmählich ansteigen. Schließlich sind die Heizkosten höher als die Kosten für eine Klimaanlage. Auch Winterreifen sind nicht gerade billig. Diese Menschen müssen nicht in wärmere Gebiete umsiedeln – die warmen Zonen kommen zu ihnen. Der Mensch kann sich den unterschiedlichsten klimatischen Bedingungen anpassen. Wir sind die einzige Spezies, die in tropischen Regenwäldern, Wüsten und den Gletschern der Antarktis leben kann.

Die Behauptung, daß sich die landwirtschaftlichen Bedingungen in einigen Ländern verschlechtern werden, impliziert, daß sie sich an-

Die Entstehungsgeschichte der Reichtumspyramide

derswo verbessern. Die kalten Länder Rußland und Kanada könnten in der Entwicklung der Landwirtschaft auf der Gewinnerseite stehen. Durch das wärmere Klima und die verstärkte Verdunstung der Ozeane muß anderswo mehr Regen fallen. Große Teile der Welt sind Wüstengebiete, die auf mehr Regenfälle angewiesen sind. Manche Gebiete werden vielleicht regenärmer, doch auch dies muß keine schlechte Nachricht sein; es kommt nur darauf an, um welche Gebiete es sich dabei handelt. Noch kann diese Frage nicht beantwortet werden. Möglicherweise wird die Erde zu einem noch besseren Lebensraum für den Menschen.

Vielleicht gibt es natürliche Rückkopplungsmechanismen, die verhindern, daß die beschriebenen Folgen ein zu großes Ausmaß annehmen. Durch ein wärmeres Klima kommt es zu einer verstärkten Verdunstung von Meerwasser und zu vermehrtem atmosphärischen Niederschlag. Fällt dieser Niederschlag in Form von Schnee in den Kältezonen (Arktis oder Antarktis), würde die Sonnenstrahlung stärker in das All reflektiert, was einen weiteren Anstieg der Durchschnittstemperaturen verhindert, selbst wenn die Umweltverschmutzung unverändert bliebe. Auch durch den über die Kohlekraftwerke bedingten Feststoffausstoß wurde Wärme ins All zurückgestrahlt. Das verhinderte einen Anstieg der Temperaturen, obwohl der Ausstoß von Kohlendioxidemissionen zwischen 1940 und 1970 enorm war.[79] Wenn sich die globale Erwärmung durch die Umweltverschmutzung aufhalten läßt, bedeutet dies, daß das Einstellen dieser Form der Umweltverschmutzung die Klimakatastrophe ausgelöst hat. Die lineare Extrapolation schädlicher (oder erwünschter) Nebenwirkungen ist unzulässig. Ein Ausgleich ist möglich. Es gibt sowohl vom Menschen in Gang gebrachte als auch natürliche Rückkopplungsmechanismen mit negativen und positiven Folgen.

Und was auf den ersten Blick als gute Lösung erscheint, kann sich langfristig als Irrtum erweisen. Mit Erdgas betriebene Kraftwerke sind an sich umweltfreundlicher als mit Kohle oder Öl betriebene,

Natürliche Ressourcen und Umweltschutz

doch wenn unverbranntes Methan in geringer Konzentration in die Atmosphäre gelangt (2 bis 4 Prozent maximal, was knapp dem derzeitigen Ausstoß entspricht), trägt dies weit mehr zur globalen Erwärmung bei, als dies bei mit Kohle oder Öl betriebenen Kraftwerken der Fall ist.[80]

Noch sind die Auswirkungen eines wärmeren Klimas nicht klar. Viele Pflanzenarten – wie zum Beispiel der Zuckerahorn – werden zum Überleben weiter nördlich wachsen müssen; jedoch haben Aufzeichnungen über den Pollenflug erwiesen, daß Bäume sehr schnell ihren Lebensraum wechseln können.[81]

Die Beseitigung der durch den Menschen verursachten Bedingungen der Klimakatastrophe wird Unsummen verschlingen, da ein teurer Ersatz für fossile Brennstoffe und die bei ihrer Verbrennung entstehenden Kohlendioxidemissionen gefunden werden muß. Bisher gibt es noch keinen wirtschaftlichen Ersatz dafür. Die Menschen in den Entwicklungsländern haben kein Interesse an hohen Energiekosten, die eine Verbesserung ihrer Lebensqualität verzögern würden. Die wohlhabende Bevölkerung der Industrienationen hat ebensowenig ein Interesse daran, auf Elektrizität zu verzichten. Und die Aufforderung, das Auto in Zukunft öfter in der Garage stehenzulassen, um ein Problem zu lösen, das eigentlich noch gar nicht vorhanden ist, wird nicht befolgt. Diejenigen, die eine Reduzierung des derzeitigen Lebensstandards aus Umweltgründen befürworten, sprechen damit immer die anderen, niemals sich selbst an. Man gewöhnt sich schnell an Luxusgüter und begreift sie dann als Selbstverständlichkeiten.

Für sämtliche Maßnahmen im Kampf gegen die globale Erwärmung gilt, daß ihre Folgen erst in vielen Jahren spürbar werden. Der diskontierte Nettowert eines Dollars, der heute in den Katastrophenschutz gesteckt wird, liegt in fünfzig Jahren exakt bei Null. Im Kapitalismus hat es ökonomisch keinen Sinn, auch nur einen einzigen Dollar für die Vermeidung von Problemen auszugeben, die erst in ferner Zukunft auftreten werden.

Die Entstehungsgeschichte der Reichtumspyramide

Die Menschen der Zukunft werden ihr Geld dafür aufwenden, sich an die neuen Gegebenheiten anzupassen. Vermutlich werden viele Großstädte menschenleer sein oder an völlig andere Orte verlagert werden. Die Kornkammern der Welt werden an anderen Orten als bisher liegen. Der Trend, daß ein gemütliches Zuhause eine unliebsame Umwelt aufwiegt, wird sich schnell verbreiten. Die Lebensart wird sich drastisch ändern.

Wie auch immer die Schreckensvisionen über unsere Zukunft und ihre Katastrophen lauten mögen, es steht zweifelsfrei fest, daß zum gegenwärtigen Zeitpunkt viel zu wenig gegen die globale Erwärmung unternommen wird. Viele leben nach dem Motto »Nach mir die Sintflut«. Noch kann niemand genau sagen, welche Kosten in Zukunft auf die Menschheit zukommen werden. Die jetzigen Generationen werden nicht mehr davon betroffen sein – nur die Baumeister unter uns werden sich schon heute Gedanken über mögliche Lösungen machen.

Schlußfolgerung

Unser heutiger Wohlstand baut auf natürlichen Ressourcen auf. Sie ermöglichen unser Überleben. Unsere Kultur wurde darauf gegründet. Die Zivilisation nahm im Tal des Nil seinen Anfang, weil die natürlichen Gegebenheiten die Landwirtschaft einfach gestalteten. Der Boden dort mußte nicht mühsam beackert werden, weil die Felder nach der jährlichen Flut mit fruchtbarem Schlamm bedeckt waren. Es war auch leicht, das Wasser gegen Ende der Flutzeit wieder zurück in den Fluß zu leiten und so ein Bewässerungssystem zu schaffen, das die Anbausaison verlängerte. Dazu brauchte es nur wenige Pumpen und Wasserkanäle.

Unsere Zivilisation basiert aber auch auf unserer Umwelt. Der Mensch hat mittlerweile gelernt, sparsam mit den ihm zur Verfügung stehenden natürlichen Ressourcen umzugehen und hat die dafür erforderlichen Technologien entwickelt. Wir Menschen

Natürliche Ressourcen und Umweltschutz

schaffen mit Orten wie Silicon Valley das moderne Gegenstück des alten Niltals. Mit modernster Technologie läßt sich die Umwelt des Menschen so verbessern, daß mehr natürliche Rohstoffe einfacher zur Verfügung stehen und natürliche Produkte denselben Stellenwert für unser Wohlbefinden haben wie unsere Konsumgüter.

Eine Revolution bahnt sich ihren Weg. Zum ersten Mal in der Menschheitsgeschichte ist es möglich, neue Werkstoffe zu entwickeln und neue biologische Wesen zu erschaffen. In hundert Jahren werden sich unsere Nachfahren den Film »Jurassic Park« ansehen und dabei vielleicht dasselbe empfinden wie wir, wenn wir uns jetzt den Film »2000 Meilen unter dem Meer« von Jules Verne ansehen. Die Realität hat die Science Fiction längst eingeholt.

Auf der Suche nach dem Schatz der Reichtumspyramide

3

Das Privatvermögen 199

Fehlende Schätze 212

Das Privatvermögen

Nun ist es an der Zeit, sich mit dem Privatvermögen, dem strahlenden Auge an der Spitze der Reichtumspyramide, zu befassen. Privatvermögen besteht aus dem Eigentumsrecht an den unteren Ebenen der Pyramide und der sich daraus ergebenden Produktivität (dem Ertrag). Der große Wohlstand an der Spitze der Pyramide zieht zwar alle Blicke auf sich, doch ohne die natürlichen Ressourcen, die Umwelt, das Kapital, die Kenntnisse und Fertigkeiten, das Wissen, die Unternehmer und die Gesellschaftsstruktur der darunter liegenden Ebenen könnte er nicht geschaffen werden. Es mag viele gesellschaftliche und persönliche Gründe geben, sich in diesen Ebenen zu betätigen, doch im Kapitalismus besteht das Ziel ausschließlich darin, mit Hilfe dieser Bausteine Privatvermögen anzuhäufen. Erst privater Wohlstand verleiht dem kapitalistischen Wirtschaftssystem seine Attraktivität.

Privatvermögen hat einen so hohen Stellenwert, weil es den Lebensstandard direkt beeinflußt, Konsum ermöglicht, finanzielle Sicherheit in schwierigen Zeiten bietet und wirtschaftliche Macht entstehen läßt.[82] Geht es um großes Vermögen, ist wirtschaftliche Macht die zentrale Antriebskraft. Andere Beweggründe für Akkumulation sind mit vergleichsweise kleinem Vermögen zufriedenzustellen.

Die Amerikaner haben überraschend bescheidene Bedürfnisse. Einer Umfrage des Jahres 1996 zufolge reicht ein Jahreseinkommen von $ 30 000 pro Familie aus, um »zurechtzukommen«, ein Einkommen von $ 40 000 ermöglicht ein »sorgenfreies Leben«,

Auf der Suche nach dem Schatz der Reichtumspyramide

und mit $ 90 000 könnten bereits »Träume erfüllt« werden.[83] Das durchschnittliche Familieneinkommen lag im Jahr der Umfrage bei $ 42 000 – ein Drittel verdiente die Frau, zwei Drittel der Mann.

Besteht das Ziel jedoch darin, maximalen Reichtum anzuhäufen, ist die treibende Kraft der Wunsch nach Macht, Prestige, Unsterblichkeit und Erfolg, während verstärkter Konsum eine untergeordnete Rolle spielt.

In den Vereinigten Staaten errechnet die Zentralbank in regelmäßigen Abständen die Höhe und Verteilung des Netto-Privatvermögens.[84] Ein Amerikaner weiß also genau, wer was und wieviel besitzt. Die Spitze der Reichtumspyramide wird genau unter die Lupe genommen, und die Ergebnisse dieser Untersuchung werden veröffentlicht.

Nur wenige andere Länder betreiben diese Form der Datenerhebung. Man muß nicht einmal besonders zynisch sein, um zu dem Schluß zu kommen, daß die meisten Staaten lieber nicht öffentlich darlegen möchten, wie ungleich der Reichtum verteilt ist. In allen Ländern ist die Ungleichheit bei der Vermögensverteilung wesentlich größer als bei der Einkommensverteilung. Die tatsächlichen Zahlen zu nennen heißt, die politisch heikle Frage nach der Gleichheit der Bürger zu stellen – vor allem in den Ländern, in denen noch bis vor kurzem die Sozialisten an der Macht waren. Es ist daher klüger, die Fakten geflissentlich zu übergehen, denn ihr Bekanntwerden könnte zu politischen Unruhen führen und die Regierungen zwingen, etwas gegen diese Form der Ungleichheit zu unternehmen.

Mit Ausnahme der USA weckt Bill Gates fast überall auf der Welt gemischte Gefühle – Respekt und Abscheu. Viele Nicht-Amerikaner erstarren geradezu in Ehrfurcht vor einem System, das es einem einzelnen ermöglicht, in nur zehn Jahren eines der größten Unternehmen der Welt aufzubauen und dabei reicher zu werden, als man es zu träumen wagt. Andererseits empfinden sie aber

Das Privatvermögen

auch Abscheu, da Bill Gates die Ungleichheit der Vermögensverteilung schlechthin verkörpert. Zurück bleibt ein zwiespältiges Gefühl. Sie sind nicht sicher, ob auch sie ihren Bill Gates wollen oder nicht.

Da die Steuerzahler und Wähler in den USA eher bereit sind als in anderen Staaten, eine ungleiche Vermögensverteilung zu akzeptieren, kann die amerikanische Regierung der Vermögensverteilung auf den Grund gehen. Sobald die Zentralbank die neuesten Untersuchungsergebnisse – normalerweise im Abstand von drei bis vier Jahren – freigibt, werden sie in vielen Zeitungen, meist auf den hinteren Seiten, detailgetreu veröffentlicht und anschließend sofort wieder vergessen. Kein namhafter Politiker oder irgendeine andere wichtige Person des öffentlichen Lebens käme deshalb auf die Idee, eine Reform des amerikanischen Systems und eine gerechtere Verteilung des Vermögens zu fordern.

Im Jahre 1995 besaß das an der Spitze stehende eine Prozent der amerikanischen Haushalte 39 Prozent, die oberen 20 Prozent 84 Prozent des gesamten Volksvermögens. Von 1983 bis 1995 stieg der Vermögensanteil des obersten Prozents, während der Vermögensanteil der restlichen Haushalte, einschließlich der darunterliegenden 4 Prozent, sank (siehe Tabelle 2). (Neuesten Berechnungen zufolge erhöhte sich der Vermögensanteil des obersten Prozents aller Haushalte durch Börsengewinne auf 41 Prozent des Gesamtvermögens.)

Um zu der Gruppe des obersten Prozents zu gehören (in Amerika entspricht dies 850 000 Haushalten), reicht schon ein überraschend geringes Vermögen aus (weniger als $ 2 Millionen an Nettovermögen). Doch um innerhalb dieser Gruppe die Spitzenposition zu erreichen, bedarf es einer beträchtlichen Summe (Mitte 1998 war ein Vermögen von mehr als $ 66 Milliarden nötig, um Bill Gates von der Spitze zu verdrängen).[86] Auch unter den Wohlhabenden ist das Vermögen also nicht gleichmäßig verteilt.

Auf der Suche nach dem Schatz der Reichtumspyramide

Tabelle 2

Die Vermögensverteilung[85]

(in Prozent des Gesamtvermögens)

Jahr	das oberste 1 %	die nächsten 4 %	die nächsten 5 %	die nächsten 10 %
1983	33,8	22,3	12,1	13,1
1995	38,5	21,8	11,5	12,1

Jahr	die oberen 20 %	die nächsten 20 %	die nächsten 20 %	die unteren 40 %
1983	81,3	12,6	5,2	0,9
1995	83,9	11,5	4,4	0,2

(Quelle: US-Zentralbank)

Im scharfen Gegensatz dazu besitzen die unteren 40 Prozent aller amerikanischen Haushalte nur sehr wenig – 0,2 Prozent des Gesamtvermögens, wobei dieser Anteil in den letzten zwölf Jahren um den Faktor vier gesunken ist. Bei den unteren 19 Prozent der Haushalte besteht sogar ein Negativvermögen – ihre Verschuldung ist höher als ihr Privatvermögen.[87] Aus diesem Grund ist es möglich, daß Bill Gates' Vermögen dem Vermögen von 40 Prozent der Amerikaner entspricht. Was für einen einzigen Menschen ein unvorstellbares Vermögen bedeutet, schwindet beträchtlich, teilt man es zwischen 110 Millionen Menschen auf.

Die Vermögensverteilung in den USA, unter Nichtberücksichtigung des durch den Besitzer selbst bewohnten Wohneigentums, sieht folgendermaßen aus: Das oberste Prozent besitzt 47 Prozent und die oberen 20 Prozent besitzen 93 Prozent des Gesamtvermögens. Die meisten Amerikaner besitzen außer ihrem Eigenheim kein weiteres Privatvermögen. Rund zwei Drittel des Privatvermögens von 80 Prozent der amerikanischen Haushalte ergeben sich aus dem Wert des Eigenheims. Der durchschnittliche Haushalt verfügt über so gut wie

Das Privatvermögen

kein sonstiges Vermögen – im Jahr 1995 betrug das durchschnittliche Sparguthaben lediglich $ 9 950, eine Summe, mit der man den Lebensunterhalt knapp vier Monate lang bestreiten kann. Auch die Art des Vermögens ändert sich abhängig von den verschieden Bevölkerungsschichten. Die oberen 10 Prozent besitzen 92 Prozent aller Beteiligungen an Unternehmen, 88 Prozent aller Aktien und 80 Prozent aller Wertpapiere (siehe Tabelle 3). Im Gegensatz dazu sind das Einzige, was die unteren 90 Prozent der Bevölkerung besitzen – oder, besser gesagt, schulden – ihre laufenden Kredite, wobei die Schuldenverteilung fast dem Prozentsatz dieser Bevölkerungsschicht entspricht: Die unteren 90 Prozent halten 72 Prozent der gesamten Schulden in Amerika. Die Verschuldung des Einzelnen hat sich drastisch erhöht – von 30 Prozent des Privateinkommens im Jahre 1949 auf 95 Prozent im Jahre 1997. Vor allem bei den Verbraucherkrediten ist ein sprunghafter Anstieg zu verzeichnen.

Tabelle 3

Die Aufteilung des Privatvermögens			
Vermögensform	das oberste 1 %	die nächsten 9 %	die unteren 90 %
Firmenbeteiligungen	69,5	22,2	8,3
Wertpapiere	65,9	23,9	10,2
Treuhandvermögen	49,6	38,9	11,5
Aktien und Fonds	51,4	37,0	11,6
Immobilien	35,1	43,6	21,3
Bankeinlagen	29,4	32,9	37,7
Renten und Pensionen	17,7	44,6	37,7
Lebensversicherungen	16,4	28,5	55,1
Eigengenutztes Hauseigentum	7,1	24,6	68,3
Schulden	9,4	18,9	71,7

(Quelle: US-Zentralbank)

Auf der Suche nach dem Schatz der Reichtumspyramide

Verschuldung ist eine von mehreren Möglichkeiten, mit denjenigen mithalten zu können, deren Vermögen schneller wächst als das eigene. Durch die Aufnahme eines Kredits können die Ausgaben für den Konsum schneller ansteigen als der eigene Verdienst. Dieses Bedürfnis, mit anderen gleichzuziehen, bringt viele Privathaushalte in ernsthafte Schwierigkeiten. In den USA ist die Zahl der Menschen, die einen Offenbarungseid leisten müssen, förmlich explodiert – um 93 Prozent seit 1990. Im Jahre 1998 blieb 1,4 Millionen Amerikanern von ihrem vergeblichen Versuch, es den Reichsten des Landes nachzumachen, nichts als der Offenbarungseid.[88]

Die Verschiebungen auf der finanziellen Stufenleiter halten sich sehr in Grenzen. Der große Sprung nach ganz oben gelingt ebenso selten, wie der freie Fall in den tiefsten Keller erlitten werden muß.[89] 70 Prozent derjenigen, die bei der Vermögensverteilung vor fünfzehn Jahren zum untersten Fünftel zählten, zählen auch heute noch zu dieser Gruppe. In der oberen Gruppe befinden sich immerhin noch 60 Prozent auf ihrem angestammten Platz. Lediglich 3 Prozent der Bevölkerung gelingt innerhalb von fünf Jahren der Sprung in das übernächste Fünftel.

Den spärlichen Daten, die uns über die Vermögensverteilung in den übrigen Ländern der Welt vorliegen, können wir entnehmen, daß die oberen 5 Prozent der Amerikaner doppelt so reich sind wie die Japaner, um ein Drittel reicher als die Kanadier und Schweden und um ein Viertel reicher als die Franzosen.[90] Während nichts darauf hindeutet, daß das Vermögen in anderen Industrienationen ungleicher verteilt ist als in Amerika, ist dies in den Ländern der Dritten Welt, vor allem in Lateinamerika, ganz sicher der Fall.

Die ungleichen Vermögensverhältnisse in den Vereinigten Staaten lassen sich auf drei Ursachen zurückführen:

Amerika ist noch immer das Land der unbegrenzten Möglichkeiten: Es ist dort leichter, ein Vermögen zu erlangen. Und hat man

Das Privatvermögen

dies geschafft, ist man in der Regel reicher als in jedem anderen Land. Diese Aufstiegschancen haben zur Folge, daß das Gesamtvermögen ungleich verteilt ist.

Leider bleiben vielen Amerikanern die Türen zu großem Reichtum verschlossen. Wer nicht bereits zur Spitze der Gesellschaft zählt, hat kaum eine Chance, dort hinzukommen. Ein Großteil der amerikanischen Bevölkerung (Farbige und Einwanderer aus Mittelamerika) leidet unter Diskriminierung und erhält keine Möglichkeit, sich am Spiel ums große Geld zu beteiligen. Die unteren drei Viertel der amerikanischen Arbeitskräfte sind wesentlich ungebildeter und unqualifizierter als die vergleichbaren Bevölkerungsgruppen anderer Industrienationen. Dieser Mangel an Aufstiegschancen hat ebenfalls zur Folge, daß das Gesamtvermögen ungleich verteilt ist.

Die amerikanische Sparquote ist wesentlich geringer als in anderen Ländern der Ersten Welt. Die unteren 80 Prozent der Bevölkerung haben sich, anders als die Haushalte in anderen Industrienationen, gegen das Sparen entschieden. Es ist zwar noch keinem gelungen, durch Sparen zu reich zu werden, ein kleines Vermögen läßt sich damit allerdings schon schaffen. Nun ist auch die dritte Ursache für die ungleiche Vermögensverteilung geklärt: Die Amerikaner sparen weniger und geben dafür mehr für den Konsum aus. Den Preis eines geringeren Vermögens scheinen sie dafür gerne zu zahlen. Die ungleiche Vermögensverteilung ist also auch eine Frage der persönlichen Vorlieben.

Umfragen zufolge sind zwei von drei Amerikanern der Meinung, daß der Wohlstand gleichmäßiger verteilt werden sollte – doch schwingt in dieser Aussage kein Groll mit.[91] Noch mehr Amerikaner vertreten die Ansicht, daß man durch harte Arbeit eher vorwärts kommt (46 Prozent) als durch die Ausbeutung anderer (38 Prozent).[92] Mangelnder Ehrgeiz (39 Prozent) wird fast ebenso häufig als Ursache von Armut genannt wie schlechte Voraussetzungen (44 Prozent).[93] Diese Ansichten sind typisch für Amerika. In

Auf der Suche nach dem Schatz der Reichtumspyramide

Großbritannien und Japan glauben zum Beispiel 50 Prozent weniger Befragte als in Amerika, daß sich harte Arbeit noch lohnt.[94]

Glück oder Begabung

Inwieweit haben Reiche einfach nur Glück – und sind zur richtigen Zeit am richtigen Ort –, und in welchem Maße ist deren einzigartiges Talent Ursache für ihren Reichtum? Der Blick auf die Vermögensverteilung klärt diese Frage nicht hinreichend.

Ist Warren Buffet (der zweitreichste Amerikaner) ein begnadeter Investor oder einfach nur ein Glückspilz? Er zählt zu den wenigen sehr reichen Menschen, die ihr Vermögen an der Börse gemacht haben und nicht durch eine Firmengründung zu unermeßlichem Reichtum kamen. Würden 272 Millionen Amerikaner eine Münze werfen, und bräuchte man 20 Mal hintereinander Kopf, um Milliardär zu werden, wäre dieses Glück nur 272 Amerikanern beschieden. Die geringe Anzahl an amerikanischen Milliardären läßt den Rückschluß zu, daß die Theorie von Glückspilzen und Pechvögeln gar nicht so abwegig ist.

Von Bill Gates, dessen Vermögen dem der unteren 40 Prozent der amerikanischen Haushalte entspricht, sind keine besonderen Begabungen (IQ, Geschäftstüchtigkeit, Risikobereitschaft) bekannt, die nicht auch unter den 110 Millionen Amerikanern aus dieser Bevölkerungsgruppe zu finden wären. Es gibt zahlreiche Menschen, die mindestens genauso klug und ebenso tüchtige Geschäftsmänner sind wie Bill Gates und ihm auch in anderen Eigenschaften in nichts nachstehen – und doch haben sie es nicht zu solch enormem Reichtum gebracht.

Die Schaffung von großem Reichtum ist dem Lottospielen sehr ähnlich. Eine gehörige Portion Glück gehört einfach dazu. Man muß aber auch zur richtigen Zeit am richtigen Ort sein. Zeiten des Wandels bieten die Möglichkeit, zu großem Wohlstand zu gelan-

Das Privatvermögen

gen – dies zeigen die zweite und dritte Industrielle Revolution. Das Spiel besteht darin, Ungleichgewichte (technologischer, soziologischer oder entwicklungsbedingter Art) zu nutzen. In den Fünfzigern, Sechzigern und Siebzigern gelang es gleichermaßen fähigen Geschäftsleuten nicht, zu solch märchenhaftem Reichtum zu gelangen, wie er heute möglich ist. Können alleine reicht nicht aus.

Regel Dreizehn

Ohne eine gehörige Portion Glück reicht die beste Begabung, der größte Ehrgeiz und die hartnäckigste Beharrlichkeit nicht aus, um wirklich reich zu werden.

Andererseits wissen wir aber auch, daß Bill Gates seinen Reichtum nicht ausschließlich dem glücklichen Zufall verdankt. Es genügt heutzutage nicht mehr, zur richtigen Zeit am richtigen Ort zu sein. Man muß auch in der Lage sein, aus seinem Glück Kapital zu schlagen. Es sind immer mehrere Menschen gleichzeitig zur richtigen Zeit am richtigen Ort. Wer von ihnen den darauffolgenden Kampf um den Erfolg gewinnt, ist eine Frage der Fähigkeiten des Einzelnen. Mehrere Menschen beispielsweise hätten die Chance gehabt, eine Firma wie Microsoft zu gründen, so zum Beispiel Steve Jobs, einer der Gründer von Apple Computer.

Apple-Computer hatten und haben noch immer das bessere Betriebssystem als Microsoft-Computer, doch Apple verstand sich als Hardwarehersteller und nicht als Anbieter von Software (Betriebssystemen) an andere Computerhersteller. Entweder bemerkte Steve Jobs nicht, welche Möglichkeiten vor ihm lagen, oder er war nicht in der Lage, Kapital daraus zu schlagen. Ein kleiner Trost: Auch wenn Steve Jobs nicht so reich wie Bill Gates ist – Milliardär ist auch er.

Vermögen entsteht in den Finanzmärkten, jedoch nicht durch sie. Finanzmärkte ermöglichen die Kapitalisierung der Werte, die entstehen, wenn ein technologisches, entwicklungsbedingtes oder soziologisches Ungleichgewicht beseitigt wird.

Auf der Suche nach dem Schatz der Reichtumspyramide

Märkte spielen bei der Entwicklung neuer Produkte und Verfahren eine wesentliche Rolle, da sie Investoren das nötige Kapital bereitstellen (indem sie ihnen ermöglichen, ihre Investitionen zu verkaufen oder aus ihnen auszusteigen), für einen gewissen Spielraum sorgen (da man von einer Investition in die nächste wechseln kann) und zu einem schnelleren Erfolg der Investoren führen. Da es dieser Gruppe erleichtert wird, aus bestimmten Projekten auszusteigen, verringert sich das Investitionsrisiko, und es zahlt sich schneller aus, eine neue Idee auf den Markt zu bringen. Risikokapitalisten vergewissern sich immer erst, wo der Ausgang ist, bevor sie die Tür, hinter der ein großer Erfolg liegen mag, öffnen. Außerdem muß immer gewährleistet sein, daß diese Tür niemals hinter einem verschlossen wird.

Der finanzielle Spielraum läßt es zu, sich als risikofreudiger Mensch aus einem bestimmten Geschäft zurückzuziehen, sobald die schwierige Anfangsphase erfolgreich überwunden wurde, und sich sofort in das nächste Abenteuer der Existenzgründung zu stürzen.

Auf die Frage, wie sich das Gesamtvermögen gleichmäßiger verteilen läßt, gibt es zwei Antworten: eine einfache und eine bittere. Das Vermögen der unteren 80 Prozent der amerikanischen Bevölkerung könnte um einiges erhöht werden, wenn sie durch den Konsum verstärkt Nachteile verspüren würden (eine ehrlichere Formulierung für »Sparanreize schaffen«). Wer nicht spart, kann natürlich kaum Vermögen aufbauen. Die bittere Antwort lautet, daß es schlichtweg unmöglich ist, alle Menschen von der Beseitigung eines Ungleichgewichts profitieren zu lassen. Wie gesagt, bedarf es einer gehörigen Portion Glück, und das kann nicht jeder haben. Die meisten Menschen sind nicht in der Lage, aus einem technologischen, entwicklungsbedingten oder soziologischen Ungleichgewicht Kapital zu schlagen. Man kann Bill Gates nicht für die finanzielle Lage der unteren 40 Prozent der amerikanischen Bevölkerung verantwortlich machen. Sein Erfolg hat mit deren Miß-

Das Privatvermögen

erfolg nicht das mindeste zu tun, und selbst die Minderung seines Vermögens brächte ihnen keinen Nutzen. Die einzig realisierbare Lösung bestünde in einer Erhöhung des Bildungsniveaus der unteren Bevölkerungsschichten, damit diese die Chance zum Aufstieg erhalten.

Die Anhebung des Bildungsniveaus ist eine gesellschaftliche Aufgabe, womit wir zu den folgenden, bereits ausführlich behandelten Forderungen zurückkehren: In den Vereinigten Staaten die Notwendigkeit, das Bildungssystem zu verbessern, in Europa die Schaffung eines Umfeldes, in dem neu gegründete Firmen zu Großunternehmen wachsen können, in Japan die Abschaffung sozialer Ächtung von unternehmerischem Mißerfolg, um die Risikobereitschaft, neue Firmen zu gründen, zu erhöhen.

Wo sind die Gewinne geblieben?

Eine ökonomische Revolution beschränkt sich nicht darauf, neue Industriezweige zu schaffen und alte zu reformieren. Sie verändert auch in jeder Branche die Glieder der Fertigungs- und Vertriebskette, in denen Gewinne zu erzielen sind. Zum wirtschaftlichen Erfolg eines Unternehmens gehört die Fähigkeit, innerhalb der Wertschöpfungskette eine andere Position einzunehmen als früher.

Stellen Sie sich vor, Sie wären John Ackers, 1990 Vorstand des IBM-Konzerns. Im letzten Jahrzehnt erzielte Ihr Unternehmen im Durchschnitt einen Jahresgewinn von $ 8 bis $ 9 Milliarden (zum Vergleich: 1997 lag der Jahresgewinn der beiden erfolgreichsten Unternehmen der Welt – General Electric und Exxon – knapp über $ 8 Milliarden). Im Jahr 1990 konnte IBM einen Gewinn zwischen $ 10 und $ 11 Milliarden verbuchen. Kein anderes Unternehmen hat bislang und seither einen Gewinn dieser Größenordnung erwirtschaftet. Sie leiten also das gewinnträchtigste Unternehmen der Welt, Ihr Firmenname ist so bekannt wie kein anderer, die Leistungen Ihres Unternehmens werden überall bewundert, und die

Auf der Suche nach dem Schatz der Reichtumspyramide

besten Studenten an den Universitäten aller Welt würden am liebsten bei Ihnen einsteigen.[95] Wie einst zu Moses spricht Gott nun zu Ihnen: »Steige den Berg hinauf, John. Ich zeige dir das gewünschte Land. Die Zeiten des Großrechners sind vorüber, der Personal Computer ist hier. Sorgst du nicht für eine umfassende Umstrukturierung von IBM, wird der Gewinn 1991 auf Null gehen, im darauffolgenden Jahr wird er ebenso wie im übernächsten minus $ 9 Milliarden und in drei Jahren minus $ 5 Milliarden betragen. In den nächsten vier Jahren wird deine Firma einen Verlust von $ 23 Milliarden machen – der größte Verlust aller Zeiten. Nun, John, steige den Berg hinab und mache 420 000 Mitarbeitern klar, die sie alle die zehn besten Arbeitsjahre ihres Lebens hinter sich haben, daß es damit nun vorbei und ab jetzt alles anders ist.«

Kein Mensch hätte diese Aufgabe bewältigen können. Sie war nicht zu lösen. (Es schadet nicht, sich in diesem Zusammenhang daran zu erinnern, daß auch Moses zweimal den Berg hinaufsteigen mußte, bevor ihm das israelische Volk Glauben schenkte.) Auch wenn nur wenige Firmen so tief stürzen, wird wohl jedes Unternehmen irgendwann eine ähnliche Erfahrung machen. Die Profite verlagern sich innerhalb ihres Industriezweigs, und die Umstrukturierung ihres Unternehmens ist unvermeidlich.

IBM verfügte einmal über eine 20prozentige Beteiligung an Intel – heute übertrifft der Marktwert von Intel den von IBM. IBM konnte oder wollte nicht erkennen, daß sich die Profite in der Computerbranche nicht mehr im Bereich der Montage machen ließen, sondern in der Herstellung von Komponenten (Intel, Microsoft) und im Vertrieb (Dell, Compaq). IBM war nicht der alleinige Verlierer. Digital Equipment Corporation, einst das zweitgrößte Unternehmen der Computerbranche, das inzwischen vollständig in Compaq aufging, beging denselben Fehler.

Fluggesellschaften versuchen, Reisebüros die Gewinne streitig zu machen, indem sie Flugtickets über das Internet anbieten. In der

Das Privatvermögen

Telefonbranche weiß keiner so recht, wo sich Gewinne machen lassen; immer wieder kommt es zu Fusionen und anschließenden Zergliederungen von Telefongesellschaften. In der Ölbranche stellt sich die Frage, ob weiterhin die Eigentümer des Öls den Gewinn einstreichen – wie es die letzten hundert Jahre der Fall war – oder die Bohrfirmen. Die Energieversorgungsunternehmen befinden sich im Prozeß der Deregulierung und müssen sich mit neuen Technologien und gescheiterten Investitionen auseinandersetzen. Welches Glied der Kette verspricht Erfolg? Nicht überall wird sich gleichviel Gewinn erzielen lassen.

Im elektronischen Einzelhandel wird die bestellte Ware in der Regel zum Besteller nach Hause geliefert, was zur Folge hat, daß die Lieferfirmen (United Parcel, Federal Express) den Profit machen und nicht diejenigen, die ihre Produkte im Internet anbieten. Für welche neuartigen, zuvor nie dagewesenen Dienstleistungen sind die Verbraucher bereit, Höchstpreise zu bezahlen? Wie kann man diese Höchstpreise auf Dauer halten? Liegt das Geheimnis in Markennamen wie Coca-Cola? Besitzt Microsoft mit seiner Dominanz auf dem Softwaremarkt den Schlüssel zum Erfolg? Wird Intel das Rennen machen, da es sowohl über einen erfolgreichen Markennamen (»Intel Inside«) als auch über Mikroprozessoren, die der Konkurrenz immer eine Nasenlänge voraus sind, verfügt?

In einer wissensbasierten Ökonomie gibt es für keine dieser Fragen eine vorgegebene Antwort. Doch diejenigen, die dieses Rätsel als erste lösen und zur richtigen Zeit am richtigen Ort sind, werden die Gewinner sein und die Spitze der Reichtumspyramide erobern.

Fehlende Schätze

Auf lange Sicht kann sich Wohlstand nur ausbreiten, wenn sich gleichzeitig die Produktivität erhöht. Das bedeutet, die Bausteine der Reichtumspyramide so zusammenzufügen, daß es dem Menschen trotz natürlicher Grenzen gelingt, den volkswirtschaftlichen Ertrag beständig zu steigern. Neue Technologien erfordern neuartig strukturierte Kenntnisse und Fertigkeiten sowie neue Methoden, damit mit neuen Energieformen neue Produkte gefertigt werden können. Wächst der Ertrag in größerem Ausmaß als die Investitionsausgaben, nimmt der Wohlstand auf breiter Ebene zu. Mit weniger Mitteln kann künftig also mehr produziert werden.

Wie bereits erläutert, sank die Arbeitsproduktivität in Amerika von jährlich 3,2 Prozent in den sechziger Jahren im Zeitraum zwischen 1987 und 1997 auf 1,1 Prozent jährlich ab. In jedem Jahrzehnt verlangsamte sich das Wachstum im Vergleich zum Jahrzehnt zuvor. Die Wachstumsrate von 1,1 Prozent jährlich ist das bislang schlechteste Ergebnis der amerikanischen Geschichte. Gäbe es den Anstieg der Produktivität gegen Ende dieses Zeitraums nicht, legten diese Zahlen eine Wirtschaftsflaute nahe. Es scheint, daß im Innern der Reichtumspyramide kaum ein Wachstum zu verzeichnen ist, nur an der Spitze läßt es sich manchmal erahnen.

Der Schatzsucher in der Reichtumspyramide muß drei Rätsel entschlüsseln. Erstens, warum ist das Wirtschaftswachstum zusammengebrochen? Zweitens, warum hat sich das Produktivitätswachstum nicht beschleunigt, obwohl sich die dritte Industrielle

Fehlende Schätze

Revolution bereits deutlich abzeichnet? (Mit den revolutionären Durchbrüchen in den Technologien hätte die Produktivität einen sprunghaften Anstieg erleben müssen, da neue Verfahren in die Herstellungsprozesse bewährter Produkte integriert und neue Produkte auf dem Markt eingeführt wurden). Drittens, warum haben die Rationalisierungsmaßnahmen der Unternehmen nicht zu einer Steigerung der Produktivität geführt? (Die Firmen begannen in den neunziger Jahren mit Massenentlassungen, obwohl sie keinesfalls vom Konkurs bedroht waren. Die Massenentlassungen sollten die Produktivität und den Gewinn bei wachsendem Ertrag steigern. Die Maßnahmen wurden zwar durchgeführt – doch die Produktivität wurde dadurch nicht gesteigert).

Die Schätze, die im Innern der Reichtumspyramide verborgen sind, sollten eigentlich viel größer sein als jene der sechziger Jahre. Doch die Schätze, die man bislang gefunden hat, waren viel kleiner als erwartet.

Die Frage nach dem Warum ist zum Teil einfach zu beantworten.

In den Vereinigten Staaten wird immer weniger investiert, während sich gleichzeitig die Anzahl der geleisteten Arbeitsstunden erhöht. In den sechziger Jahren, einer Zeit mit hohem Produktivitätswachstum, lag der Kapitalzuwachs je geleisteter Arbeitsstunde bei 2,8 Prozent jährlich, während er in den neunziger Jahren (1987 – 1997) lediglich 0,8 Prozent jährlich betrug. Dieser Rückgang ist zu einem Teil den niedrigeren Investitionsausgaben zuzuschreiben (der Kapitalstockzuwachs in den neunziger Jahren war um 43 Prozent geringer als in den Sechzigern), doch die Hauptursache liegt in dem dramatischen Anstieg der geleisteten Arbeitsstunden. Da Einwanderer und Frauen den Arbeitsmarkt förmlich überschwemmten, erhöhte sich die gesamte Arbeitsstundenzahl im Vergleich zu den sechziger Jahren um 70 Prozent. Die Amerikaner haben es jedoch verpaßt, diese neuen Arbeitskräfte mit dem nötigen Handwerkszeug auszustatten und so die Produktivität zu stei-

Auf der Suche nach dem Schatz der Reichtumspyramide

gern. Ganz im Gegenteil, sie steigerten ihren Konsum und verzichteten auf die so dringend benötigten Investitionen.

Ein langsamer Anstieg der Kapitalintensität geht Hand in Hand mit einem langsamen Produktivitätswachstum. Zusätzliche Investitionen in Maschinen lassen die Produktivität nicht in gleichem Maße steigen, wie dies früher der Fall war. Studien über vergangenes Wirtschaftswachstum zeigen, daß eine Steigerung der Kapitalintensität um 1 Prozent zu einem Anstieg des Pro-Kopf-Ertrags von 0,2 bis 0,3 Prozent führt. Demzufolge hätte die zwischen den sechziger und neunziger Jahren um den Faktor vier fallende Kapitalintensität zu einer Senkung der Produktivität um 0,4 bis 0,6 Prozentpunkte führen müssen.

In ähnlicher Weise steigt auch das Bildungsniveau – gemessen an Ausbildungsjahren pro Arbeiter – langsamer an als in der Vergangenheit. In den fünfziger und sechziger Jahren stieg die Ausbildungsdauer der Arbeiter im Durchschnitt um 1,1 Prozent jährlich an, in den neunziger Jahren nur noch um knapp die Hälfte – nämlich um 0,5 Prozent. In den vergangenen Jahren hat sich gezeigt, daß ein Anstieg der Ausbildungsjahre um 1 Prozent jährlich den pro Arbeiter erzielten Ertrag um 0,7 bis 0,8 Prozent steigerte. Mit dieser Wechselwirkung läßt sich auch die verringerte Produktivität um 0,4 bis 0,6 Prozent erklären.

Das Zusammenspiel von gefallener Kapitalintensität und ungenügender Anhebung der beruflichen Qualifikation erklärt etwa 1 Prozent des ermittelten Rückgangs des Produktivitätswachstums von 2,1 Prozent zwischen den sechziger und neunziger Jahren. Nur durch eine Anhebung des Bildungsniveaus und verstärkte Investitionen in Sachkapital ließe sich etwas mehr als die Hälfte der erwarteten Produktivitätssteigerung erreichen.

Die gesunkene Produktivität läßt sich zu einem geringen Teil aber auch auf den Rückgang von Investitionen in die öffentliche Infrastruktur zurückführen. Wie sich dieser Rückgang zahlenmäßig auf

Fehlende Schätze

die sinkende Produktivität auswirkt, geht bereits aus entsprechenden Berechnungen der geringeren Kapitalintensität hervor, da darin Investitionen in die Infrastruktur enthalten sind. Ist die Rendite bei öffentlichen Investitionen jedoch höher als bei privaten, sollten diese Ausgaben erhöht werden.[96]

Diese beiden Faktoren erklären in etwa 0,1 weitere Prozentpunkte des sinkenden Produktivitätswachstums, doch womit läßt sich das fehlende 1 Prozent erklären? Wie konnte die Produktivität sinken, wenn weltweit große Fortschritte in Wissenschaft und Technik gemacht wurden?

Manche führen ins Feld, daß es eben eine gewisse Zeit braucht, bis sich revolutionäre Technologien durch eine verstärkte Produktivität bemerkbar machen, doch dieses Argument erklärt nicht, warum ein technologischer Fortschritt zu einem Sinken der Produktivität führt. Diese Theorie erklärt nur, warum sich das Produktivitätswachstum nicht gleichzeitig mit der Einführung neuer Technologien auf den Markt erhöht, beziehungsweise warum die Steigerung nicht in demselben Maße verläuft.

In den Studien über die Ursachen des Produktivitätswachstums in den fünfziger und sechziger Jahren blieb ebenfalls 1 Prozentpunkt unerklärt. Durch die Kombination von erhöhten Investitionen, gestiegenem Bildungsniveau und sonstigen industriellen Verbesserungen hätte sich ein Produktivitätswachstum von jährlich nur 2 Prozent ergeben müssen – das tatsächliche Wachstum betrug jedoch 3 Prozent jährlich.

Zur Erklärung dieses einen Prozentpunktes entwickelten Wirtschaftsexperten die Theorie, daß ein technologischer Fortschritt zur direkten Steigerung der Produktivität führt, unabhängig davon, wie schnell sich Bildungsstand und Kapitalinvestitionen erhöhen. Nicht sämtliche neuen technologischen Erkenntnisse müssen erst in den Arbeitsprozeß integriert oder durch erhöhten Kapitalfluß bemerkbar gemacht werden, um sich sinnvoll nutzen zu

Auf der Suche nach dem Schatz der Reichtumspyramide

lassen. Ein praktisches Beispiel für diese Theorie war die Umstrukturierung einer Fabrik unter Beibehaltung der ursprünglichen Mitarbeiter und derselben Maschinen.

Letzten Endes ist diese unerklärliche Steigerung der Produktivität um 1 Prozent in den sechziger Jahren, die dem technologischen Fortschritt zugeschrieben wurde, heute nicht mehr vorhanden. Berücksichtigt man diese Tatsache in der Analyse nicht, steigert sich die Produktivität in den neunziger Jahren um genau die Rate, von der aufgrund des vermehrten Kapitals und des erhöhten Bildungsniveaus ausgegangen werden kann. Doch selbst wenn man das Verschwinden der unerklärlichen Steigerung in den sechziger Jahren ignoriert, bleiben zwei ungelöste Rätsel: Warum lösen die Rationalisierungsmaßnahmen und die jetzigen revolutionären Durchbrüche in Wissenschaft und Technik kein Produktivitätswachstum aus?

Ein Schatzsucher weiß darauf zwei Antworten: Vielleicht war die Schatztruhe ja leer. Zur Klärung dieser Vermutung muß man einen Schritt zurückgehen und sich mit den Rationalisierungsmaßnahmen und dem technologischen Wandel der neunziger Jahre auseinandersetzen und klären, warum diese Tatsachen nicht den erwünschten Erfolg hatten. Die zweite Antwort lautet: Es gab Grabräuber. Irgend jemand ist in die Grabkammern eingedrungen und hat die Schätze der Reichtumspyramide geraubt. Werden in den Pyramiden Ägyptens keine Schätze gefunden, deuten Archäologen dies als sicheren Beweis für Grabräuber, welche die Schatztruhen vor langer Zeit ausgeraubt haben. Oft sind noch entsprechende uralte Spuren vorhanden, die darauf hindeuten.

Auch bei unserer Erforschung der Reichtumspyramide können wir mit ähnlicher Sicherheit von einer Plünderung ausgehen. Die Massenentlassungen sind keine Fiktion. Millionen Arbeiter und Angestellte wurden tatsächlich von der Lohnliste gewinnbringender Unternehmen gestrichen. Auch die revolutionären Durchbrüche in

Fehlende Schätze

den Technologien – Computer, Laser, Internet, Roboter – sind real. Irgendein moderner Grabräuber hat das Produktivitätswachstum, das in der wissensbasierten Industrie hätte eintreten müssen, entwendet.

Die Aufgabe des Schatzsuchers lautet nun, diesen Räuber zu identifizieren, während die Baumeister die verlorenen Schätze, sprich das Produktivitätswachstum, wieder herbeibringen müssen.

Spuren dieses Grabraubes lassen sich in den Statistiken des Produktivitätswachstums finden. In den neunziger Jahren stieg die Produktivität in der verarbeitenden Industrie um 3,1 Prozent jährlich – ebenso wie in den sechziger Jahren. Durch einfaches Kopfrechnen können wir zu folgendem Schluß gelangen: Steigt die Produktivität in der verarbeitenden Industrie um 3,1 Prozent jährlich, die Gesamtproduktivität jedoch um lediglich 1,1 Prozent jährlich, muß die Produktivität in anderen Sektoren gesunken sein und das gesamte Wirtschaftswachstum gebremst haben. Mit Hilfe eines gewissen wirtschaftlichen Spürsinns läßt sich mit Sicherheit ausmachen, um welche Bereiche es sich dabei handelt.

Im privaten Dienstleistungssektor wurde einige Jahre lang ein Negativwachstum erzielt, und die durchschnittliche Zuwachsrate pendelte sich zwischen 1987 und 1997 auf lediglich 0,4 Prozent ein. In den sechziger Jahren war die Produktivität im Dienstleistungssektor höher als in der verarbeitenden Industrie und lag um 12 Prozent höher als in der restlichen Privatwirtschaft.[97] Der Dienstleistungssektor war für 70 Prozent des Zuwachses der Beschäftigtenzahl in den sechziger Jahren verantwortlich und trug somit zur Steigerung der Produktivität in Amerika bei. Die Menschen fanden ihren Arbeitsplatz in einem Sektor, dessen Produktivität und Produktivitätswachstum über dem Durchschnitt lagen.

Seit 1969 stieg die Produktivität im Dienstleistungssektor nur knapp halb so schnell an wie in den übrigen Sektoren, was dazu führte, daß die Produktivität im Dienstleistungssektor jetzt 4 Pro-

Auf der Suche nach dem Schatz der Reichtumspyramide

zent unter der der übrigen Wirtschaft liegt. Dieser Rückgang verbunden mit der immer langsameren Wachstumsrate pro Jahr erklärt, warum der Dienstleistungssektor, der zwar immer mehr Menschen Arbeit gibt, dennoch zu einem Sinken des gesamten Produktivitätswachstums in den USA führt.

In den neunziger Jahren fand ein Wachstum der Beschäftigung fast ausschließlich im Dienstleistungssektor statt. 89 Prozent der neuen Stellen wurden von 1970 bis 1980 im Dienstleistungssektor geschaffen, von 1980 bis 1990 waren es sogar 104 Prozent und von 1990 bis 1998 119 Prozent. In den neunziger Jahren verloren nahezu 20 Prozent der Beschäftigten in den restlichen Industriezweigen ihren Arbeitsplatz und mußten sich ihre neuen Jobs im Dienstleistungssektor suchen.

Früher verlagerten sich die Arbeitsplätze aus dem Niedriglohnsektor (Landwirtschaft) in gutbezahlte, expandierende Sektoren (Bergbau, Baubranche, verarbeitende Industrie und öffentlicher Dienst). Doch in den neunziger Jahren pendelte sich die Zahl der in der Landwirtschaft Beschäftigten auf etwa 2,9 Millionen ein, die Anzahl der in der Baubranche und im öffentlichen Dienst Beschäftigten erhöhte sich nur schleppend, und immer mehr Arbeiter waren gezwungen, sich einen neuen Arbeitsplatz im Dienstleistungssektor mit vergleichsweise niedrigen Löhnen und geringer Produktivität zu suchen.

Der Dienstleistungssektor läßt sich mit einem Schiffsanker vergleichen, der die Geschwindigkeit, mit der ein Schiff durch Wind und Strömung vorangetrieben wird, bremst. Ein Sektor, in dem zwar ständig mehr Arbeitsplätze entstehen, sich das Produktivitätswachstum jedoch nur sehr langsam und in geringem Ausmaß erhöht, macht das schneller steigende und insgesamt höhere Produktivitätswachstum der anderen Industriezweige zunichte.

Den Regeln der Mathematik und der Wirtschaft zufolge ergibt sich daraus ein sinkendes Wachstum der Gesamtproduktivität. Das Pro-

Fehlende Schätze

duktivitätswachstum im privaten Dienstleistungssektor hebt so die positiven Auswirkungen der Massenentlassungen und des technischen Wandels wieder auf.

Bei der Untersuchung des Dienstleistungssektors ist das Verständnis, warum dieser Wirtschaftsbereich rein statistisch gesehen wertlos ist, von erheblicher Bedeutung. Statistiker definieren die Begriffe Landwirtschaft, Bergbau, Baubranche und die verarbeitende Industrie sehr exakt, und alles, was nicht in diese Kategorien paßt, wird unter »Dienstleistung« zusammengefaßt. Diese Unart führt dazu, daß es im Dienstleistungssektor keinen gemeinsamen Nenner gibt. Zum Dienstleistungssektor zählen sowohl kapitalintensive High-Tech-Industriezweige (zum Beispiel Atomkraftwerke) als auch arbeitsintensive Low-Tech-Industriezweige (wie Babysitting). Ausbildungsintensive Berufe (Ärzte) fallen ebenso unter die Dienstleistungsbranche wie die Hilfsarbeitertätigkeiten von ungelernten Arbeitskräften (Prospektverteiler). Im Dienstleistungssektor werden einige der höchsten Gehälter gezahlt (Investitionsbanker), aber auch die meisten Mindestlöhne.

Outsourcing und Zeitarbeit, einst in allen Industriezweigen – außerhalb der Dienstleistungsbranche – verbreitet, setzen sich heute immer mehr auch in diesem Sektor durch. Die Grafikabteilung eines Autoherstellers beispielsweise wird geschlossen, mit dem Layout des Jahresberichts wird ein entsprechendes Dienstleistungsunternehmen beauftragt. Die am Fließband eingesetzten Arbeitskräfte stehen auf der Lohnliste eines Zeitarbeitsunternehmens. Niedriglohntätigkeiten aus der verarbeitenden Industrie werden nun der Dienstleistungsbranche mit ihren bekannt niedrigen Löhnen zugewiesen, was das Lohngefälle zwischen diesen beiden Sektoren noch verschärft.

Diese Praxis führte dazu, daß es in der Dienstleistungsbranche der USA die meisten Teilzeitarbeitsplätze (74 Prozent) und befristeten Arbeitsplätze (Zeitarbeit, Aushilfskräfte und projektbezogene Arbeitsverhältnisse) gibt. Mit dem Trend in Richtung Teilzeit fallen die

Auf der Suche nach dem Schatz der Reichtumspyramide

Löhne und die Sozialleistungen für den Arbeitnehmer (Beträge für die Altersvorsorge, Krankenkasse, bezahlter Urlaub und bezahlte Feiertage) beträchtlich. Der Lohn von befristeten Arbeitskräften ist in Amerika oft ebenso hoch wie der ihrer Kollegen mit einer Vollzeitbeschäftigung, doch bei den Sozialleistungen gehen die meisten von ihnen leer aus.

Die Dienstleistungsbranche kann auch als Erklärung dafür herangezogen werden, warum in Amerika die Löhne sinken, während sich der Ertrag erhöht und die Arbeitslosenquote auf einem Rekordtief befindet. Im Dienstleistungssektor variieren die Löhne erheblich, im Durchschnitt liegen die Stundenlöhne in der verarbeitenden Industrie um 30 Prozent höher als in der Dienstleistungsbranche. Da die Beschäftigtenzahl in allen anderen Branchen sinkt, gibt es fast nur noch im Dienstleistungssektor die Möglichkeit, einen Arbeitsplatz zu finden – doch hier entspricht der Reallohn dem Durchschnittslohn vor fünfundzwanzig Jahren.

Im Dienstleistungsbereich ist die Anzahl der geleisteten Arbeitsstunden pro Woche niedriger als in der verarbeitenden Industrie. Da die Expansion der Arbeitsplätze in der Dienstleistungsbranche eher der niedrigen Wochenstundenzahl als einer Ertragssteigerung zuzuschreiben ist, muß man dies als statistische Schönfärberei, nicht aber als Realzuwachs werten. Was früher eine Vollzeitstelle bedeutete, wird heutzutage in zwei oder mehr Teilzeitstellen aufgeteilt. Während die Anzahl der Wochenarbeitsstunden in der verarbeitenden Industrie von 1970 bis 1995 um 4,3 Prozent stieg, sank sie um 2,2 Prozent in der Finanz-, Versicherungs- und Immobilienbranche, um 4 Prozent im Großhandel, um 5,8 Prozent bei »sonstigen« Dienstleistungen und um 14,8 Prozent im Einzelhandel. (Im Einzelhandel werden 28,8 Wochenstunden gearbeitet, in der verarbeitenden Industrie 41,5 Wochenstunden).

Der vermehrte Einsatz von Teilzeitbeschäftigten und befristeten Arbeitsverhältnissen führt auch zu einer Senkung der Fortbildungsmaßnahmen, einem geringeren Bildungsniveau und zu einge-

Fehlende Schätze

schränkten Karrieremöglichkeiten. Diese Arbeiter und Angestellten zählen nicht zum Stammpersonal und werden deshalb auch nicht in die Zukunftsplanung ihrer Arbeitgeber einbezogen.

Ein höheres Produktivitätswachstum und ein höherer allgemeiner Wohlstand sind nur dann möglich, wenn die private Dienstleistungsbranche, vor allem der Einzelhandel, einige grundlegende Strukturänderungen vornimmt. Der Dienstleistungssektor braucht eine neue Form der Beschäftigungs- und Lohnstruktur, um das Wachstum der Produktivität zusammen mit dem Lohnniveau zu erhöhen.

Dieser Schritt ist unumgänglich und machbar. Die gänzlich andere Beschäftigungs- und Lohnstruktur in Europa erklärt zu einem Großteil, warum sich die Verdienste in Amerika und Europa so stark unterscheiden. In Europa hat sich das Lohngefälle zwischen dem oberen und unteren Fünftel der Arbeitskräfte nur schwach verstärkt, und der Reallohn für Arbeiter ist nur äußerst gering, wenn überhaupt, gefallen. Auch die Dienstleistungsbranche kann als Erklärung für die bessere Produktivität in Europa herangezogen werden. Die Gehälter im Dienstleistungssektor entsprechen nahezu denen der verarbeitenden Industrie, was bedeutet, daß diese Branche in Europa wesentlich kapitalintensiver ist und dort mehr investiert wird als in Amerika. Durch den verstärkten Kapitaleinsatz pro Arbeitsstunde erhöht sich auch die Produktivität.

Europa beweist glasklar, daß es ähnlich wie in der verarbeitenden Industrie oder anderen Branchen auch im Dienstleistungssektor möglich ist, hohe Löhne zu zahlen, Karrieremöglichkeiten und Fortbildungsmaßnahmen zu bieten – und dennoch Gewinn zu erwirtschaften. Zwar gibt es auch in Europa immer mehr Teilzeitstellen und befristete Beschäftigungsverhältnisse, doch die Ursache ist eher in dem Bestreben begründet, die europäischen Bestimmungen des Kündigungsschutzes zu umgehen und nicht, die Löhne oder die Sozialleistungen zu senken. Außerdem gibt es diese For-

Auf der Suche nach dem Schatz der Reichtumspyramide

men der Beschäftigung in der Dienstleistungsbranche dort bislang nur vereinzelt.

Doch diese Lohnpolitik hat ihren Preis. Der Dienstleistungssektor ist zu einem Großteil die Ursache dafür, daß es Europa nicht gelingt, sein Beschäftigungsproblem zu lösen. Obwohl die Wachstumsrate der Produktivität in der Dienstleistungsbranche in Europa höher ist als in Amerika und es dort weniger Teilzeitstellen gibt, erhöht sich die Anzahl der im Dienstleistungssektor Beschäftigten in Europa wesentlich langsamer als in den USA – obwohl der Ertragszuwachs in Europa dem amerikanischen Vorbild gleicht.

Die Nachricht für die Schatzsucher ist mit wenigen Worten erklärt: Baumeister, nicht Schatzsucher, werden benötigt, um die Schätze eines hohen Produktivitätswachstums in der Reichtumspyramide aufzuspüren. Der Dienstleistungssektor in Amerika bedarf einer grundlegenden Reform.

Die Baumeister 4

Die Spannungen beim Schaffen von
Reichtum überwinden 225

Der Bau einer Reichtumspyramide 242

Die Spannungen beim Schaffen von Reichtum überwinden

Sobald die Schatzsucher mit oder ohne Beute abgezogen sind, stehen die Baumeister vor einer viel anspruchsvolleren Aufgabe. Sie geben sich nicht einfach mit dem zufrieden, was sie vorfinden. Ihr Ziel ist es, eine noch größere und solidere Reichtumspyramide zu errichten.

Zur Bewältigung dieser Aufgabe müssen jedoch vier wesentliche Spannungspole im Gleichgewicht gehalten werden.

Chaos und Ordnung

Chaos und Ordnung müssen miteinander im Gleichgewicht stehen, wenn Kreativität sinnvoll genutzt werden soll.

Überwiegt einer dieser Spannungspole, führt dies zu Unheil und Stagnation, wie es im 15. Jahrhundert in China (Das Land erstickte im Ordnungswahn der Reglementierungen) und im 19. Jahrhundert in Rußland (Das Land versank in Chaos und Anarchie) der Fall war. Obwohl die Umstände weder in den USA noch in Japan annähernd so extrem sind, stellen sie doch die modernen Gegenstücke dar.

Keiner, der sich intensiv mit dem amerikanischen Staatssystem beschäftigt, kann das innere Chaos, das Fehlen einer zentralen Macht übersehen. Es gibt keinen allgemein gültigen Lehrplan, keine einheitliche Abschlußprüfung für Hochschulen, woran sich

Die Baumeister

Lehrkräfte wie Studierende orientieren könnten. Das Bildungsniveau der Hochschulabsolventen in Amerika ist im allgemeinen niedriger als in anderen Ländern der Welt, wobei allerdings die Toleranzschwelle gegenüber Querdenkern und Bummelstudenten wesentlich höher liegt. Doch dies ist eher den chaotischen und uneffektiven Umständen zu verdanken als dem Toleranzgedanken an sich.

Ähnliches gilt für die sehr unterschiedliche Ausbildungsqualität an amerikanischen Universitäten. Die Spanne reicht von allenfalls mittelprächtigen Institutionen bis zu den besten Bildungseinrichtungen weltweit. Sie unterliegen keinerlei Kontrolle durch ein Bildungsministerium, wie es in anderen Ländern der Welt üblich ist. Die Vielfalt der Ausbildungsfächer grenzt ans Unendliche. Selbst dem widerspenstigsten Studenten stehen in Amerika die besten Universitäten offen, wenn nur sein IQ hoch genug ist.

Das Antitrust-Verfahren gegen Microsoft ist ein weiteres sehr passendes Beispiel. Es verdeutlicht die Art von chaotischer Ordnung, die in einer gut organisierten Gesellschaft zu keinem sinnvollen Ergebnis führt. Ein solches Gerichtsverfahren ist nur in den USA möglich. In sehr kurzer Zeit hat sich Microsoft zum größten Unternehmen der Welt entwickelt und spielt auf dem Weltmarkt eine beherrschende Rolle. Jedes andere Land wäre überglücklich, ein solches Unternehmen zu den seinen zählen zu können und würde es wie seinen Augapfel hüten. Jede andere Regierung würde alles tun, um einem solchen Unternehmen alle erdenkliche Hilfestellung zukommen zu lassen, anstatt ihm Steine in den Weg zu legen.

Das Verfahren wurde nicht deshalb angestrengt, weil der Präsident oder der Kongreß nach sorgfältiger Untersuchung der amerikanischen Softwareindustrie zu dem Ergebnis kamen, daß sie erfolgreicher wäre, gäbe es Microsoft in seiner jetzigen Form nicht mehr. Nein, die Entscheidung, Klage gegen Microsoft einzureichen, kam aus der Justizbehörde, vom Leiter der Antritrust-Abteilung, ohne

Die Spannungen beim Schaffen von Reichtum überwinden

jegliche Mitwirkung von höherer Stelle. Er traf seine Entscheidung wohl eher aus der Überlegung heraus, daß ein aufsehenerregender Prozeß sehr hilfreich wäre, vom Kongreß einen höheren Etat bewilligt zu bekommen, als daß er um die Zukunft der amerikanischen Softwareindustrie besorgt gewesen wäre. Die Justizbehörde hatte seit den frühen achtziger Jahren keinen spektakulären Prozeß mehr geführt – doch die 500 Antitrust-Anwälte müssen schließlich beschäftigt werden.

Unabhängig davon, wie der Prozeß gegen Microsoft endet, wird Amerika aller Wahrscheinlichkeit nach mehr verlieren als gewinnen.

Diese unberechenbaren und unsinnigen Entscheidungen spiegeln eine Form der chaotischen Ordnung wider, die Handlungsspielräume für andere Unternehmen schafft, die ihren Standort bezeichnenderweise nicht in Amerika haben. In Amerika herrscht großes Chaos, doch sobald ein Land auf der Reichtumspyramide den Platz einnimmt, den Amerika erklommen hat, ist zuviel Chaos deutlich besser als zuwenig.

Ein hohes Maß an Chaos läßt ökonomische Kreativität entstehen. Wirtschaftsrevolutionäre können nur dann erfolgreich agieren, wenn die Führungsmacht an der Spitze derartiger Gesellschaften trotz ihres Willens und der Verfügungsgewalt über rechtliche, wirtschaftliche und soziale Mittel nicht in der Lage ist, alles zu regeln. Dies ist der Fall, wenn innerhalb des Systems ein gewisses Maß an Chaos vorhanden ist, gegen das die Kräfte, die das System leiten, sich nicht durchsetzen können.

Chaos ist der Nährboden für neue Ideen. Chaotische Umstände verhindern, daß die Einflußreichen so mächtig werden, daß neue Anstöße im Keim erstickt werden. Dem Chaos verdanken wir, daß neue Industriezweige wie die Biotechnologie in den USA entstehen konnten, denn zur Manipulation pflanzlicher und tierischer Gene war keine Genehmigung erforderlich. Die Amerikaner ste-

Die Baumeister

hen dem Chaos aufgeschlossen gegenüber – denn sie sind daran gewohnt.

Umgekehrt hat das hohe Maß an Ordnung und Disziplin in Japan zu einem Mangel an ökonomischer Kreativität geführt. Dort lernen Studenten eine Unmenge von Informationen auswendig, um die Abschlußprüfung bestehen zu können, deren Inhalte einheitlich für ganz Japan vom Kultusministerium aufgestellt wurden. Diejenigen, die ihre Abschlußprüfung mit guten Noten bestehen, haben dank zusätzlicher Abendkurse ihr Lernpensum besser bewältigt als die, die nur zur Schule gingen. So hat niemand die Zeit für kreatives Denken. Wann sollte man auch der Phantasie einmal freien Lauf lassen können? An den Universitäten hält man sich strikt an den staatlich vorgeschriebenen Lehrplan, neue Studienzweige sind nur nach einem langwierigen Genehmigungsverfahren realisierbar. Das Ergebnis ist ein Arbeitskräftepotential, das bereits auf der Arbeiter- und Angestelltenebene mit Qualifikationen aufwarten kann, das man in Amerika mit Bewunderung und einer Prise Neid beäugt. Der intellektuellen Spitze jedoch mangelt es an Kreativität.

Ist man erst einmal in das japanische Gesellschaftssystem integriert, verläuft alles streng geregelt. Die Anstellung auf Lebenszeit ebnet jedem seine Laufbahn, und Weiterbildungsmaßnahmen stehen allen offen. Wer sich allerdings dem System verweigert oder aussteigt und sein eigenes Geschäft eröffnet, wird als Verräter beschimpft, dessen Produkte boykottiert werden sollten und den auch niemand im Falle seines Scheiterns wieder einstellen würde.

In Japan gibt es keine Risse in den Mauern des Systems, in denen Unkraut wuchern könnte – doch wird so auch verhindert, daß Blumen erblühen könnten.

Einst hatte Japan die weltweit größte Halbleiterindustrie, doch ohne den Mikroprozessor blieb nur der Kampf mit Korea um den zweiten Platz. Die Halbleiterindustrie konnte nur noch DRAMS auf den Markt bringen, die sich zum puren Gebrauchsartikel ent-

Die Spannungen beim Schaffen von Reichtum überwinden

wickelt hatten und allenfalls zu konjunkturbedingten Hochzeiten noch Profite abwarfen – in wirtschaftlichen Talsohlen allerdings auch enorme Verluste.

Ohne Mikroprozessoren geriet auch Japans Computerindustrie ins Wanken. Diese war hauptsächlich auf den IBM-Großrechner ausgerichtet gewesen und verschwand deshalb gemeinsam mit diesem Unternehmen in der Versenkung. Die Japaner schrieben zwar weiterhin hervorragende Software für Großrechner, besonders profitable Geschäfte ließen sich damit jedoch nicht mehr machen. Die kleinen innovativen Unternehmen, die auf der ganzen Welt den Motor der PC-Softwareindustrie darstellen, konnten sich in Japan nicht entwickeln. Mit der globalen Standardisierung der Software blieb der PC-Industrie nichts anderes übrig, als Microsoft- und Intelprodukte zu kaufen, wollte man die PCs überhaupt noch verkaufen können. So verkauft Amerika heute die gewinnträchtigen PC-Komponenten, während man in Japan nur noch PCs zusammenschraubt.

Das gleiche gilt für die Biotechnik. Die Wiege dieser Technologie stand in Amerika, und Japan sandte seine Studenten nach Amerika, damit sie dort den Doktortitel erlangen konnten. Deren Auslandsstudium wurde von den eingesessenen Pharmaunternehmen oder der japanischen Regierung finanziert, und nach abgeschlossenem Studium erwartete man – besser gesagt, verlangte man –, daß die jungen Akademiker nach Japan zurückkehrten, um für ihre »alten« Unternehmen zu arbeiten. Die neuen Firmen, die in den USA das Herz dieser neuen Industrie waren, konnten sich in Japan nie entwickeln.

In Japan leidet die gut ausgebildete und hochqualifizierte Unter- und Mittelschicht nicht unter sinkenden Reallöhnen. Unternehmensvorstände in Japan verdienen im Vergleich zu ihren amerikanischen Kollegen 60 Prozent weniger, der Durchschnittsarbeiter bzw. -angestellte dafür aber 25 Prozent mehr.[98] Daraus ergibt sich

Die Baumeister

natürlich auch, daß der Einkommensunterschied zwischen den oberen und unteren 30 Prozent der japanischen Arbeitskräfte nur halb so groß ist wie in den USA.[99]

In Amerika herrscht mehr als genug Chaos, um der Kreativität Raum zu schaffen, doch fehlt es an Ordnung, um kreative Ideen wirkungsvoll umzusetzen. In Japan herrscht mehr als genug Ordnung, um die Leistungsfähigkeit zu optimieren, doch fehlt es an Chaos, um Kreativität zuzulassen. Beiden könnte es nur Vorteile bringen, wenn die Verhältnisse etwas ausgeglichener wären.

Es geht hier nicht darum, sich entweder für Ordnung oder Chaos zu entscheiden, sondern ein Gleichgewicht zwischen beiden Extremen zu schaffen und zu halten, wobei Verständnis und Gespür erforderlich sind, um zu erkennen, wie sich das anfängliche Gleichgewicht mit wachsendem Wohlstand eines Landes verschiebt.

Am Anfang geht nichts über Ordnung. Die Probleme der ärmsten Länder der Welt liegen zunächst darin, daß sie zu keiner geregelten inneren Ordnung fähig sind. Werden die Polizeikräfte nicht oder nur schlecht bezahlt, macht sich Korruption breit. Schließlich muß auch ein Polizist seine Familie ernähren können. Die Infrastruktur ist in desolatem Zustand, zum Bau von Schulen etwa wird kein Geld bereitgestellt oder ist nicht vorhanden. Nur die Wohlhabenden können sich eine Ausbildung leisten – privat und meist im Ausland. Solange keine Ordnung herrscht, gibt es nur einen Weg zum Wohlstand: Wer über Macht und Einfluß verfügt, nimmt sich, was er will, von denen, die sich nicht wehren können. Diejenigen, deren eigentliche Aufgabe doch der Schutz der Gesellschaft sein sollte, üben die Macht über die Gesellschaft aus.

Ordnung ist nötig, um die erforderlichen Ressourcen zu mobilisieren (Kapital, Arbeitskraft), die zur Entwicklung des allgemeinen Wohlstands den ersten Anstoß geben. Regierungen in Asien griffen dafür auf Zwangssparmaßnahmen zurück. Die daraus resultierende rapide steigende Kapitalintensität brachte der wirtschaftli-

Die Spannungen beim Schaffen von Reichtum überwinden

chen Entwicklung enormen Auftrieb. Die Stahl-, Schiffbau- und Automobilindustrie, die der japanischen und später der koreanischen Wirtschaft den Anstoß gaben, waren nicht annähernd so arbeitskostenintensiv und unprofitabel, wie es in anderen Ländern oft zu beobachten war.

In der zweiten Entwicklungsphase, in der es darum geht, aufmerksam die anderen Mitspieler zu beobachten und selbst mit ins Spiel zu kommen, ist eine andere Art von Ordnung erforderlich. Die Vorgehensweise der führenden Industriestaaten muß diszipliniert und geduldig verfolgt und analysiert werden, damit man daraus lernen und sich anpassen kann. So kann man aus der Erfahrung anderer lernen und das Gelernte im eigenen Land mit den geeigneten Modifikationen anwenden. Nach der Einführung einer entsprechend angepaßten Wirtschafts- bzw. Produktionsweise können Verbesserungen in Angriff genommen werden, bis die Entwicklungsphase den Schritt in den Wettbewerb erlaubt. Dieser letzte Schritt, die Verbesserung des Gelernten, erfordert vielleicht mehr als Kreativität: Genialität. Wie die Kreativität benötigt aber auch die Genialität ausreichend Spielraum, damit der ausgetretene Pfad verlassen und Neuland betreten werden kann.

In Japan herrscht genug Chaos für Genialität. Es gibt unzählige Beispiele von amerikanischen Produkten oder Verfahrensweisen, die übernommen und verbessert wurden. Die Automobilfertigungsstraße war eine amerikanische Erfindung, in Japan konnten jedoch aufgrund geeigneter Maßnahmen wesentlich bessere Automobile produziert werden.

Das beste Beispiel für eine Verbesserung dessen, was von anderen übernommen wurde, ist im Amerika des 19. Jahrhunderts das Normbauteil gewesen. Der Gedanke, daß standardisierte Werkzeuge und Bauteile große Vorteile bringen, lag jedem nahe. Die Schwierigkeit liegt in der Entwicklung präziser industrieller Prozesse und darin, ein Auge für Details zu bekommen, und – das Wich-

Die Baumeister

tigste überhaupt – die Disziplin, es durchzusetzen, daß sich jeder an die gleichen technischen Vorgaben hält. Nur so kann der Gedanke der Standardisierung in die Tat umgesetzt werden.

Eigentlich hätte die Entwicklung standardisierter Teile in Großbritannien stattfinden müssen, wo alle Voraussetzungen dafür gegeben waren. Dort herrschte größerer Reichtum, industrielle Präzisionsmaschinen waren vorhanden, das handwerkliche Geschick war im allgemeinen besser. Man sollte meinen, es hätte kein Problem sein sollen, technische Spezifikationen auf allen Ebenen zu standardisieren. Weit gefehlt! Die etablierte alte Ordnung, die Großbritannien zur mit Abstand größten Wirtschaftsmacht hatte wachsen lassen, verhinderte neue, innovative Ansätze zur Lösung des Problems. Die Wucht des historisch gewachsenen Erfolgs erstickte die neuen Gedanken im Keim.

In der dritten Phase der wirtschaftlichen Entwicklung, wenn das Ziel erreicht ist, als globale Wirtschaftsmacht zu gelten, und man über den technologischen Vorsprung verfügt, müssen die Spannungspole Chaos und Ordnung erneut ausgeglichen werden. Obwohl sich die herkömmlichen Methoden bereits als die erfolgreichsten bewährt haben, müssen neue Perspektiven geschaffen und neue Wege eröffnet werden.

Normalerweise entsteht eine Revolution aus Unzufriedenheit. In der dritten Phase der wirtschaftlichen Entwicklung muß es in genau den Ländern, die zu den reichsten und erfolgreichsten der Welt zählen, zur Revolution kommen. Hier kann jedoch nicht die Unzufriedenheit den Ausschlag geben, da die Mitglieder dieser Gesellschaften keinen Anlaß haben, am bestehenden System herumzumäkeln: Es hat sich ja bereits als das beste der Welt erwiesen.

Diejenigen, die zur kreativen Elite der Staaten und Unternehmen aufsteigen möchten, verkünden oft, sie würden ganz bewußt Raum für ökonomische Revolutionäre schaffen, ihnen Freiraum einräumen und die erforderlichen Mittel bereitstellen. Nur funktio-

Die Spannungen beim Schaffen von Reichtum überwinden

niert es so leider nicht. Es ist ein Widerspruch in sich, wenn eine Revolution von den Führungskräften des etablierten Systems organisiert werden soll. Eine Revolution stellt für jeden mit unabdingbaren Rechten immer eine Bedrohung dar, und jede Führungskraft an der Spitze eines wirtschaftlich oder politisch erfolgreichen Systems hat ihre Rechte, auf die sie nicht verzichten will.

Regierungen, und im weiteren Sinne alle Führungskräfte, sind keine Unternehmer. Sie sind für die Ordnung innerhalb des Systems verantwortlich – Unternehmer aber sorgen für das Chaos. Beide Seiten werden gebraucht, doch keiner kann die Aufgabe des anderen übernehmen.

Kreativität kann nicht organisiert werden, sie ist das Ergebnis fehlender Organisation. In sehr erfolgreichen Gesellschaften ist ein gewisses Maß an Chaos die Grundvoraussetzung für Kreativität, doch es darf nicht so überhandnehmen, daß zu wenig Ordnung herrscht, da nur unter geordneten Umständen die neuen Erfindungen auch verwendet werden können.

Singapur ist ein Musterbeispiel für das richtige Maß an Chaos und Ordnung in jeder Entwicklungsphase. Die geordnete Mobilisierung der Ressourcen – die weltweit höchsten Ersparnisse und Investitionsraten – brachten den Aufschwung. Der gezielte Ausbau der Infrastruktur sicherte Singapur den ersten Rang in der Riege der Niedriglohnländer und brachte gleichzeitig neueste Technologien aus aller Welt ins Land. Die letzte Phase, die Modifizierung und Verbesserung des Gelernten, vollzog sich schnell, da die Technologieüberbringer gleichzeitig auch die Lehrer waren. In nur dreißig Jahren hat sich das Pro-Kopf-Einkommen in Singapur von $ 500 auf das Niveau der führenden Industriestaaten angeglichen. Kurz vor dem Zusammenbruch des asiatischen Markts hatte das BIP pro Kopf in Singapur das in den USA knapp übertroffen.

Ob Singapur lernen wird, in technologischer und gesellschaftlicher Hinsicht den Durchbruch zu schaffen, der eine echte wirtschaftli-

Die Baumeister

che Führungsmacht auszeichnet, bleibt abzuwarten. Diese Entwicklungsphase ist noch nicht überwunden. Es wird schwierig sein, das erforderliche Maß an produktivem Chaos in die wahrscheinlich am straffsten geordnete Gesellschaft der Welt einzuführen. Singapur weiß, was zu tun ist, doch wird es dazu auch in der Lage sein?

Der Einzelne und die Gemeinschaft

Bei der Schaffung von Reichtum muß zwischen den Bedürfnissen des Einzelnen und denen der Gemeinschaft ein bestimmtes Maß an Spannung und Ausgeglichenheit geschaffen und aufrechterhalten werden. Eine der grundsätzlichen Schwächen des Kapitalismus besteht darin, daß die Notwendigkeit gesunder privater oder öffentlicher Einrichtungen nicht erkannt wird. Die Lehre des Kapitalismus geht davon aus, daß es allein die Bedürfnisse des Marktes sind, die Institutionen wie von selbst entstehen und vergehen lassen. Die Wirklichkeit sieht jedoch anders aus.

Die Biotechnik veranschaulicht dies sehr deutlich. Hätte es innerhalb der Gemeinschaft keine Bereitschaft gegeben, sowohl Forschung und Entwicklung als auch die Ausbildung von Biologen und Medizinern finanzkräftig zu unterstützen, wäre dieser neue Industriezweig mit seinen vielfältigen wirtschaftlichen Möglichkeiten niemals entstanden. Selbst heute, vierzig Jahre nach den ersten großen Finanzspritzen, lassen nationale Gesundheitsbehörden innerhalb der USA jährlich einige Milliarden in diesen Bereich fließen.[100] Nach dem aktuellen Dollarkurs beläuft sich die bisherige finanzielle Unterstützung auf weit über $ 100 Milliarden, wobei bereits einige Milliarden ausgegeben wurden, bevor noch überhaupt ersichtlich war, daß sich die Investition jemals auszahlen würde.

Selbst die reichsten Privatleute und Unternehmen verfügen aber nicht über derartige Mittel – geschweige denn die erforderliche Ri-

Die Spannungen beim Schaffen von Reichtum überwinden

sikobereitschaft – ein solches finanzielles Wagnis einzugehen. Die biologische Goldgrube lag offen vor jedermanns Augen, die ersten Goldsucher mußten jedoch öffentlich finanziert werden.

Die hohen öffentlichen Finanzmittel für F&E auf dem Gebiet der Mikrobiologie wurden nur in Amerika bereitgestellt. Deshalb ließen sich im Rest der Welt nicht einmal die größten Unternehmen auf die »biologische Goldsuche« ein, was zur Folge hat, daß heute jeder versucht, Amerika einzuholen.

Die Gemeinschaft hingegen ist für ihr Wohlergehen auf den Einzelunternehmer angewiesen, ohne den keine neuen Marktideen entstehen können. Die großen pharmazeutischen Unternehmen in den USA wußten zwar, was in der biologischen Forschung vor sich ging, doch keines nahm bei der Entwicklung der Biotechnik eine Führungsposition ein. In Japan und Deutschland, wo die Gründung neuer Unternehmen und deren schneller Ausbau zu Großunternehmen schwierig ist, steckt die industrielle Nutzung der Biotechnologie deshalb immer noch in den Kinderschuhen.

Schwerfällige Bürokratien im öffentlichen Dienst oder in der Wirtschaft eignen sich nicht als Pioniere neuer Technologien, da diese immer wieder nur die alten Verhältnisse umwälzen, die den Bürokraten ursprünglich ihre Vorteile verschafften. Das große Plus des Kapitalismus liegt jedoch darin, daß privat geführte Unternehmen sehr viel leichter aussterben. Elf der zwölf amerikanischen Großunternehmen, die den Sprung ins 20. Jahrhundert geschafft hatten, werden das neue Jahrtausend nicht erleben. Im Sozialismus hat man es dagegen nie geschafft, überholte und unprofitable Firmen sterben zu lassen; man wirtschaftete einfach immer weiter, bis das gesamte System zusammenbrach. Allerdings sterben in der Praxis die großen Privatunternehmen auch nicht so sang- und klanglos, wie es die Theorie vorschreibt. Die Einrichtungen des sozialen Netzes, wie zum Beispiel die Arbeitslosen-, Kranken- und Rentenversicherung, verzögern die Schließung eines Pri-

Die Baumeister

vatunternehmens erheblich, wenn der Zeitpunkt zur »Sterbehilfe« gekommen ist.

Großunternehmen sind die wichtigsten Geldgeber für Forschung und Entwicklung. Niemand sonst würde die Entwicklungskosten mitfinanzieren, ohne die keine noch so gute Idee und kein noch so vielversprechender Prototyp jemals in die industrielle Produktion gehen könnte. Staatliche Forschungslabors haben letztlich keinerlei Interesse daran, die Ergebnisse ihrer Arbeit als Produkt zu vermarkten. (Selbst wenn manchmal das Gegenteil behauptet wird).

Kleine neue Firmen entstehen oft nur als Ableger großer etablierter Unternehmen. Sehr wenige werden von Universitätsabsolventen oder ehemaligen Mitarbeitern der staatlichen Forschungslabors gegründet. Häufig werden in diesen kleinen Firmen Technologien eingesetzt, die von den Großunternehmen entwickelt, jedoch nicht als besonders gewinnträchtig eingestuft wurden. In den etablierten Großunternehmen lernen die Manager der neuen Firmen aus den alten, meist vermeidbaren Fehlern.

Normalerweise beginnen die kleinen Firmen als Zulieferbetriebe für große Unternehmen. Der Verkauf an einige wenige Geschäftskunden ist leichter und kostengünstiger zu handhaben, als wenn man eine unüberschaubare Vielzahl von Einzelabnehmern beliefert. Ohne Großunternehmen fehlen den kleinen Firmen die günstigen Absatzmärkte.

Großunternehmen wiederum sind die wichtigen Exporteure, die jedes Land braucht. Der Exporthandel erfordert eine ausgezeichnete Kenntnis der Auslandsmärkte, die kleine Firmen nicht haben und sich aus Kostengründen auch nicht aneignen können.

Großunternehmen stellen die gutbezahlten Arbeitsplätze mit reizvollen Karrieremöglichkeiten. Als Angestellter einer kleinen Firma ohne Expansionsaussichten wird man von einem hohen Gehalt nur

Die Spannungen beim Schaffen von Reichtum überwinden

träumen können. Klein ist nicht besonders gut. Gut ist eine kleine Firma, die schnell expandiert und sich zu einem Großunternehmen entwickelt.

Gesellschaftliche Regeln machen den Menschen menschlich. Die natürliche Auslese, wobei der Schwächere immer unterliegt, gilt für uns nicht. Gelten die gesellschaftlichen Regeln nicht mehr, und der Schwache wird vom Starken unterdrückt, geht der Lebensstandard sehr schnell verloren. Die völlige Freiheit für jeden, das zu tun, was ihm gerade beliebt – die Anarchie – funktioniert nicht.

Die Gegenwart und die Zukunft

Die Schaffung von Reichtum erfordert, daß die Gegenwart der Zukunft Achtung entgegenbringt. Die Zukunft ist für uns immer weit weg, dennoch müssen wir sie bei all unseren Entscheidungen berücksichtigen. Sie stellt Forderungen an uns, und wir müssen ihr Opfer bringen. Die Gegenwart kann die Zukunft zerstören, zum Beispiel dadurch, daß das gegenwärtige Konsumverhalten die für den zukünftigen Erfolg notwendigen Investitionen unmöglich macht.

Gesellschaften lösten das Problem, das Interesse ihrer Bürger für künftige Investitionen zu wecken, schon immer auf sehr unterschiedliche Weise. Die alten Ägypter glaubten, daß das Leben nach dem Tod sehr viel mehr Gewicht habe als das Leben davor. Pharaonen wohnten in Lehmhütten, die dem völligen Verfall preisgegeben wurden, ließen sich aber in Steinpalästen begraben, die noch Jahrtausende später als die vielleicht großartigsten Bauwerke der Menschheit gelten. Die Römer glaubten an den ewigen Bestand des römischen Reiches und erbauten es für die Ewigkeit. Es ist kein Zufall, daß es die Via Appia noch heute gibt. Im Mittelalter errichtete man Kathedralen für Gott, denn Gott verlangte nach einem Heim, in dem ihn seine Gläubigen anbeten konnten.

Die Baumeister

Während der letzten fünfzig Jahre war der Kalte Krieg der gesellschaftliche Konditionierungsfaktor für amerikanische Vorhaben. Alle großen Projekte in den USA wurden unter dem Schlagwort militärischer Notwendigkeit gerechtfertigt: das Autobahnnetz der fünfziger Jahre, der gestiegene Bedarf an Wissenschaftlern und Ingenieuren in den Sechzigern, der erste Mensch auf dem Mond, das Internet in den siebziger und »Star Wars« in den achtziger Jahren. Kapitalismus und Demokratie wurden von Kommunismus und Totalitarismus bedroht, und Amerika konnte sich das Überleben nur mit gewagten Investitionen sichern. Die Verteidigungsstrategie machte den Amerikanern nicht nur deutlich, daß die existierende Gemeinschaft notwendig war, sondern auch, daß Schutzmaßnahmen für ihre Sicherheit in der Zukunft erforderlich waren.

Die Biologie ist das einzige Forschungsgebiet, für das unabhängig vom Kalten Krieg zukunftsorientierte Investitionen getätigt wurden. Das Ziel war hierbei, die Lebenserwartung zu verlängern. Der Wunsch länger zu leben, läßt die Bereitschaft wachsen, in die Zukunft zu investieren. Die meisten Investitionen, die zum gegenwärtigen Zeitpunkt getätigt werden, zum Beispiel in die Krebsforschung, werden unser eigenes Leben vielleicht nicht verlängern können, wenn wir heute selbst mit der Diagnose »Krebs« konfrontiert werden. Doch zumindest besteht ein Hoffnungsschimmer. Wir investieren gemeinschaftlich in die Zukunft – in der trügerischen Hoffnung, daß wir damit unser eigenes Leben verlängern könnten.

Die Argumente, die während des Kalten Krieges für die Zukunftsorientierung vorgebracht wurden, haben zu unserer Zeit keine Gültigkeit mehr. Nichts und niemand stellt für die USA als Ganzes auch nur die leiseste Bedrohung dar. Gerade deshalb muß etwas gefunden werden, für das es sich in der Zukunft zu kämpfen lohnt, selbst wenn der Einzelne sie nicht mehr erleben wird.

Als einziges Lebewesen kennt der Mensch Vergangenheit, Gegenwart und Zukunft. Wahrscheinlich ist es kein Zufall, daß das ge-

Die Spannungen beim Schaffen von Reichtum überwinden

genwärtige Desinteresse an der Vergangenheit mit dem Desinteresse an der Zukunft (was sich an den niedrigen Investitionsraten bemerkbar macht) zusammenfällt. Wer sich nicht für seine Wurzeln interessiert, kann schwerlich ein Interesse an seiner Zukunft entwickeln. Nur die wenigsten Menschen können die gegenwärtigen Entwicklungen beurteilen, wenn das Wissen um die Vergangenheit fehlt und die Zukunft unsicher ist. Wer die gegenwärtigen Entwicklungen nicht wahrnehmen kann, ist aber auch nicht in der Lage, die geeigneten Maßnahmen zu ergreifen, die für den Erfolg in der Zukunft erforderlich sind.

In der Geschichte der Menschheit spielen Forscher und Abenteurer eine wichtige Rolle. Geographisch gesehen gibt es, abgesehen von den tiefsten Tiefen des Ozeans, heute nicht mehr viel zu erforschen. Die unbemannte Raumfahrt wird fortgesetzt, doch hat die bemannte Raumfahrt ihre Grenzen so gut wie erreicht. Zur Erforschung des nächsten Sterns müßten die Astronauten eine Reise von über sechzigtausend Jahren Dauer im Space Shuttle antreten.

Das letzte grenzenlose Forschungsgebiet ist die Wissenschaft. Der technologische Fortschritt über ungeahnte Grenzen hinaus wird die Menschheit in Gebiete vordringen lassen, die noch niemals zuvor betreten wurden. Die Zukunft erfordert zwar einen hohen Einsatz, doch das aufregende Zeitalter der Forschung liegt noch vor, nicht bereits hinter uns. Der große unbekannte Faktor ist, wie jedem klar gemacht werden kann, daß er sich gerne und mit ganzem Herzen auf diese aufregende Reise machen kann. Auch ohne Doktortitel kann jeder die aufregenden Entdeckungen der Biotechnik genießen. Jeder kann im Wissen darum, daß diese Forschungen zukünftigen Generationen das Leben leichter machen werden, seinen Beitrag dazu leisten – selbst wenn der eigene Vorteil nur gering ist.

Die Baumeister

Miteinander und Gegeneinander

Miteinander und Gegeneinander, das heißt Kooperation und Konkurrenz, sind die letzten Spannungspole, die es beim Schaffen von Reichtum auszugleichen gilt. Beide sind unverzichtbar.

Der Untergang des Kommunismus beweist, daß ein System, in dem auf die Konkurrenz zwischen Privatunternehmern zugunsten der gemeinschaftlichen Kooperation verzichtet wird, nicht funktioniert. Viele Staaten haben sich darin versucht, doch keiner hatte bisher damit Erfolg.

Sozialismus und Kommunismus versagten, denn es fand kein unternehmerischer Austausch statt. Unternehmertum war nicht zugelassen; es wurde als ungerecht angesehen, daß Unternehmer so viel Reichtum und Macht gewinnen können. Planwirtschaft sollte Privatinitiativen ersetzen und als Mittel für den Warenaustausch dienen, doch dies hatte nicht die erwünschten Auswirkungen. Zentralistisch organisierte Güterverteilung ist zwar theoretisch machbar, läßt sich praktisch jedoch nicht realisieren.

Die wirtschaftlichen Verlierer, die es überall gibt, sind politisch immer stärker als die potentiellen Gewinner, die sich noch durchsetzen müssen. Politische Machthaber reißen die Planwirtschaft an sich, die eigentlich für den wirtschaftlichen Aufschwung zuständig sein sollte, und so entsteht anstelle einer zukunftsorientierten Behörde eine rückschrittliche Bürokratie, die an eingefahrenen Prinzipien festhält. Ohne echten Austausch setzt unweigerlich Stagnation ein.

Im Gegensatz dazu müssen die Gewinner im Kapitalismus in keinerlei Verhandlungen mit den Verlierern aus den Planungsbehörden treten. Die Gewinner verdrängen die Verlierer ganz einfach ohne jede Rücksicht vom Markt.

Die Geschichte lehrt uns aber auch, daß ein System aus lauter miteinander konkurrierenden Privatpersonen ohne jegliche Koopera-

Die Spannungen beim Schaffen von Reichtum überwinden

tion ebensowenig funktioniert. In den zwanziger Jahren herrschte im amerikanischen Kapitalismus das Recht des Stärksten – und beschwor damit die Große Depression hervor. Nichtregulierte Finanzmärkte brachen zusammen und rissen die gesamte Wirtschaft mit sich. Im Glauben, daß sich der Kapitalismus von selbst erholen werden, wurden von staatlicher Seite keinerlei Gegenmaßnahmen getroffen.

Die Geschichte erteilt uns eine ganz einfache Lektion: Das Pendel kann in beide Richtungen zu weit ausschlagen. Das Miteinander und Gegeneinander, Konkurrenz und Kooperation, müssen im Gleichgewicht gehalten werden.

Der Bau einer Reichtumspyramide

Im Zeitalter, in dem Wissen der Grundbaustein zu Wohlstand ist, gewinnt ein neues globales Wirtschaftsspiel die Oberhand. Es überrascht nicht, daß kein einziger Staat bisher in der Lage ist, die Bausteine seiner Reichtumspyramide auf den rechten Platz zu setzten. Die Notwendigkeit umzudenken und umzustrukturieren gilt für alle Ebenen.

Japan: Die Aufräumarbeiten nach der Finanzkrise

Japans Aufräumarbeiten beginnen am Sockel der Pyramide, der Gesellschaftsstruktur. Japan muß seine Wirtschaft so umstrukturieren, daß Finanzkrisen bewältigt werden können.

Jeder kennt die so oft beklagten moralischen Verfehlungen, die als Grund für Krisen genannt werden: Seilschaftenkapitalismus, geschönte Bilanzen, Gefälligkeitskredite, Vetternwirtschaft, Bestechungsgelder und kriminelle Machenschaften. Wer ist damit gemeint? Japan im Jahre 1990, Asien während des Zusammenbruchs im Jahre 1997, Rußland 1998 oder vielleicht Amerika während des Chaos der Save-and-Loans-Krise in den Achtzigern? Sie alle natürlich! Die Erfahrung zeigt ganz deutlich, daß jeder früher oder später eine Krisenzeit erlebt. Wer will sich allen Ernstes davon ausschließen?

Die interessantere Frage ist doch, welche Regierungen sich bei den Aufräumarbeiten als effizient erweisen. Die wirklichen Verlierer

Der Bau einer Reichtumspyramide

sind diejenigen, welche unfähig sind, die notwendigen Maßnahmen zu ergreifen. Von diesem Standpunkt aus betrachtet, ist Japan innerhalb des Pazifikraumes das abschreckendste Beispiel für eine Regierung, die erwiesenermaßen mit den Spätfolgen einer Krise nicht umgehen kann. Selbst acht Jahre nach dem Zusammenbruch von 1990 hat es sich noch nicht erholt. Das Ergebnis ist eine lange Stagnationsphase mit einem Negativwachstum im Jahre 1998, das sich wahrscheinlich auch 1999 wiederholt.

Denn das Bankenproblem hält unvermindert an. Die hohen Außenstände nicht bezahlter Kredite machen es den Geldinstituten unmöglich, neue Kredite zu vergeben, und selbst für profitable Unternehmen werden die Kredite nicht verlängert. Die Banken benötigen jeden Pfennig dafür, ihre Einleger auszuzahlen und sich selbst vor dem Untergang zu bewahren.

Weigert sich eine Regierung aber, bankrotte Banken zu schließen, verschlimmern sich die Probleme nur noch. Da die Banken ihren Einlegern höhere Zinsen zahlen müssen, als sie Eingänge aus Kreditrückzahlungen verbuchen können, klaffen Bankvermögen und Bankverpflichtungen immer weiter auseinander. Staatliche Finanzspritzen zum Defizitausgleich sind schnell wieder verbraucht und müssen erneut gewährt werden. Die Defizite wachsen und der Betrag, den die Depositversicherung den Anlegern schuldet, steigt ins Unermeßliche. Für die Schließung von Banken gibt es letztlich keine Alternative. In Japan ringt man sich inzwischen sehr zögernd und unwillig dazu durch.

Japanische Unternehmen, die weder ihre Zinsen, geschweige denn ihren eigentlichen Kredit zurückzahlen können, stellen fest, daß die aufgelaufenen Zinsen immer höher und auf den Kreditbetrag angerechnet werden. Ihr Schuldenberg wächst beständig, wobei gleichzeitig ihre Rückzahlungsfähigkeit immer weiter abnimmt. Die Krise des japanischen Einzel- und Großhandels wird durch die finanziell angeschlagenen Banken noch weiter geschwächt. Mit

Die Baumeister

um sich greifendem Zahlungsverzug müssen immer mehr Unternehmen schließen.

Die Zeit löst keine Probleme, sondern verschlimmert sie nur. Da den vielen Reden keine Taten folgen, verliert die japanische Regierung ihre Glaubwürdigkeit. Eventuelle Umstrukturierungsmaßnahmen werden auf die ferne Zukunft verschoben. 1994 verkündete Japan, daß seine Finanzmärkte im Jahre 2001 liberalisiert werden sollen. Warum nicht schon 1995? Man kann davon ausgehen, daß eine Regierung ihr Versprechen nicht hält, wenn der Zeitpunkt, es einzulösen, immer wieder unnötig verschoben wird. Wie bei der angekündigten Privatisierung von Nippon Telephone wird der Prozeß vor seiner Beendigung abgebrochen werden. Eine zögerliche Politik wird noch viel zaghafter, wenn sie endlich zur Tat schreiten soll.

Die japanische Finanzpolitik war ineffizient und steht nun vor dem Kollaps. Drastische Zinssenkungen hätten sich zu Beginn der Krise bestimmt wirksamer erwiesen als die vielen schwachen Zinssenkungen über einen langen Zeitraum. Japan sitzt nun in der »Liquiditätsfalle«, ein Ausdruck, den Keynes während der Großen Depression prägte. Die Geldzinssätze liegen bei niedrigen 0,15 Prozent – doch Kredite können nicht gewährt werden. (In einer Deflation sind die Realzinssätze eventuell sehr hoch, obwohl die Geldzinssätze sehr niedrig sind.) Unerklärlicherweise stiegen Ende 1998 und Anfang 1999 die Zinssätze etwas an.

Die japanische Steuerpolitik war sogar noch verheerender. Grundbesitzer erhielten Steuererleichterungen, dagegen wurden produktionsstimulierende Ansätze völlig vernachlässigt. Zaghafte Steuererleichterungen hatten keinerlei Auswirkungen. Steuern für Privatpersonen wurden angehoben anstatt gesenkt.

Wer auf eine lange Geschichte finanzieller Krisen zurückblicken kann, hat jedoch auch einen Vorteil: Die Maßnahmen zur Wiederherstellung des Normalzustands sind bereits bekannt. Keine Regie-

Der Bau einer Reichtumspyramide

rung muß nach einer neuen Lösung suchen. Ein wirtschaftlicher Zusammenbruch, und sei er noch so gravierend, muß nicht notwendigerweise in der Großen Depression oder der Großen Stagnation enden. Der Wiederaufbau ist möglich; es muß nur der Wille vorhanden sein, das Notwendige zu unternehmen.

Dabei müssen Prioritäten in der richtigen Reihenfolge gesetzt werden. Um das Wachstum anzukurbeln, müssen alle Schulden getilgt werden. Im Kapitalismus kann alles ver- und gekauft werden, es kommt nur auf den Preis an. Eine japanische Hotelgruppe baute zum Beispiel auf Hawaii ein Hotel, das so teuer war, daß jedes Zimmer jeden Tag für $ 1 000 vermietet werden mußte, nur um keinen Verlust zu machen. Nicht einmal der beste Hotelmanager der Welt konnte aus diesem Hotel ein profitables Objekt machen. Drei Jahre später wurde das Hotel für 15 Prozent der Hypothekenschuld verkauft und entwickelte sich zu einem sehr profitablen Objekt. Vorher wäre dies niemals möglich gewesen, denn die Kredit- und Zinsbelastung überstieg bereits im Vorfeld die potentielle Produktivität der Immobilie. Ein solch grundlegendes Rentabilitätshindernis kann weder ein guter Hotelmanager noch die Zeit lösen.

Schuldenabschreibung und Schuldentilgung sind die Grundvoraussetzungen für den wirtschaftlichen Neuanfang, ohne die sich keine andere Maßnahme als wirksam erweisen wird.

Der Kapitalismus auf Eigenkapitalbasis wird zum Kapitalismus auf Fremdkapitalbasis, das heißt, man ist auf Kapital von außen angewiesen, denn nur dort ist Kapital noch vorhanden. Die beteiligten Unternehmer sind tief verschuldet und zudem aufgrund ihres Mißerfolgs auch als Führungskräfte nicht handlungsfähig. Unternehmerisches Geschick, das die Mißerfolge aufhält und in Erfolge umwandelt, kann daher nur von außen erwartet werden.

Japan ist jedoch zur Zeit nicht bereit, Vermögenswerte zu verkaufen, da es sie an ausländische Käufer verkaufen müßte. Doch werden sich ausländische Käufer nicht gleich Macht und Einfluß in

Die Baumeister

Japan erkaufen, indem sie einige bankrotte Firmen übernehmen; man kann ja schließlich auch nicht gerade behaupten, daß Amerika durch den Verkauf von Unternehmen an ausländische Käufer diesen übermäßig viel Macht und Einfluß in den USA gewährt. In Amerika werden 18 Prozent des BIP von ausländischen Unternehmen erwirtschaftet, in Deutschland sogar 24 Prozent. In Japan beläuft sich der Anteil auf weniger als 1 Prozent. Bevor Macht- und Einflußaspekte überhaupt relevant werden, könnte Japan also durchaus einiges veräußern.

In den Vereinigten Staaten gingen derartigen Übernahmen vier Ereignisse voraus, bevor sie vom Steuerzahler politisch akzeptiert wurden.

Erstens: Bevor öffentliche Gelder angetastet wurden, griff man auf das Aktienkapital der Aktionäre zu. Aktionäre genießen keinerlei Schutz, denn sie sind die Risikoträger im Kapitalismus und werden bei Mißerfolg zur Verantwortung gezogen.

Zweitens: Alle Top-Manager der bankrotten Banken und Unternehmen wurden kategorisch entlassen. Dabei war es von keinerlei Interesse, ob und in welchem Ausmaß die Führung direkt für das Scheitern des Unternehmens verantwortlich war. Top-Manager sind Entscheidungsträger, die ein Scheitern um jeden Preis vermeiden müssen, und sind daher – ungeachtet der jeweiligen Gründe ihres Versagens – voll verantwortlich.

Drittens: Jeder, der in kriminelle Machenschaften, welcher Art auch immer, verwickelt war, wanderte ins Gefängnis. Mike Milliken, einer der reichsten Männer Amerikas, saß einige Jahre im Gefängnis – und er war nicht der einzige.

Viertens: Das galt auch für Politiker. Sie wanderten ins Gefängnis – unter ihnen einige Kongreßabgeordnete und einflußreiche Ausschußvorsitzende. Politiker, die am Rande dieser Machenschaften beteiligt, jedoch nicht direkt darin verwickelt waren, wurden aus

Der Bau einer Reichtumspyramide

ihren Ämtern entlassen. Sechs Senatoren verloren nach der »Save-and-Loan-Krise« auf diese Weise ihr Amt.

Bei bankrotten Industrieunternehmen herrschen andere Probleme als bei Bankinstituten, und somit müssen auch andere Lösungen gefunden werden. Schließt eine Bank, verlieren zwar einige ihren Arbeitsplatz, die Konsequenzen für die Wirtschaft sind jedoch gering. Solvente Kreditnehmer erhalten erneut Kredite, da sie an solide Banken weiterverwiesen wurden. Die Anleger sind sicher.

Es gibt jedoch in jeder Ökonomie Industrieunternehmen, die so groß sind, daß sie auf keinen Fall scheitern dürfen. Tritt dies dennoch ein, geht mit ihnen die gesamte Wirtschaft unter. Fünf Unternehmensriesen etwa erwirtschaften 37 Prozent des koreanischen BIP und beherrschen den Exportmarkt mit 44 Prozent.[101]

Beim Zusammenbruch industrieller Großunternehmen werden auf einen Schlag viele Arbeitnehmer arbeitslos, und die negativen Konsequenzen reichen sehr weit. Im Gegensatz zum Finanzsektor gibt es für die Betroffenen innerhalb der Verteilerkette keinerlei Schutz. Die Zulieferer gehen bankrott, da sie für bereits gelieferte Waren nicht bezahlt werden. Die Großkunden gehen bankrott, da sie nicht schnell genug auf andere Zulieferer umstellen können.

Großunternehmen werden jedoch meist gerettet, doch auch hier wird das Top-Management ausgewechselt, und die Aktionäre sind die ersten, die ihr Kapital verlieren und die letzten, die es wieder zurückerhalten. Wird ein neues Top-Management eingesetzt, wie Lee Iaccoca, der vom amerikanischen Finanzministerium zum Vorstand von Chrysler ernannt wurde, wird es nicht für seine Managementtätigkeiten, sondern für ein erfolgreiches Herumreißen des Ruders bezahlt. Das heißt: Gehalt – nein, Aktienvorkaufsrecht – ja. Lee Iaccoca war erfolgreich und wurde durch seine Aktien reich. Hätte er keinen Erfolg gehabt, wäre ihm nur sein Gehalt geblieben, das sich auf $ 1 im Jahr belief.

Die Baumeister

Handelt es sich um Unternehmensriesen, werden zum Schuldenabbau einzelne Unternehmensbereiche an den Meistbietenden verkauft. Chrysler mußte alle Zweigstellen im Ausland und alle Unternehmensbereiche in den Vereinigten Staaten, die nicht zur Automobilbranche gehörten, veräußern.

Es mag ungerecht erscheinen, aber Unternehmen, die zu klein sind, um mit ihrem Scheitern Spuren in der Gesamtwirtschaft zu hinterlassen, sollte man ihrem Schicksal überlassen. Es ist einfach ein Ding der Unmöglichkeit, das Management unzähliger kleiner Firmen von Staatsseite her auszuwechseln, schon alleine deshalb, weil Eigentümer und Firmenleitung oft ein- und dieselbe Person sind.

Der Aufkauf von Aktien, wie es die Regierung von Hongkong im Sommer 1998 und die japanische Regierung über die letzten acht Jahren betrieb, führt nur dazu, daß Privatanleger weniger Verluste hinnehmen müssen. Das Problem besteht nicht darin, daß die Aktienkurse in den Keller sinken, sondern daß Kredit- und Zinsrückzahlungen anstehen, die das Profitpotential der beliehenen Vermögenswerte bei weitem übersteigen. Nur wenn die Schulden auf ein Maß reduziert werden, das dem Profitpotential entspricht, kann die Wirtschaft wieder angekurbelt werden, und der Aktienmarkt erholt sich von selbst. Einen anderen Weg zum wirtschaftlichen Neuanfang gibt es nicht.

Für den Immobiliensektor gilt das gleiche Prinzip. Direkter oder indirekter Erwerb von Grund und Boden durch den Staat (womöglich für völlig unnötige Projekte zum Ausbau der Infrastruktur) ist ein großer Fehler. Es geht schließlich nicht um den Grundstückspreis, sondern um die Kredite, die auf das Grundstück aufgenommen wurden und die mit den Mieten nicht gedeckt werden können. Die Grundstückspreise können langfristig nicht höher liegen als die Profite der auf ihnen getätigten Geschäfte. Es läßt zwar die Bilanz der Banken und Immobilienunternehmen in einem besseren

Der Bau einer Reichtumspyramide

Licht erscheinen, wenn der Verfall der Grundstückspreise aufgehalten wird, doch im Prinzip hilft es genauso wenig, wie eine eiternde Wunde mit einem Pflaster zu versorgen. Der Schaden wird kurzfristig vertuscht, doch die Wurzel allen Übels wird nicht angepackt. Auch hier gilt: Ein wirtschaftlicher Neuanfang ist nur möglich, wenn die Grundstückspreise der potentiellen Produktivität entsprechen.

Weitere staatliche Maßnahmen, wie zum Beispiel die Erhöhung der Nachfrage durch Senkung der Zinssätze, Steuererleichterungen und Verbesserung der Kaufkraft sind für den wirtschaftlichen Neuanfang eventuell zusätzlich erforderlich, greifen jedoch erst, wenn der übermäßig große Schuldenberg abgetragen wurde. Im Kapitalismus zählt der Profit, und dieser kann nur erwirtschaftet werden, wenn die Kreditschulden den Marktwert der beliehenen Vermögenswerte nicht übersteigen.

Die Geschichte lehrt uns, daß es unmöglich ist, Spekulationsgeschäfte vor Krisen zu bewahren. Ist eine Krise aber erst einmal ausgebrochen, kann man sie nur schwer aufhalten. Was aber möglich ist, ist der Neuanfang nach der Krise.

Die Gründe, warum Japan und der Großteil der anderen asiatischen Länder die erforderlichen Schritte zur Sanierung ihrer Wirtschaft nicht unternehmen können, sind sehr einfach zu erklären – und dennoch schwer zu beheben. Japan ist eine Konsensgesellschaft, in der die Unternehmensführung nur bei sehr wenigen Personen liegt. Es ist völlig unmöglich, die allseitige Zustimmung für die Schließung eines Unternehmens zu erhalten, wenn die Eigentümer und Manager der betroffenen Unternehmen Mitglieder des Entscheidungsteams sind. Wie sollte man sie davon überzeugen können, daß sie ihr eigenes Todesurteil unterschreiben? Wer möchte schon seinen Sohn, seine Freunde oder seine Schwiegereltern in den Bankrott treiben oder ins Gefängnis bringen? In Amerika sind die Unternehmen so riesig und verschachtelt,

Die Baumeister

daß diese »Drecksarbeit« einem Außenstehenden überlassen werden kann.

Bei den Aufräumarbeiten nach einer Krise ist die Hoffnung auf generelle Zustimmung eine Illusion. Ein »ökonomischer Alleinherrscher« muß ernannt werden, der die hoffnungslos verschuldeten Unternehmen schließt und die übriggebliebenen Vermögenswerte an den Meistbietenden verkauft. Denn das bestehende System hat sich in der Vergangenheit als unfähig erwiesen, die erforderlichen Schritte zu unternehmen, und läßt man ihm mehr Zeit, werden die Probleme nur noch schlimmer.

Zum Ankurbeln des Wirtschaftswachstums in Japan und im Pazifikraum ist mehr vonnöten, als nur die Trümmer nach dem Zusammenbruch aufzuräumen. Jedes Land, das sein vormaliges rapides Wirtschaftswachstum wieder erreichen will, muß einsehen, daß die Zeiten des exportinduzierten Wohlstands vorüber sind, und eine Wachstumsstrategie entwickeln, die seine Wirtschaft auf den Binnenmarkt ausrichtet.

Exportinduzierte Wachstumsstrategien konzentrieren sich auf steigende Exportraten. Können diese auf ungefähr 15 Prozent pro Jahr gesteigert werden, kann soviel importiert werden, daß das Wachstum der Binnenwirtschaft um 7 bis 8 Prozent erhöht werden kann. So können die notwendigen Maschinen, Anlagen, Ersatzteile und Endprodukte gekauft und Währungsreserven angelegt werden, die in Zeiten der Rezession auf den Außenhandelsmärkten den Import sichern.

Exportinduziertes Wachstum ist jedoch nur für einige kleine Länder möglich. In den sechziger und siebziger Jahren war Japan ökonomisch klein genug, um damit Erfolg zu haben. In den siebziger und achtziger Jahren, als Südkorea, Taiwan, Hongkong und Singapur mitspielten, zählten sie zusammen gerade einmal fünfundsechzig Millionen Einwohner. Sobald jedoch fast die ganze Welt, einschließlich China und Indonesien, in dieses Spiel einsteigen, kann

Der Bau einer Reichtumspyramide

es keinen Gewinner mehr geben. Wie soll jedes Land seine Exportraten jährlich um 15 Prozent steigern können, wenn die gesamte Weltwirtschaft nur eine Wachstumsrate von 2 bis 2,5 Prozent erzielt? Das kann nicht funktionieren.

Japan versucht sich immer noch auf dem Spielfeld des exportinduzierten Wachstums. Doch die Märkte der restlichen Welt können die Waren, die Japan zum Anstoß seiner Wirtschaft exportieren müßte, überhaupt nicht aufnehmen. Dies wäre schon ohne die Beteiligung Chinas auf dem Weltmarkt der Fall; heute, mit China, um so mehr.

Japan muß von innen heraus Wachstumsstrategien entwickeln, ähnlich wie Amerika im 19. Jahrhundert. Diese Strategien erfordern andere Strukturen in der Industrie und eine andere staatliche Wirtschaftspolitik.

Für Japan hieße dies: die Stillegung von Reisfeldern, die Abschaffung der Erbschaftsteuer, des Enteignungsrechts des Staates und der Gesetze zum Erdbebenschutz. Diese Punkte sind der Grund dafür, daß in Japan Grundstücke völlig überteuert sind und der Bau von Hochhäusern – der in jedem ähnlich reichen und dicht bevölkerten Land stattfindet – verhindert wird. Würden Gesetze und Regulierungen sinnvoll geändert, könnte Japan Wohnungen bauen, die seinem Pro-Kopf-Einkommen entsprächen. Dies würde dann zur Erschließung neuer Märkte führen, da die Verbraucher für die neuen großen Wohnungen und Häuser schließlich Einrichtungsgegenstände aller Art in einem ganz neuen Ausmaß bräuchten.

Die Geschichte lehrt uns die notwendigen Schritte: Die technischen Mittel stehen bereit, und mit einer effizienten und fähigen Regierung, die den nötigen Willen aufbringt, kann die wirtschaftliche Gesundung Japans schnell in die Wege geleitet werden.

Unterlassen Staaten jedoch die Durchführung unerläßlicher Maßnahmen, droht ihnen ökonomische Stagnation. Doch liegen die Gründe dieser Stagnation nicht in der Wirtschaft, sondern in einer ungelösten politischen Krise, sprich: in der Unfähigkeit, bei Hand-

Die Baumeister

lungsbedarf zu reagieren. Diese Handlungsunfähigkeit wird dann zum wirtschaftlichen Verhängnis.

Westeuropa: Es gilt, das Unternehmertum zu fördern

Die Aufgabe Westeuropas an der Pyramide beginnt eine Ebene weiter oben. Will es in einer wissensbasierten Wirtschaft erfolgreich sein, muß es ein unternehmerfreundlicheres Klima schaffen.

Das Erkennen dieser Notwendigkeit bedeutet für Europa jedoch nicht, daß sein Mittelweg zwischen Sowjetkommunismus und amerikanischem Kapitalismus, also die »soziale Marktwirtschaft«, aufgegeben werden muß. Wohl wird in der neuen wissensbasierten Weltwirtschaft eine Ungleichheit in höherem Ausmaß unausweichlich sein, doch kann Europa einen humaneren, ausgeglicheneren Weg gehen als Amerika. Die Lohnkosten für ungelernte Arbeitskräfte in Europa müssen auf das global durchgesetzte Niveau sinken, wenn diese Arbeiter weiterhin beschäftigt werden sollen, doch kann auf eine kurzfristige Lösung zurückgegriffen werden, die das Fallen der Nettolöhne verhindert, bis die nötigen Umschulungsmaßnahmen greifen.

Diese Lösung kennt man in Amerika unter dem Begriff »Lohnsteuerkredit«. Das bedeutet, daß Arbeiter mit geringem Lohn nicht steuerpflichtig sind; sie erhalten sogar zusätzliche staatliche Zuschüsse, die sich nach ihrem Verdienst bemessen – je niedriger der Verdienst, desto höher sind die Zuschüsse. Bei einem Stundenlohn von beispielsweise $ 6 erhält der Arbeiter einen Zuschuß von $ 2, sein effektiver Lohn beträgt also $ 8. Ein derartiger Lohnsteuerkredit ist der Arbeitslosenversicherung in jeder Hinsicht vorzuziehen. Arbeitsplätze werden gesichert und handfeste Vorteile für ungelernte Arbeitskräfte geschaffen. Die Begünstigten verdienen sich weiterhin ihren Lebensunterhalt selbst, anstatt untätig auf Almosen angewiesen zu sein. Ein weiterer, noch wichtigerer Gesichtspunkt

Der Bau einer Reichtumspyramide

ist, daß der Arbeiter aktiv in seinem Beruf tätig bleibt und keine Gefahr läuft, seine Fertigkeiten in langen Perioden der Arbeitslosigkeit zu verlernen. Beschäftigte verdienen mehr als Arbeitslose.

Die langfristige Lösung ist, Arbeitskräfte weiterzubilden, deren Löhne zur Sicherung der Berufstätigkeit in einer globalen Ökonomie zwangsläufig niedrig sein müssen. Mit dem Lohnsteuerkredit kann der notwendige zeitliche Rahmen für die Fortbildungsmaßnahmen geschaffen und verhindert werden, daß sich über lange Perioden der Arbeitslosigkeit die Chancen auf einen neuen Arbeitsplatz stetig verringern.

Priorität Nr. 1: Gesteigerte industrielle Flexibilität

Will Europa auf dem Gebiet der neuen, auf Wissen basierenden Industriezweige erfolgreich sein, muß es ganz grundsätzlich die wirtschaftliche Flexibilität steigern, das heißt, es muß die Fähigkeit entwickeln, aufgrund neuer revolutionärer Technologien Unternehmen zu gründen und diese in kurzer Zeit zu Großunternehmen wachsen zu lassen.

Westeuropa gelang es nach dem Zweiten Weltkrieg nicht, neue Großunternehmen aufzubauen. Während meiner Europa-Aufenthalte unterhielt ich mich oft mit Geschäftsleuten, die ihre Firmen absichtlich klein hielten, um staatliche Vorschriften zu umgehen. Solange die Unternehmen klein genug bleiben, gelten zum Beispiel keine Mitbestimmungsregelungen. Andererseits übernimmt der Staat aber auch einige der durch die Vorschriften verursachten Kosten, wenn bei großen Firmen Massenentlassungen erforderlich werden, wie es zum Beispiel bei FIAT der Fall war. Das Unternehmen ist einfach zu groß, als daß sich die italienische Regierung den Zusammenbruch von FIAT leisten könnte. Mittlere Unternehmen werden jedoch von den staatlichen Bestimmungen schwer getroffen. Sie müssen sich allen Vorschriften unterwerfen, was das Wachstum behindert, sind aber dennoch zu klein, um staatliche

Die Baumeister

Hilfe zu erhalten, falls eben diese Vorschriften sie in Schwierigkeiten bringen.

Damit kleine Firmen zu großen Unternehmen heranwachsen können, sind einfache, allgemein durchsetzbare Bestimmungen und Regulierungen erforderlich, die für alle Unternehmen unabhängig von ihrer Größe gelten.

Für größere unternehmerische Flexibilität müssen die westeuropäischen Länder nicht unbedingt ihr sozialstaatliches Gefüge aufgeben, allerdings sollte der Arbeitsmarkt doch etwas flexibler gestaltet werden. Rasch gewachsene amerikanische Unternehmen erleben regelmäßig Phasen, in denen Mitarbeiter entlassen werden müssen. Wären sie dazu nicht in der Lage gewesen, hätten diese zyklischen oder strukturellen Krisen ihren Zusammenbruch herbeigeführt. Sie hätten sich nicht lange genug im Geschäft halten können, um später neue Chancen ergreifen zu können. Als junge, schnell wachsende Firmen verfügten sie noch nicht über die erforderlichen finanziellen Reserven, um überflüssige Arbeitskräfte in Krisenzeiten zu beschäftigen.

Intel ist ein gutes Beispiel für dieses Problem. Es gehörte zu den Pionieren auf dem Gebiet der DRAMs, durchlief aber eine harte Zeit, als die Japaner in den achtziger Jahren in den Markt eindrangen. Später konnte sich die Firma jedoch mit der Erfindung des Mikroprozessors als Marktführer in diesem Bereich durchsetzen, allerdings war sie zum damaligen Zeitpunkt noch nicht in der Lage, ein konstantes Wachstum zu verbuchen. Hätte man Mitte der achtziger Jahre keine Mitarbeiter entlassen, wäre man in den Neunzigern nicht so erfolgreich geworden. Dies trifft nicht nur auf Intel zu, sondern auf fast jedes neue große amerikanische Unternehmen.

Die Lehre aus diesem Beispiel ist klar: Downsizing ist eine wichtige Voraussetzung für Wachstum.

Erfolgreiche Ökonomien brauchen kleine Unternehmen, die rasch zu großen Unternehmen heranwachsen. Denn Großunternehmen

Der Bau einer Reichtumspyramide

bieten gute Arbeitsplätze, investieren in Forschung und Entwicklung, exportieren und dienen zukünftigen Unternehmern als Betätigungsfeld, auf dem sie wichtige Erfahrungen sammeln können. Da die Anzahl der alten Großunternehmen sinkt, müssen einige der bestehenden Großunternehmen zwangsläufig neue Firmen sein. Zwischen 1990 und 1995 bauten einundzwanzig von fünfundzwanzig amerikanischen Unternehmen mit mehr als hunderttausend Beschäftigten Stellen ab.[102] Für jeden geschaffenen Arbeitsplatz wurden drei Arbeitsplätze abgebaut. Es waren aber nicht die vielen kleinen Betriebe, die in Amerika die neuen guten Arbeitsplätze schufen, sondern eine Reihe von Unternehmen, die auf dem besten Wege waren, sich zu Großunternehmen zu mausern.

Überlegt man sich einmal, wie die beiden High-Tech-Regionen Amerikas, Silicon Valley und Route 128, entstehen konnten, kann man dies zum Teil auf die hervorragenden Bildungsinstitute (Berkeley und Stanford, Harvard und MIT) zurückführen, doch dies allein kann nicht der Grund sein, da es auch anderswo erstklassige Universitäten gibt. Die wahre Ursache ihrer Entwicklung liegt darin, daß Geldinstitute bereit waren, Kredite für gute Konzepte zu vergeben, anstatt auf materiellen Sicherheiten zu bestehen.

Absolventen und Lehrkräfte des Massachusetts Institute of Technology (MIT) gründeten insgesamt mehr als viertausend Unternehmen mit mehr als 1,1 Millionen Beschäftigen und einem Umsatz von $ 232 Milliarden. Würde man diese MIT-gegründeten Unternehmen als ein einziges Unternehmen betrachten, stünde es hinsichtlich des Wirtschaftsvolumens weltweit auf Platz 24.

Seit den letzten zehn Jahren wird diese Tradition der Förderung von Unternehmensinitiativen noch stärker gepflegt. Die Patentabteilung des MIT verkauft ihre Patente nun nicht mehr, sondern setzt auf Kapitalbeteiligung an Unternehmen, die MIT-Technologien verwenden. Jungunternehmern wird somit die Existenzgründung erleichtert. MIT organisiert ein Forum für Unternehmer, in dem erfolgreiche Jungunternehmer denen, die es erst noch wer-

Die Baumeister

den wollen, mit Rat und Tat zur Seite stehen. Studenten können an einem Geschäftsplan-Wettbewerb teilnehmen, der mit einem Preis von $ 50 000 winkt. Der Preis ist inzwischen schon fast nebensächlich geworden, da viele der vorgelegten Geschäftspläne (auch wenn sie nicht den ersten Platz erzielen) heute von Risikounternehmern, die den Wettbewerb mit großem Interesse verfolgen, finanziert werden.

Unabhängig davon, wie stark der Unternehmergeist ausgeprägt sein mag, kann er doch immer noch gefördert werden.

Obwohl sich in ganz Europa die Probleme ähneln, gibt es doch Unterschiede zwischen den einzelnen Ländern. So kann zwar Italien z. B. mit vielen Unternehmensneugründungen aufwarten, doch hindern die gesetzlichen Bestimmungen diese jungen Unternehmen daran, sich in kurzer Zeit zu High-Tech-Konzernen von Weltrang zu entwickeln. In Deutschland und Frankreich ist die Anzahl der Existenzgründungen sehr gering, da gesellschaftliche Faktoren (Abneigung gegenüber Risiko und Veränderung, Intoleranz bei Scheitern) Jungunternehmern die nötige Unterstützung versagen. Großbritannien scheint alle Voraussetzungen für das amerikanische System zu besitzen, kann aber im Hinblick auf Neugründungen und dem Aufbau von neuen Großunternehmen keine großen Erfolge verbuchen. Der Grund ist der gleiche wie vor hundert Jahren, als Großbritannien seine Stellung als wirtschaftliche Weltmacht verlor: Es mangelt am notwendigen Grundstock technisch ausgebildeter Fachkräfte.

Priorität Nr. 2: Eine Umschichtung von Steuern und Abgaben tut not!

Schnelles Wachstum erfordert konkurrenzfähige Löhne. Der einfachste Weg zu niedrigeren Lohnkosten führt nicht über eine direkte Senkung hoher Löhne oder teurer Sozialleistungen, sondern über die kontinuierliche Abschaffung der Sozialversicherungsab-

Der Bau einer Reichtumspyramide

gaben, mit denen der Sozialstaat finanziert wird. In einigen Ländern, wie zum Beispiel Deutschland, verdoppeln sie den Stundenlohn und sollten deshalb vollständig abgeschafft werden. Der daraus resultierende Verlust an Staatseinnahmen (in Europa ca. 40 Prozent) könnte durch eine entsprechende Anhebung der Mehrwertsteuer kompensiert werden. Während sich durch diese Umschichtung die Nettosteuereinnahmen und das bestehende Sozialsystem nicht verändern würden, hätte sie auf die Wirtschaft eine ganze Reihe positiver Effekte:

Da im Gegensatz zu Sozialversicherungsabgaben die Mehrwertsteuer bei Exporten rückvergütbar ist, fielen die Preise europäischer Exportgüter drastisch.

Da auch diejenigen Verbraucher, die nicht mehr arbeiten (Rentner) und diejenigen, deren Verbrauch nicht durch produktive Arbeit finanziert wird (Reiche), Mehrwertsteuer zahlen, könnte der effektive Mehrwertsteuersatz wesentlich niedriger gehalten werden als der Sozialversicherungssatz, aber dennoch den gleichen Betrag an Steuereinnahmen erbringen. Niedrige Steuersätze erleichtern auch die wirtschaftliche Entscheidungsfindung.

Da der Großteil der staatlichen Steuereinnahmen zur Finanzierung der Renten und des Gesundheitswesens verwendet wird, sollten die Verbrauchssteuern angehoben werden, um für diese Ausgaben aufzukommen. Dies hätte auch eine einfachere und klarere wirtschaftliche Bilanzierung von Verbrauch und Investition zur Folge. Die Mehrwertsteuer ist eine Verbrauchssteuer.

Die wichtigste Folge dieser Steuerumschichtung liegt aber in der Aufhebung des sogenannten »Steuerkeils«: Die Lohn- und Gehaltszahlungen der Arbeitgeber liegen heute weit über dem, was Arbeitnehmern tatsächlich ausgezahlt wird. Wer über eine Neueinstellung entscheiden muß, überlegt sich also gut, ob die Produktivität des neuen Beschäftigten einen Stundenlohn von beispielsweise $ 32 rechtfertigen würde (die eine Hälfte des Betrags

Die Baumeister

erhält der Arbeitnehmer, die andere der Staat). Der Arbeitnehmer erhält jedoch einen Betrag von lediglich $ 16 abzüglich des Arbeitnehmerbeitrages und der Lohn- bzw. Einkommensteuer. Für ihn ist der Lohn viel geringer als der, den sein Arbeitgeber tatsächlich zahlt. Unproduktivität ist die Folge. Arbeitnehmer arbeiten lieber schwarz und zahlen keine Steuern mehr. Arbeitgeber verlagern die Produktion in Länder mit geringeren Lohnnebenkosten.

Würde die Mehrwertsteuer die Lohnnebenkosten ersetzen, könnten Arbeitnehmer und Arbeitgeber mit der gleichen Lohnhöhe rechnen. Ein deutscher Arbeitgeber könnte dann mit Lohnkosten in Höhe von $16 kalkulieren und deutsche Arbeitnehmer einstellen, wobei gleichzeitig für den Arbeiter der Anreiz zur Schwarzarbeit entfällt.

Das Standardargument gegen die Mehrwertsteuer ist, daß es sich um eine regressive Steuer handelt (bei steigenden regressiven Steuern sinkt das Einkommen des »kleinen Mannes«, da der Normalbürger einen größeren Teil seines Einkommens verkonsumiert als Wohlhabendere).

Doch ist die Mehrwertsteuer in viel geringerem Ausmaß regressiv als die Sozialversicherungsabgaben, d. h. die Lohnnebenkosten. Ersetzt man die Sozialversicherungsabgaben durch eine Anhebung der Mehrwertsteuer, die den gleichen Betrag an Staatseinnahmen erzielt, kann dies nur als progressive Steuerpolitik angesehen werden. Man könnte die Mehrwertsteuer sogar noch progressiver gestalten, indem Familien mit geringem Einkommen die gesamte oder einen Teil ihrer gezahlten Mehrwertsteuer in Form eines Einkommensteuerkredits zurückerstattet bekommen. Dieser Einkommensteuerkredit kann in dem Maße auslaufen, in dem ihr Einkommen steigt.

Obwohl es aufgrund einer derartigen Steuerumschichtung auch wirtschaftliche Verlierer geben wird (die Steuerbelastung der wohlhabenden Rentner steigt), ist sie doch eine einzigartige Chance für

Der Bau einer Reichtumspyramide

Europa, mit der fast alle Beteiligten nur gewinnen können. Wirtschaftspolitisch gesehen ist dies eine der wenigen Strategien, die viele zu Gewinnern und nur wenige zu Verlierern macht.

Es läßt sich folgende, ganz einfache Schlußfolgerung ziehen: Das Finanzwesen, die Gesellschaftsstruktur einschließlich all ihrer Regeln und Bestimmungen und das Steuersystem müssen in Europa ein Umfeld schaffen, in dem Großunternehmen gedeihen können. Die Bausteine, die der europäischen Reichtumspyramide noch fehlen, können geschaffen werden.

Geistiges Eigentum weltweit schützen

Für das reibungslose Funktionieren der wissensbasierten Marktwirtschaft ist auf der Wissensebene der Reichtumspyramide ein neues Rechtssystem für geistiges Eigentum erforderlich. Allerdings kann ein solches nicht in irgendeinem Land geschaffen und anschließend auf den Rest der Welt übertragen werden, sondern muß unter Beteiligung aller für alle entwickelt werden.

Langfristig gesehen werden sich die meisten Länder schon aus innenpolitischen Gründen für ein realisierbares geistiges Eigentumsrecht entscheiden. Ohne rechtlichen Schutz für Softwareprogramme in China oder Indien wird es auch keine chinesischen oder indischen Softwarefirmen geben. Man würde ihre Programme genauso schnell rauben, wie es heute mit Programmen aus den Industrieländern geschieht.

Ebenso wie die Industrielle Revolution in England damit begann, Gemeindeland abzuschaffen und in privates Landeigentum umzuwandeln, benötigt die Welt heute eine geregelte Ein- und Aufteilung des geistigen Eigentums. Findet diese Abgrenzung nicht statt, werden wir erleben, wie sich die Mächtigen und Einflußreichen eine wilde Jagd um die wertvollen Stücke des geistigen Eigentums liefern.

Die Baumeister

Alle Überlegungen zum Schutz von geistigem Eigentum sind von Anfang an durch Spannungen gekennzeichnet. Der Entwicklung neuer Produkte und Prozesse muß ein finanzieller Anreiz geboten werden, ohne den niemand die Kosten, Risiken und Anstrengungen auf sich nimmt, sich neues Wissen anzueignen. Es überrascht daher nicht, daß Innovationen in direktem Verhältnis zu finanziellen Anreizen stehen. So führte die kürzliche Änderung des Patentrechts, nach der nun die Patentierung von Pflanzen in den USA gestattet ist, zu einem explosionsartigen Anstieg bei der Entwicklung neuer Pflanzenarten.

Üblicherweise besteht der Anreiz darin, daß einem Erfinder das Alleinherstellungsrecht der Produkte gewährt wird, die aufgrund seiner Erfindung, sprich seines Wissens, produziert werden können. Falls er es wünscht, kann er dieses auch verkaufen. Die rückläufige staatliche Finanzierung von Forschungs- und Entwicklungsprojekten hat notwendigerweise zur Folge, daß privat finanzierte F&E unterstützt werden muß. Das wiederum ist nur möglich, wenn Privatunternehmen ihren Anreiz dazu in verbesserten Monopolrechten sehen.

Gleichzeitig besteht ein dazu völlig gegenteiliges Interesse, sobald neues Wissen verfügbar ist. Der gesellschaftliche Nutzen eines jeden neuen Wissens steigt in direktem Verhältnis zu dessen Verbreitung, Anwendung und freien Gebrauch. So wird bei bahnbrechenden Patenten häufig erwogen, die patentrechtlich gewährte Monopolstellung durch Antitrustgesetze oder ähnliches aufzuheben.

Jede rechtliche Regelung des geistigen Eigentums muß einen Kompromiß zwischen diesen widersprüchlichen Zielen finden – zum einen viel neues Wissen schaffen und zum anderen dessen schnelle Verbreitung verhindern. Eine Lösung dieses Widerspruchs ist nicht in Sicht, nur eines ist sicher: Das Gleichgewicht zwischen der Entwicklung neuer Ideen und ihrer Verbreitung muß gefunden werden. Ein weiser Schiedsspruch ist das Gebot der Stunde.

Der Bau einer Reichtumspyramide

Allerdings darf dieser Schiedsspruch nicht einfach von einem Richter getroffen werden, da sich dessen Kriterien nicht nach technologischem Fortschritt und wirtschaftlichem Erfolg richten. Ein Richter sieht seine Aufgabe darin, neue technologische Bereiche mit möglichst wenig gesetzlichem Änderungsbedarf in das bestehende Rechtssystem einzubinden. Ein solches Vorgehen richtet sich aber weder nach wirtschaftlichen noch nach technologischen Aspekten. Der richtige Ansatz wäre die Analyse des wirtschaftlichen Hintergrunds einer Branche, um den geeigneten Anreiz zu ihrer erfolgreichen Entwicklung zu bestimmen. Diese sozioökonomische Entscheidung muß jedoch von der Exekutiven und nicht von der Judikativen getroffen werden.

Eine starkes Patentrecht fördert definitionsgemäß monopolistische Tendenzen. Im Gegensatz zu früheren Zeiten ist dies in der modernen Wirtschaft jedoch kein Grund zur Beunruhigung mehr. Die wachsende Vielfalt an Produkten und Prozessen, das steigende Pro-Kopf-Einkommen und der steigende Konsum von Luxusgütern verhindern, daß Unternehmen ihre Monopolstellung schamlos ausnutzen können. Der Kunde hat heute zu fast jedem Produkt zahlreiche Alternativen in verschiedenen Preisklassen zur Auswahl. Werden die Preise erhöht, kauft der Kunde eben ein anderes Produkt. In keiner der aktuellen Anti-Trust-Klagen, nicht einmal im Microsoft-Prozeß, lautet die Beschuldigung, die Preise über das Wettbewerbsniveau angehoben zu haben, ganz im Gegenteil: Die Preise wurden so schnell gesenkt, daß potentielle Mitbewerber dadurch an der Teilnahme am Marktgeschehen gehindert werden.

Mit dem Machtverlust der Monopole und dem gesellschaftlichen Interesse an der Entwicklung neuen geistigen Eigentums sollte in unserer Gesellschaft mehr Gewicht auf die Schaffung neuen Wissens gelegt und die Bedenken über die freie Verteilung des bestehenden Wissens ausgeräumt werden. Ein stärkeres Patentrecht mit längerfristigen Patenten und Urheberrechten wäre durchaus gerechtfertigt.

Die Baumeister

Wenn Gesetze über geistiges Eigentum in technischer Hinsicht nicht durchsetzbar sind, erläßt man sie besser gar nicht erst. Der Bedarf nach Schutz von geistigem Eigentum war noch nie größer als heute, dennoch sind es oft genau die Technologien und Entwicklungen, die für den wirtschaftlichen Erfolg geschützt werden müssen, die der Durchsetzung dieses Rechtes entgegenstehen. Das Herunterladen von Compact Discs aus dem Internet ist hierfür ein gutes Beispiel.

Amerika: Qualifikationen, Karrieren, Top-Verdiener

Amerikas Hauptaufgabe liegt darin, die Bausteine der Reichtumspyramide zu schaffen, die für Qualifikation, Kenntnisse und Fertigkeiten stehen. Dabei geht es nicht nur um die Verbesserung des Bildungssystems, sondern ebenso um die geeignete Finanzierung beruflicher Fortbildungsmaßnahmen und die Organisation des Dienstleistungssektors.

Obwohl die USA Vorreiter der allgemeinen Schulpflicht waren, wird das Bildungssystem zunehmend vernachlässigt. Mit der Einführung der allgemeinen Schulpflicht wurde sichergestellt, daß die notwendigen Grundkenntnisse für das neue industrielle Zeitalter vorhanden waren. Amerika war das erste Land, in dem die Studiengebühren an staatlichen Universitäten geringer waren als die tatsächlichen Kosten. (Weder die allgemeine Schulpflicht noch die niedrigen Studiengebühren waren aufgrund von Forderungen des Durchschnittswählers nach besserer Ausbildung der Jugendlichen eingeführt worden, sondern den Unternehmern zuzuschreiben, die eine besser qualifizierte Arbeiterschaft forderten. Mit Spenden gleichgesinnter Unternehmer wurden private Universitäten eröffnet und ermöglichten die Vergabe von Stipendien.)

Heutzutage können sich die staatlichen Universitäten immer weniger auf öffentliche Zuschüsse verlassen und finanzieren sich deshalb in zunehmendem Maß über Studiengebühren, wobei sie sich

Der Bau einer Reichtumspyramide

praktisch in Privatuniversitäten verwandeln. Bei diesen Privatuniversitäten ersetzen inzwischen Studienkredite die früher üblichen Stipendien. Der freie Markt hat den Bildungssektor in sich aufgenommen, verschenkt wird nichts mehr.

In der zweiten Hälfte des 20. Jahrhunderts eiferten viele dem Vorbild des amerikanischen Bildungssystems nach. Japan und Europa, zum Beispiel, übernahmen und verbesserten es, indem sie die Ansprüche an die Auszubildenden anhoben. Bis in die fünfziger Jahre hinein hatte Amerika weltweit den höchsten Anteil an High-School-Abgängern (77 Prozent).[103] In den Neunzigern sank diese Zahl auf 72 Prozent. Die Fortschritte anderer Länder im Bildungsbereich führten dazu, daß Amerika unter den neunundzwanzig Industrienationen auf Platz 28 fiel. Auch gelang es allen anderen Ländern, die Allgemeinbildung der Schulabgänger anzuheben. Sogar die schlechten Schüler in Japans und Südkoreas Schulen erbringen bessere Leistungen als ein durchschnittlicher Schüler in den USA.

Diese Fakten sind zwar allgemein bekannt, doch unternimmt man in den USA nichts, um einen Wandel herbeizuführen. Es stellt sich daher die Frage nach den Gründen für diese Untätigkeit. Die wesentliche Ursache ist die Unfähigkeit zum Wandel.

Die erforderliche Veränderung bleibt nicht deshalb aus, weil man nicht wüßte, was zu tun wäre. Ganz im Gegenteil. Jeder weiß ganz genau, wie das Bildungssystem verbessert werden könnte. So ist es dringend erforderlich, die im weltweiten Vergleich kürzeste Gesamtunterrichtszeit in den Grundfächern zu verlängern; schließlich lernen amerikanische Schüler nicht doppelt so schnell wie andere. Das Gehalt der Lehrer muß angehoben werden, damit der Lehrberuf für gute Studenten ein Berufsziel werden kann. Und schließlich müssen die Anforderungen in den Abschlußprüfungen für Lehramtsstudenten erhöht werden, da ohne Qualitätsstandard kein gutes Ergebnis erwartet werden kann.

Die Baumeister

Amerikas Untätigkeit begründet sich darin, daß das amerikanische Bildungssystem weder gut noch schlecht ist, sondern beides zugleich – und seine guten Seiten sind mehr als gut! Deshalb scheut man in Amerika davor zurück, die schlechten Seiten des Bildungssystems zu verbessern.

Man versetze sich einmal in die Lage von intelligenten amerikanischen High-School-Abgängern. Mit achtzehn Jahren liegen sie hinsichtlich ihres Bildungsstands weit hinter ihren Altersgenossen in anderen Ländern zurück. Nicht einmal der Intelligenteste unter ihnen würde die Abschlußexamina bestehen, die in anderen Industrienationen als Standard eingeführt sind. Da sie aber intelligent sind, schreiben sie sich an einer der guten amerikanischen Universitäten ein. Dort müssen sie sich viel mehr anstrengen als ihre Altersgenossen in Europa oder Japan, und mit Abschluß ihres Studiums haben 23 Prozent der amerikanischen Studienabgänger die Bildungsunterschiede zu den besten Absolventen der Welt überwunden. Viele dieser Absolventen bleiben danach zur weiterführenden Ausbildung als »Graduates« an der Universität, eine Art der Ausbildung, die fast ausschließlich in Amerika angeboten wird. Nach Abschluß dieser Ausbildung zählen 15 Prozent der amerikanischen Bevölkerung zu den bestqualifizierten Akademikern der Welt.

Die Nachkommen derjenigen, die den Wandel für wichtig und richtig halten, genießen eine hervorragende Ausbildung und erlernen das Wissen und die Fertigkeiten für die erfolgreiche Teilnahme am weltweiten Wirtschaftsspiel der Zukunft, selbst wenn vielen anderen die Spielregeln nicht vollständig bekannt sind. Da im globalen Wirtschaftsspiel sowohl Einzelkämpfer als auch Teams beteiligt sind, hätten sie vielleicht noch mehr Erfolgsaussichten, wenn ihre Landsleute ebenfalls über berufliche Qualifikationen auf Weltniveau verfügten. Doch schließlich besteht ja die Möglichkeit, sich einem internationalen Team anzuschließen, in dem alle Fähigkeiten vorhanden sind, die auf nationaler Ebene fehlen.

Der Bau einer Reichtumspyramide

Für die Eltern dieser hervorragend ausgebildeten Schüler besteht deshalb kein zwingender Grund, die Änderung des Bildungssystems voranzutreiben, um anderen amerikanischen Jugendlichen eine gute Ausbildung zu sichern. Drohte ihren eigenen Kindern das Schicksal einer schlechten Ausbildung, wären die Kräfte, die der Veränderung des Bildungssystems entgegenstehen, schnell überwunden. Da ihre Kinder jedoch eine gute Ausbildung genießen, besteht für sie absolut kein Grund, das bestehende Bildungssystem zu revolutionieren. Ihre persönlichen Bedürfnisse werden schließlich befriedigt.

Stillschweigend hat sich hier eine Ausschlußmethode innerhalb der wirtschaftlichen Entwicklung verfestigt. Ein Teil der amerikanischen Arbeitskräfte eignet sich alle notwendigen Qualifikationen an, um sich erfolgreich in der neuen, technologieintensiven globalen Ökonomie zu behaupten. Der Beitritt in ein globales Team verspricht den wirtschaftlichen Erfolg – der Rest der amerikanischen Arbeitskräfte bleibt außen vor. Das Problem dabei ist, daß diese Ausschlußmethode auch funktionieren wird.

Die Schwierigkeiten einer Isolierung innerhalb der wirtschaftlichen Entwicklung sind nicht ökonomischer Art. Für hochqualifizierte Amerikaner könnte diese Ausschlußmentalität ebenso lohnend sein wie für Softwareprogrammierer in Bangalore, Indien. Die Schwierigkeiten sind nicht einmal politischer Art. Das Beispiel Indiens zeigt auch, daß eine ausgeprägte interne Ungleichheit nicht unbedingt zum politischen Zusammenbruch führen muß. Die Schwierigkeiten sind in erster Linie moralischer Art: Wer will schon in einer Gesellschaft leben, die gezielt vielen Bürgern den Lebensstandard einer Industrienation verweigert und sie im Endeffekt zu Drittwelt-Lohnempfängern degradiert?

Obwohl in den Vereinigten Staaten häufig die Einführung eines Lehrstellensystems gefordert wird, ist es sehr unwahrscheinlich, daß ein solches jemals in ähnlicher Weise entwickelt sein wird, wie

Die Baumeister

es in Deutschland der Fall ist. Im Gegensatz zu Amerika blickt man in Deutschland auf eine Handwerkstradition zurück, die in den mittelalterlichen Gilden ihren Anfang nahm, und noch heute wird der Handwerkskunst großer Respekt gezollt. Auch fehlt es in Amerika an Unternehmen, die, wie in Japan, die Entwicklung von Fachkenntnissen finanzieren.

Es gibt eben unterschiedliche Einstellungen. Die Mobilität der Arbeit wird in Amerika immer höher bleiben als in Japan oder Europa. Amerikanische Unternehmen sind nicht bereit, ihren Mitarbeitern Fortbildungsmaßnahmen zu bezahlen, nur um dann festzustellen, daß die geschulten Mitarbeiter zu einem anderen Arbeitgeber wechseln.

In den Vereinigten Staaten muß etwas eingeführt werden, das auch funktionieren kann. In Amerika herrscht ein echter Mangel an handwerklichem Geschick. Und das macht ein Bildungssystem zur Umschulung der Millionen von Arbeitern notwendig, deren jetzige Fertigkeiten noch lange vor Erreichen ihres Rentenalters nicht mehr gefragt sein werden.

Das Grundproblem in den Vereinigten Staaten ist, daß jeder Arbeitgeber die Vorteile der beruflichen Ausbildung kostenlos nutzen will.»Ich beschäftige natürlich nur bereits ausgebildete Arbeitskräfte«, so der typische amerikanische Unternehmer. Sobald sich auch nur ein moderater Rückgang der Arbeitslosenrate abzeichnet, werden von genau jenen Arbeitgebern, die selbst keine Schulungsmaßnahmen durchführen, Klagen über fehlende qualifizierte Arbeitskräfte laut. Obwohl klar ist, daß besser ausgebildete Arbeitskräfte benötigt werden, stellen sich die Arbeitgeber auf den Standpunkt, daß es nicht ihre Sache ist, Verantwortung und Kosten zu übernehmen.

Eine sichere berufliche Laufbahn wäre die Voraussetzung für jeden Arbeitnehmer, sich die notwendigen Kenntnisse und Fertigkeiten selbst anzueignen. Da viele ihren Arbeitsplatz aber häufig wech-

Der Bau einer Reichtumspyramide

seln, weiß niemand so genau, welche beruflichen Fähigkeiten wie lange gefragt sind. Folglich verfolgt auch der einzelne Arbeitnehmer nicht selbständig das Ziel, sich weiterzubilden oder sich neue Fertigkeiten anzueignen.

Besteht aber ein gesellschaftlicher Konsens darüber, daß Handlungsbedarf vorliegt, muß die Gesellschaft selbst Abhilfe schaffen. Auf dem Gebiet des zweiten Bildungsweges gibt es eine einfache Lösung. So erhebt unter anderem Frankreich eine Ausbildungssteuer, die aus den Verkaufszahlen des Unternehmens errechnet wird. Der Zweck ist nicht, neue Steuern zu erheben, sondern den Arbeitgebern die Vorteile von eigenen Ausbildungsprogrammen nahezubringen. Sie zahlen eine Steuer in Höhe von 1 Prozent, können aber ihren Ausbildungsaufwand davon abziehen. Wenden sie also 1 Prozent ihrer Verkaufserlöse für Ausbildungskosten auf, müssen sie die Steuer nicht entrichten. Über den genauen Ausbildungsinhalt bestehen keinerlei Vorgaben, wichtig ist nur, daß der finanzielle Anreiz zu Schulungsprogrammen deutlich und spürbar ist. Mit diesem System ist jedem geholfen. Es veranlaßt die Arbeitgeber zu Investitionen, obwohl die lebenslange Beschäftigung längst nicht mehr sicher ist. Wenn diese Investitionen für alle Arbeitgeber obligatorisch sind, kann niemand mehr als Schmarotzer am Bildungswesen teilhaben. Investieren aber die Arbeitgeber, kann auch von den Arbeitnehmern ein sinnvoller Beitrag erwartet werden.

Die amerikanische Wirtschaft braucht dringend höhere Investitionen im Aus-, Weiterbildungs- und Umschulungsbereich. Dennoch muß man sich darüber im klaren sein, daß die berufliche Qualifikation allein nicht zwangsläufig zu höheren Löhnen führt. Statistiken zeigen, daß die Löhne für männliche Beschäftige auf allen Qualifikationsebenen (mit Ausnahme der Spitzenqualifikationen) fallen, womit belegt ist, daß das Angebot an qualifizierten Kräften bereits die Nachfrage übertrifft. Es hat also keinen Sinn, das Angebot an qualifizierten Arbeitskräften zu erhöhen, wenn nicht eine ähnlich

Die Baumeister

hohe Nachfrage geschaffen werden kann, da anderenfalls die Löhne noch schneller sinken werden als bisher. Bildung ist ein wichtiger Aspekt beim Ausgleich der Lohn- und Gehaltsdifferenzen, kann aber nur dann greifen, wenn umfassende Umstrukturierungen im Dienstleistungssektor stattfinden und Investitionen ein schnelleres Wirtschaftswachstum ermöglichen.

Da alle neu geschaffenen Arbeitsstellen der amerikanischen Wirtschaft im Dienstleistungssektor zu finden sind und jedes Jahrzehnt 20 Prozent der Arbeitsplätze in den übrigen Wirtschaftssektoren vernichtet werden, strömen auch von dort Arbeitnehmer in den Dienstleistungsmarkt. Folglich erfordert eine bessere Verteilung der Arbeitsplätze eine Umschichtung der gutbezahlten Stellen im Dienstleistungsbereich. Nur so kann die amerikanische Arbeitnehmerschaft nach Verbesserung ihrer Qualifikation auch eine gerechtere Arbeitsplatzverteilung vorfinden.

Amerika: Höhere Investitionen statt Konsum

Die Frage, ob Staaten wie Deutschland oder Japan zu wenig in die Zukunft investieren, ist strittig. (Vermutlich investiert Singapur zuviel.) Bei Amerika ist die Antwort eindeutig: Die Amerikaner investieren auf dieser Ebene der Pyramide zu wenig. Wenn Sektoren wie die private Dienstleistung Löhne auf globalem Niveau bieten sollen, sind höhere Investitionen nötig. Erfolgreiche private Baumeister wissen, daß sie für ihren Erfolg eine Gesellschaft gleichgesinnter Baumeister benötigen. Umgekehrt führt eine gute gesellschaftliche Infrastruktur zu erfolgreichen privaten Investitionen.

In Amerika werden der persönliche Konsum sehr großgeschrieben und Investitionen in Hilfsmittel und Rüstzeug vernachlässigt. Es wäre ein Leichtes, das amerikanische System der Leistungsprämien auf die Finanzierung und Durchführung der notwendigen Maßnahmen anzuwenden. Die erforderlichen Korrekturmaßnahmen für den schwindenden Investitionswillen der amerika-

Der Bau einer Reichtumspyramide

nischen Gesellschaft können in vielen Artikeln und Büchern zu diesem Thema nachgelesen werden.[104] Regierungen können den Anstoß zu weiteren Investitionen geben, indem sie selbst mehr öffentliche Gelder für die Infrastruktur aufwenden. Der aktuelle Haushaltsüberschuß von $ 79 Milliarden bietet mehr Gelder für die Privatanleger auf den Kapitalmärkten.

Die Vision einer Gesellschaft aus Baumeistern könnte als Alternative zum allgemein gepriesenen Konsumdenken ins Feld geführt werden. Eine solche Vision war etwa in den sechziger Jahren die Vorstellung, als erster Mensch auf den Mond zu fliegen.

Der Hang der Amerikaner, mehr auszugeben als sie verdienen, sollte mit der Einschränkung des Kreditkartengebrauchs und günstiger Verbraucherkredite gezügelt werden. Auch die Einführung eines neuen Steuersystems, in dem nicht das Einkommen, sondern der Verbrauch besteuert wird, das heißt, in dem die Bürger für ihren Verbrauch am und nicht für ihren Beitrag zum Gesamtsystem besteuert werden, wäre eine überlegenswerte Maßnahme.

Das Problem ist nicht herauszufinden, was in den Vereinigten Staaten zur Steigerung der Investitionen getan werden kann, sondern wie die notwendigen Anreize dazu in der amerikanischen Gesellschaft geschaffen werden können.

Solange den Amerikanern die Wichtigkeit dieses Vorhabens nicht deutlich ist, werden sie auch nichts unternehmen. Nur wer sich selbst als Baumeister sieht und sich am Bauen selbst wie auch am vollendeten Bauwerk erfreuen kann, wird die Grundlage schaffen, daß Investitionen steigen und der Konsum sinkt.

Die Baumeister

Die Erde: Stopp der globalen Erwärmung

Auf der Umweltschutzebene der Pyramide lautet das beherrschende Thema globale Erwärmung, denn sogar das Problem des Ozonlochs ist vielleicht bald schon gelöst.

Das Ziel einer Problemlösung darf nicht sein, schädliche Auswirkungen zu vermeiden, sondern es in Zukunft besser zu machen. Horrorszenarien dienen nicht zur Motivation. In meiner Jugend zeigte man uns in der Schule Bilder von gesunden, rosigen Lungen und danach Bilder von krebsbefallenen schwarzen Raucherlungen. Von den Rauchern unter meinen Freunden hörte deswegen keiner mit dem Rauchen auf. Jedem war die Gefahr bewußt, vielleicht an Krebs zu erkranken – na und? Wer weiß schon, was die Zukunft bringt? Manche Menschen rauchen ihr ganzes Leben und erkranken nicht an Krebs; vielleicht trifft das auf mich ja auch zu.

Viel sinnvoller wäre es, beim Thema der globalen Erwärmung eine ähnliche Vorgehensweise einzuschlagen, mit der in Amerika inzwischen auch das Rauchen eingeschränkt werden konnte. Über eine Zeitspanne von fünfundzwanzig Jahren veränderte die Aufklärung über den verbesserten Lebensstandard in einer Nichtraucher-Umgebung die gesellschaftliche Einstellung dem Rauchen gegenüber radikal. Früher hatten Nichtraucher kaum eine Chance, daß ein Raucher in ihrer Gegenwart nicht rauchte. Fünfundzwanzig Jahre später raucht kein höflicher Raucher in der Gegenwart von Nichtrauchern, ohne diese zumindest um Erlaubnis zu fragen. Der gesellschaftliche Druck veränderte langsam die Gewohnheiten und die Definitionen dessen, was akzeptabel ist. Der Punkt war nie, ob man Rauchern das Rauchen verbieten solle, jeder muß schließlich selbst wissen, was für ihn gut ist oder nicht. Der Punkt war, daß Nichtraucher ihre Gesundheit nicht durch passives Rauchen gefährden wollten.

Der Ausgangspunkt, warum das Problem der globalen Erwärmung gelöst werden muß, ist klar. Zukünftige Generationen, das heißt

Der Bau einer Reichtumspyramide

unsere Kinder und Enkelkinder, werden mit ihr leben müssen. Wollen wir ihnen wirklich ein solches Erbe hinterlassen? Wieviel Geld sind wir bereit für eine gesunde Umwelt zu zahlen?

Jede noch so lange Reise beginnt mit einem kleinen Schritt. Es gibt einige sehr leichte und kostengünstige erste Schritte, die ohne großen Aufwand unternommen werden können. Schadensbegrenzung ist zwar nicht mit Schadensprävention gleichzusetzen, aber dennoch die Mühe wert, denn jeder Schritt weist uns die Richtung des nächsten.

Über ein Drittel des Kohlendioxidausstoßes wird von Autos verursacht.[105] Angesichts der bereits erzielten Fortschritte bei der Entwicklung von Brennstoffzellen als wirtschaftliche Alternative zum konventionellen Verbrennungsmotor zahlen sich einige zusätzliche Milliarden Dollar für F & E bestimmt aus. Wenn ein Problem im Moment aufgrund der technologischen, intellektuellen und gesellschaftlichen Umstände noch nicht gelöst werden kann, heißt dies ja nicht, daß die Lösung generell nicht gefunden werden kann.

Schlußfolgerung

Die Welt tritt in die Wirtschaft des 21. Jahrhunderts ein – doch ein Baustein wird in der Reichtumspyramide noch nicht an seinem Platz sein: Die globale Ökonomie entsteht und ersetzt die nationalen Ökonomien, doch es gibt keine globale Regierung, die an die Stelle der nationalen Regierungen tritt.

Der Übergang der regionalen zur nationalen Wirtschaft vor einem Jahrhundert zeigte, wie viele unerwartete und vorher unbekannte Probleme aus einer solchen Umwälzung erwachsen. Auf ähnliches muß man beim Wechsel von nationalen Ökonomien zur globalen gefaßt sein. Eines dieser Probleme hat sich bereits gezeigt: Staatlich kontrollierte internationale Institutionen können nur über nationale Regierungen agieren und haben sich weitgehend als

Die Baumeister

unfähig erwiesen, die Asienkrise zu beenden und ihr Übergreifen auf Südamerika zu verhindern. Wirksame und weltweit gültige Finanzgesetze sind ebenso erforderlich wie ein supranationaler Kreditgeber. Es wird jedoch weder das eine noch das andere geben.

In ruhigen Zeiten können die Finanzmärkte als sogenannte »Black Box« betrachtet werden, die ausgleichend auf die Schwankungen der eingehenden Daten einwirken. In die Black Box gehen schwankende Daten ein, schwankende Preise verlassen sie wieder, wobei die Preisschwankungen kleiner sind als die Datenschwankungen. Ohne eine stabile globale Ökonomie wandelt sich dieser Effekt dahingehend um, daß die Preisschwankungen größer als die Datenschwankungen sind.

Man denke nur an die Wechselkursraten zwischen Yen und Dollar seit Beginn der Japankrise. Seit 1990 gab es nur geringe Abweichungen über die Daten zur amerikanischen und japanischen Wirtschaft. Dennoch stieg zwischen 1990 und 1995 der Yen von 160 auf 80 Yen pro Dollar, fiel 1998 auf 150 Yen pro Dollar und stieg Anfang 1990 wieder auf 110. Mit solchen Schwankungen kann keine Wirtschaft erfolgreich planen.[106] Kluges Investieren wird praktisch unmöglich. Sind die größte und die drittgrößte Wirtschaftsmacht der Welt durch derartige Währungsschwankungen destabilisiert, wird mit ihnen auch die globale Ökonomie instabil.

Doch dieses Problem wird die Welt nicht lösen. Die globale Reichtumspyramide wird ohne diese Grundbausteine errichtet. Kein globaler Manager ist in Sicht, der für die Aufrechterhaltung und Feinabstimmung des Leistungsvermögens verantwortlich ist.

Die nationalen Regierungen, die sich bisher darum kümmern mußten, daß ihre Wirtschaft floriert, verlieren zunehmend an Einfluß. Fluktuationen in den globalen Finanzströmungen werden nur die stärksten Regierungen überstehen können. Schon heute haben

Der Bau einer Reichtumspyramide

viele ihren Einfluß auf den Informations- und Kapitalfluß eingebüßt, und die Überwachung ihrer Grenzen ist kaum noch möglich. Gleichzeitig nimmt die Macht der Weltkonzerne zu. Mit der globalen Mobilität in Ländern, wo die größten Vorteile locken, und der Macht, einzelne Nationen im Kampf um die attraktivsten Investitionsprojekte gegeneinander auszuspielen, sind sie in abnehmendem Maß staatlichen Reglementierungen unterworfen.

Globale Konzerne expandieren; nationale Regierungen schrumpfen.

Die gleichen Kräfte, die den Machtverlust der nationalen Regierungen verursachen, erhöhen die wirtschaftliche Ungleichheit – unter Staaten, Unternehmen und Einzelpersonen. Regierungen, die sich kopfüber in das globale Wirtschaftsspiel gestürzt haben, werden die zunehmende Ungleichheit nicht mehr kontrollieren können.

Viele der Wirtschaftsregionen dieser Erde werden in der globalen Wirtschaft nicht vertreten sein. Ohne qualifizierte Arbeitskräfte und ohne moderne Infrastruktur kann kein Staat am globalen Spiel teilnehmen.

Unternehmer werden entweder global vertreten sein oder Nischen besetzen. Die mittelständischen Unternehmen sind vom Aussterben bedroht.

Die Gewinne des Kapitals steigen und die Löhne sinken. Auf globaler Ebene ist im Vergleich zum Kapital Arbeitskraft im Überfluß vorhanden, mehr noch als in den Industrienationen heute. Folglich steigt das Einkommen der Kapitalgeber, während das der Arbeitnehmer sinkt. Ebenso steigt das Einkommen der qualifizierten Arbeitskräfte, während das der ungelernten Arbeiter sinkt. Auf globaler Ebene übersteigt das Angebot ungelernter Arbeiter das der qualifizierten Arbeitskräfte bei weitem. Das Gesetz von Angebot und Nachfrage gilt auch weiterhin.

Die Baumeister

Geschichtlich gesehen stieg die Ungleichheit während der ersten Industriellen Revolution, glich sich während der zweiten Industriellen Revolution wieder aus und steigt nun, in der dritten Industriellen Revolution, wieder stark an. Die erste Industrielle Revolution zerstörte eine stabile Agrargesellschaft, die zweite schuf eine stabile industrielle Mittelklasse und die dritte läßt nun die wirtschaftlichen Grundpfeiler dieser stabilen industriellen Mittelklasse erbeben und schafft eine gespaltene Wirtschaft.

Werden wir Baumeister unserer Zukunft?

Junge Menschen werden oft gefragt: »Was willst du einmal werden, wenn du groß bist?« Erwachsenen sollte man diese Frage stellen: »Wie soll sich die Nachwelt an Sie erinnern?« Keiner der jetzigen Staats- und Regierungschefs könnte diese Frage für sich oder sein Land beantworten.

Die Geschichtsbücher bewahren das Gedenken an Zivilisationen, die mächtige Reiche schufen – die Ägypter, die Griechen, die Römer, die Mayas, die Inkas, die Spanier, die Engländer – und an die Persönlichkeiten, die den Aufbau dieser Reiche anführten – Alexander der Große, Cäsar, Peter der Große, Napoleon. Aber auch große Denker bevölkern die Geschichtsbücher: Aristoteles, Archimedes, Marc Aurel, Shakespeare, Goethe, Newton, Einstein.

Der Aufbau von geographischen Weltreichen hat heute an Bedeutung verloren. Geographische Ausdehnung und natürliche Rohstoffe sind für den Bau einer Reichtumspyramide nicht mehr so wichtig, weswegen moderne Weltreiche auch nicht mehr den Wohlstand von einst erreichen. Die Kosten für den Aufbau übertreffen bei weitem seine Erträge. Aus diesem Grund gaben Frankreich, Großbritannien und Rußland in der zweiten Hälfte des 20. Jahrhunderts ihre Kolonien auf. Es ist aber ebenso klar, daß in dem Maße, wie das Wissen an Bedeutung für den Bau der modernen Reichtumspyramide zunimmt, diejenigen, denen wir die großen technologischen Durchbrüche verdanken, als die Baumeister unserer Zeit gelten werden. Sie definieren die Zukunft der Menschheit neu.

Werden wir Baumeister unserer Zukunft?

Was würde ein Historiker im Jahre 3000, der ein Geschichtsbuch über die Menschen des Jahres 2000 – über uns – verfaßt, schreiben? Welche unserer Leistungen sind so bedeutsam, daß man sich noch in tausend Jahren daran erinnern wird?

Was denken wir über die Menschen, die im Jahre 1000 lebten? Eigentlich wissen wir darüber nichts. Wer kann sich an eine historische Leistung zwischen 950 und 1050 erinnern? Niemand! Dieses Jahrhundert gilt als uninteressant. Vielleicht wird man im Jahre 3000 das selbe über uns sagen.

Wahrscheinlicher aber ist, daß ein Historiker in der fernen Zukunft unsere Zeit als die Ära der Biotechnologie bezeichnen wird, in der zum ersten Mal in der Geschichte der Menschheit Pflanzen, Tiere und der Mensch selbst teilweise Produkt des Menschen waren. Zuerst konzentrierte sich die Forschung darauf, lebensbedrohliche genetische Mängel zu überwinden, ging dann über zur Ausmerzung genetischer Schwächen und schuf schließlich den besseren, intelligenteren und schöneren Menschen. Ende der neunziger Jahre ist es bereits möglich, die Körpergröße des Menschen genetisch zu verändern.[107] Neues biologisches Terrain, das die menschliche Natur selbst veränderte, wurde erforscht und allen zugänglich gemacht. Diese Entdeckungen veränderten die Grundlagen der menschlichen Existenz: die Art und Weise, wie Menschen über sich selbst denken, die Vorstellungen über ihre Daseinsform, ihr Aussehen und ihre Gefühle.

Als Touristen besuchen wir die Hinterlassenschaften der großen Baumeister der Geschichte – die Pyramiden, den Parthenon, die antiken Tempel und Ruinen Roms, die Stadtstaaten der Maya, Machu Pichu, die gotischen Kathedralen, die Chinesische Mauer, das Tadsch Mahal und Angkor Vat. Welche Stätten werden Touristen in tausend Jahren besuchen? Wer wird etwas Sehenswertes erbaut haben, das die Zeit überdauert? Was aus der heutigen Infrastruktur wird als historisches Erbe betrachtet und bewundert

Werden wir Baumeister unserer Zukunft?

werden? Vielleicht wird es nichts geben, das sich in diesem Licht betrachten läßt. Wenn wir heute nichts Großartiges bauen, wird es auch in der Zukunft nichts geben, das einen Besuch wert ist. Die Lehre aus der Geschichte ist klar. Die Persönlichkeiten und Gesellschaften, an die wir uns erinnern, waren Baumeister. Die einen bewundern wir für ihre tatsächlichen Bauwerke, die anderen für ihre intellektuelle Bauleistung. Aber sie alle waren Baumeister.

Der charakteristische Vertreter unserer Zeit ist der Verbraucher. Niemand erinnert sich jedoch an Verbraucher. Um dies zu verstehen, muß man sich nur den Unterschied zwischen Mensch und Tier vor Augen halten. Der Mensch ist weder aufgrund seiner Eigenschaften (Stärke, Geschwindigkeit, Jagdinstinkt) das dominierende Lebewesen auf der Erde, noch aufgrund seiner Bedürfnisse. Jedes Lebewesen will essen, einen geschützten Schlafplatz und Sicherheit vor seinen Feinden. Der entscheidende Unterschied zwischen Mensch und Tier besteht darin, daß der Mensch von Natur aus ein Baumeister ist.

Teilweise bauen wir, um uns das Leben zu vereinfachen, aber dies allein macht uns noch nicht einzigartig. Biber bauen von Natur aus Dämme. Der Unterschied zum Menschen liegt darin, daß wir Werkzeuge herstellen, die es uns ermöglichen, Dinge zu tun, die nicht mehr zum Lebensnotwendigen gehören. Wir bauen Werkzeuge, die uns zu Abenteurern, Forschern und besseren Baumeistern machen.

Mit unseren Werkzeugen unternehmen wir neue Entdeckungsreisen und Abenteuer. Mit Segelschiffen und Raumschiffen konnten wir dorthin reisen, wo noch kein Mensch zuvor war. Mit Elektronenmikroskop und Teleskop konnten wir erblicken, was noch kein Mensch zuvor sah. Mit Laser und Computer konnten wir leisten, was noch kein Mensch zuvor leistete. Mit Videokamera und Fernseher konnten wir uns erfreuen, woran sich noch kein Mensch zuvor erfreute.

Werden wir Baumeister unserer Zukunft?

Im 15. Jahrhundert wurde Kolumbus ebenso vom spanischen Steuerzahler unterstützt wie das Raumfahrtprogramm im 20. vom amerikanischen Steuerzahler. Forschung und Weiterentwicklung auf der Basis der Forschungsergebnisse sind selten Leistungen eines Einzelnen und nur in Ausnahmefällen billig zu haben. Wie der brillante Architekt einen Bauherrn benötigt, der das geniale Bauwerk finanziert, brauchen kreative Denker und Unternehmer ein gesellschaftliches System, das ihre bahnbrechenden Entdeckungen finanziert.

Risiken und Unsicherheiten geben jeder Sache ihren Reiz. Die höchsten Berge der Welt werden erstiegen, obwohl jeder weiß, daß dort oben nichts Wertvolles für den Verbraucher zu finden ist. Das Weltall wird erforscht, obwohl es sehr unwahrscheinlich ist, daß man dort jemals auf etwas stößt, das für den Verbraucher irgendeinen Wert hat.

Der Mensch will wissen, woher er kommt und wohin er geht. Der Mensch bestimmt seine Zukunft selbst, denn er kann Investitionen tätigen, die eine Zukunft schaffen, die ohne sein Zutun anders ausgesehen hätte. Der Mensch kann seine Spuren in der Geschichte hinterlassen. Wenigen wird es gelingen, daß ihr Name in Erinnerung bleiben wird, doch viele werden an gemeinsamen Projekten teilhaben, an die man sich erinnern wird. Ihr Beitrag zur gemeinsamen Sache war dann ein Schritt in die richtige Richtung – ein Schritt vorwärts.

Große Unternehmen konkurrieren gegen sich selbst. Sie mögen die besten sein, aber sie sind nie gut genug, da sie sich immer verbessern können. In der Geschäftswelt ist die Definition des Wortes »besser« sehr einfach: Besser heißt profitabler. Die besten Firmen sind diejenigen mit den höchsten Gewinnen und der höchsten Marktkapitalisierung.

Das Ziel, besser zu werden, gilt auch für die gesamte Menschheit, aber die Definition von »besser« ist hier weitaus komplexer und schwieriger.

Werden wir Baumeister unserer Zukunft?

In der Geschichte der Menschheit sind dynamische Gesellschaften ebenso zu finden wie stagnierende, untergehende und ausgelöschte Gesellschaften. Die dynamischen, vitalen Gesellschaften verfügen über eine Vision und bauen auf dieser Vision auf. Ihnen gelingt es, die Spannungen beim Schaffen von Wohlstand im Gleichgewicht zu halten.

Diese Gesellschaften wissen auch, daß beim Bau einer Reichtumspyramide jede Ebene Grundlage für die Existenz der nächsten ist. Eine Gesellschaft, die Kreativität akzeptiert, pflegt und finanziert, hält den Schlüssel zum Erfolg im 21. Jahrhundert in der Hand. Die unternehmerische Vision über das, was mit Hilfe der neuen Technologien gebaut werden kann, läßt die Pyramide wachsen. Mit geeigneten Werkzeugen und Fähigkeiten werden neue Bausteine hinzugefügt.

Die Steine dieser Pyramide werden nicht langsam durch Umweltverschmutzung zerstört. Das Endergebnis sind nicht der glitzernde Reichtum an der Spitze der Pyramide und auch nicht die hohen Wachstumsraten der Produktivität in der Mitte der Pyramide. Der wirkliche Erfolg liegt im Erschaffen einer großen Pyramide.

Der Kreis schließt sich nun. Die ersten großen Errungenschaften der Menschheit waren die Pyramiden. Jeder weiß, daß die ägyptischen Monumente zwar für, aber nicht von den Pharaonen erbaut wurden. Die Bauleistung, die wir beim Betrachten der Pyramiden bewundern, wurde von den Sklaven Ägyptens erbracht.

Unsere Bewunderung gilt der gesellschaftlichen Leistung – es mußten ja immense Mengen von Arbeitern organisiert werden – und der individuellen Leistung der Architekten und der Baumeister. Sie trieben das damalige technologische Wissen des Menschen an dessen Grenzen (Wie bewegten sie Steine dieser Größe?). Wir rätseln über ihre handwerklichen Fertigkeiten (Wie gelang es ihnen, Steine dieser Größe so perfekt zu behauen?), wir wundern uns über ihre Transportmittel (Woher kamen mitten in der Wüste diese

Werden wir Baumeister unserer Zukunft?

riesigen Steine?), wir fragen uns nach ihren Werkzeugen (Wie sahen wohl die Werkzeuge aus, mit denen sie diese Steine bearbeiteten und bewegten?) und sind verblüfft bei dem Gedanken, woher der Wohlstand kam, die Pyramiden fertigzustellen (die finanziellen Mittel, um die Arbeitermassen zu ernähren). Es sind die Geheimnisse ihrer Errichtung, die uns faszinieren – und nicht die Tatsache, daß es Grabstätten alter Pharaonen sind.

Auch eine Reichtumspyramide muß gebaut werden. Allerdings unterscheidet sie sich von einer echten Pyramide darin, daß sie dynamisch und nicht statisch ist. Das Äußere, das Innere und die Baumethoden sind ständig im Wandel. Bauten die Menschen heute echte Pyramiden, würden sie anders vorgehen als die Ägypter oder die Mayas. Die wirtschaftliche, die soziologische und die technologische Seite des Pyramidenbaus wären sehr verschieden.

Doch hinter dem Verlangen, eine moderne Reichtumspyramide zu erbauen, steht die selbe menschliche Motivation.

Sind wir in der Lage, etwas zu erschaffen, das gesellschaftliche Organisation und individuelles Genie auf höchster Ebene, fortschrittlichstes Wissen, tatkräftigste Unternehmer, handwerkliches Können höchsten Grades, reinste natürliche Rohstoffe, intelligenteste Werkzeuge und die Mobilisierung unserer gesamten Finanzkraft erfordert? Können wir etwas erbauen, das die Zeit überdauert und in aller Ewigkeit bewundert werden wird?

Das ist die Frage an die großen Baumeister unserer Zeit.

Anmerkungen

1. http://www.centercoin.com/currency information/FAQ/one dollar bill.htm
2. Economist.»Emerging Market Indicators« June 1997 – April 1998.
3. Council of Economic Advisers, Economic Report of the President, 1999. GPO, Washington, page 328.
4. John Plender,»Unbearable lightness of being« Financial Times Dec. 8, 1998, page 15.
5. Financial Times Survey. Jan. 28, 1999, page FT500 23.
6. Economist.»Overworked and overpaid: the American Manager, Jan. 30, 1999, page 58.
7. Ian Fisher and Norimitsu Onishi,»Congo's Struggle May Unleash Broad Strife to Redraw Africa« New York Times. Jan. 12, 1999, page 1.
8. Economist.»Good Fences« Dec. 19, 1998, page 19.
9. Peter Martin,»Gorging on Mergers« Financial Times. Dec. 22, 1998, page 15.
10. Economist.»After the Deal« Jan. 9, 1999, page 21. USA Today.»Next Stop: Western Europe«, Dec. 24, 1998, page 3B.
11. Robert H. Frank, Luxury Fever. The Free Press, 1998, page 115.
12. Boston Globe.»A Jury of the Presidency« Jan. 7, 1999, page 1.
13. Fortune.»Wretched Excess« Sept. 7, 1998, page 124.
14. Robert H. Frank, Luxury Fever. The Free Press, 1998, page 115.

Anmerkungen

15. Stanley Cohen, »Dream On« Boston Globe. Aug. 2, 1998, page C1, C5.
16. Fortune 500, 1960–1998. http://www.pathfinder.com/fortune/fortune500/search.html
17. Economist »Online Sales« Dec. 19, 1998, page 149.
18. Matthew Brelis, »Beyond Lonely: life as a telecommuter« Boston Globe, Focus, C1.
19. Samuel Brittan, »No ›silver bullet‹ exists« Financial Times. Oct. 23, 1997, page 16.
20. Stephen S. Roach, »The Boom for Whom: Revisiting America's Technological Paradox« Morgan Stanley Dean Witter, Economic Research, Special Economic Study, Jan. 9, 1998, page 6.
21. Fortune »How America Stacks Up« Dec. 21, 1998, page 151.
22. Mishel, Bernstein, Schmitt, The State of Working America. Cornell University Press, 1998, page 9, 23.
23. Mishel, Bernstein, Schmitt The State of Working America. Cornell University Press, 1998, page 3.
24. Irwin Steizer, »Are CEOs Overpaid?« The Public Interest. Winter 1997, # 126, page 33.
25. Adam Bryant, »American Pay Rattle Foreign Partners« New York Times, Jan. 17, 1999, Section 4, page 1.
26. Barry Bostworth, »Prospects for Savings and Investment in Industrial Countries« Brookings Discussion Paper # 113, May 1995, page 12, 14.
27. John Plender, »Unbearable lightness of being« Financial Times. Dec. 8, 1998, page 15.
28. Financial Times Survey. Jan. 28, 1999, page FT 500 23.
29. The Nikkei Weekly, »40.65 of smaller companies hit by losses«, Dec. 21, 1998, page 2.
30. Economist. »Chinese Statistics through a glass darkly« Jan. 9, 1999, page 68.
31. Lucas & Harding, »Confidence in China Suffers as full Gitic Debt Revealed« Financial Times. Jan. 11, 1999, page 1.
32. Mark Huband, »Egypt May convert dollar reserves« Financial Times, Jan. 8, 1999, page 2.
33. Masato Ishizawa, »Big Investors Shift Sights to Euro« Nikkei Weekly Jan. 11, 1999, page 1.

Anmerkungen

34. Graham Bowley, »The hard road to Bavaria from Birmingham« Financial Times, Nov. 18, 1998, page 16.
35. New York Times, »US Seeks Input on New Rules for IMF, Oct. 12, 1998, section A, page 10. »As Economies Fail the IMF is Rife with Recriminations« Oct. 2, 1998, section A, page 3.
36. Michael Calabrese, »Should Europe Adopt the American Economic Model« Center for National Policy, Policywire, page 1.
37. Stephen S. Roach, »Global Restructuring: Lessons, Myths, and Challenges« Morgan Stanley Dean Witter, Economic Research, Special Economic Study, June 12, 1998, page 5.
38. Economist. »The Road from Imitation to Innovation« May 18, 1996, page 80.
39. Massachusetts Technology Collaborative, Analysis of the Impact of Federal R&D Investment Scenarios on Economic Growth. July 1998, page 8.
40. Warren E. Leary, »Clinton Seeks $ 170 billion for Research in Budget«, New York Times. Feb. 3, 1998.
41. Reier, Rehak, Sullivan, »The World's Biggest Spenders on Research and Development« International Herald Tribune July 4–5, 1998, page 15.
42. IBID.
43. Economist. »Spending on Information Technology«, Nov. 14, 1998, page 114.
44. Nathan Rosenbert, »Uncertainty and Technological Change« Federal Reserve Bank of Boston, Technology and Growth, June 1996, page 93.
45. Wolfgang Keller, »Trade and the Transmission of Technology« National Bureau of Economic Research, Working Paper Series # 6113, July 1997.
46. Adam B. Jaffe, »Patent Citations and the Dynamics of Technological Change« NBER Reporter, Summer 1998, page 9.
47. Martin Neil Baily, »Panel Discussion: Trends in Productivity Growth« Federal Reserve Bank of Boston, Technology and Growth, June 1996, page 274.
48. Jones & Williams, »Measuring the Social Return to R&D« The Quarterly Journal of Economics. Nov. 1998 # 4, page 1129.
49. Martin Neil Baily, »Panel Discussion: Trends in Productivity

Growth« Federal Reserve Bank of Boston, Technology and Growth, June 1996, page 273.
50. Lester C. Thurow, »Needed: A New System of Intellectual Property Rights« Harvard Business Review, Sept./Oct. 1997, page 95.
51. William J. Broad, »Study Finds Public Science is Pillar of Industry« New York Times. May 13, 1997, page C1, C10.
52. Peter Passel, »The Wealth of Nations: A ›Greener‹ Approach Turns List Upside Down«, New York Times, Sept. 19, 1995, page C12.
53. Nina Munk, »Finished at Forty«, Fortune, Feb. 1, 1999, page 50.
54. Mishel, Bernstein, Schmitt, The State of Working America. Cornell University Press, 1998, page 157.
55. Charles Murray, Income Inequality and IQ. The AEI Press, 1998, page 3, 7.
56. Mishel, Bernstein, Schmitt, The State of Working America. Cornell University Press, 1998, page 228, 230.
57. David McMurray, »Japan's Universities score low on creativity« Nikkei Weekly, Aug. 31, 1998, page 19.
58. US Department of Commerce, Survey of Current Business, »Fixed Reproducible Tangible Wealth in the United States, 1925–1997.« Sept. 1998, vol. 78, page 36.
59. Mishel, Bernstein, Schmitt, The State of Working America. Cornell University Press, 1998, page 275.
60. Statistical Abstract of the United States, 1998, page 555.
61. Kenneth S. Courtis, Deutsche Bank Asia Pacific Global Strategy Research.
62. Economist. »Saving« Jan. 30, 1999, page 109.
63. Boston Globe. »Savings Rate Turns Negative« Nov. 3, 1998, page D–1.
64. Alicia H. Munnell, »Is there a Shortfall in Public Capital Investment? Is there a Shortfall in Public Capital Investment«, Federal Reserve Bank of Boston, June 1990, page 9.
65. Statistical Abstract of the United States, 1998, page 555.
66. http://cgi.pathfinder.com/cgi-bin/fortune/fortune500/f500rank.cgi
67. Sach, Loske, Linz, »Greening the North: A Post-Industrial Blueprint for Ecology and Equity« New Perspectives Quarterly. Spring 1998, page 48.

Anmerkungen

68. Rush Limbaugh, »See, I Told You so«, 1993. http://members.aol.com/jimn469897/ruh.htm
69. Brown & Shogren, »Economics of the Endangered Specie Act«, The Journal of Economic Perspectives. Summer 1998, page 3.
70. New York Times. »Different Places, Different Paces« Oct. 22, 1998 page 21.
71. Economist. »Reforestation Primal Dream« Jan. 9, 1999, page 75.
72. Clifford W. Cobb, »The Roads Aren't Free: Estimating the full social cost of driving and the effects of accurate pricing« Redefining Progress working papers series on environmental tax shifting # 3. July 1998, page 17.
73. Economist. »Fuel Cells Intel on Wheels« Oct. 31, 1998, page 69.
74. Schmalensee, Joskow, Ellerman, Montero, Bailey, »An interim Evalution of Sulfur Dioxide Emmissions Trading« Robert N. Stavins, »What can we learn from the Grand Policy Experiment? Lessons from SO2 Trading« in The Journal of Economic Perspectives. Summer 1998, page 53 and 69.
75. New York Times. »In a Year of Heat Records, October Falls Just Short« Nov. 17, 1998, page D 3.
76. Bill McKibben, »The Future of Population, A Special Moment in History« Atlantic Monthly, May 1998, page 55.
77. Economist, »A Survey: The Deep Green Sea«. May 23, 1998, page 15.
78. David Ham, »Elucidations of Scientific Misconception about Global Climate Change« The Nucleus, Summer 1998, page 28.
79. IBID.
80. IBID.
81. William K. Stevens, »As the Climate Shifts, Trees can Take Flight«. New York Times. March 10, 1998, page C1.
82. Edward N. Wolff, »Recent Trends in the Size Distribution of Household Wealth« The Journal of Economic Perspectives. Summer 1998, page 131.
83. Ladd & Bowman, Attitudes Toward Economic Inequality American Enterprise Institute, 1998, page 14.
84. Federal Reserve Board. »1995 Survey of Consumer Finances«, July 1997.
85. IBID

Anmerkungen

86. Financial Times Survey. Jan. 28, 1999, page FT500 23.
87. Mishel, Bernstein, Schmitt, The State of Working America. Cornell University Press, 1998, page 259.
88. Statistical Abstract of the United States 1998, page 555.
89. Nancy Ammon Jianakopolos, »A Comparison of Income and Wealth Mobility in the United States« Journal of Income Distribution, vol. 5, # 2, 1995, page 216, 217.
90. Edward N. Wolff, »Recent Trends in the Size Distribution of Household Wealth« The Journal of Economic Perspectives. Summer 1998, page 131.
91. Ladd & Bowman, Attitudes Toward Economic Inequality, American Enterprise Institute, 1998, page 110.
92. BID, page 18.
93. IBID, page 52.
94. IBID, page 115.
95. D. Quinn Mills, The IBM Lesson. New York Times Books, 1988. Broken Promises: An unconventional view of what went wrong at IBM. Harvard Business School Press, 1996.
96. David Alan Aschauer, »Why is Infrastructure Important?« Is there a Shortfall in Public Capital Investment, Federal Reserve Bank of Boston. June 1990, page 31.
97. Lester Thurow, towards a High-Wage High-Productivity Service Sector. Economic Policy Institute, 1989.
98. Adam Bryant, »American Pay Rattles Foreign Partners« New York Times. Jan. 17, 1999, section 4, page 1
99. New York Times. »Spreading the Wealth« Oct. 26, 1998, page A10.
100. http://silk.lnih.gov/public/cbz2zoz@www.trends97.rigicdact.fy97.dsncc
101. Economist. »The Chaebol that ate Korea« Nov. 14, 1998, page 67.
102. Lazonick & O'Sullivan, Investment in Innovation. Jerome Levy Economics Institute. Public Policy Brief # 137, 1997, page 12.
103. Ethan Bronner, »Other Nations Edge Past the US on High School Graduation Rates« International Herald Tribune. Nov. 25, 1998, page 2.
104. Lester C. Thurow, Zero Sum Solution. Simon and Shuster, 1985, page 207.

Anmerkungen

105. Schmalensee, Stoker, Judson. »World Carbon Dioxid Emissions: 1950–2050« The Review of Economies and Statistics. Feb. 1998, page 15.
106. Abrahams & Nakamoto, »World Status Begins at Home« Financial Times. Jan. 11, 1999, page 13.
107. Barnaby J. Feder, »Getting Biotechnology Set to Hatch« New York Times. May 2, 1998, page B 1.

Stichwortverzeichnis

Absatz, globaler 44
Abschwung 10, 60
Acer 98
Afrika 60, 75, 181
Aga-Khan-Stiftung 145
Agrargesellschaft 274
Ägypten 87
Akkumulation 199
Aktie und Fond 203
Aktienkapital 246
Aktienkurs 248
Aktienmarkt 10, 24
Aktionär 163, 246, 247
Alleinherstellungsrecht 260
Alpha-Chip 131
Anarchie 237
Angleichung des Lohnniveaus 60
APEC (Asia-Pacific Economic Cooperation) 100
Apple Computer 207
Arbeitgeber 143, 150, 221, 258
Arbeitnehmer 143, 220, 258, 267
Arbeitskraft 142
Arbeitskraft, ungelernte 109
Arbeitskräftepotential 67, 145
Arbeitsleistung 148
Arbeitslosenquote 8, 58, 102, 266
Arbeitslosenversicherung 111
Arbeitslosigkeit 104, 253
Arbeitsmarkt 254
Arbeitsmarktflexibilität 103
Arbeitsproduktivität 52, 54, 55, 103, 212
Arbeitsstundenkonto 89
Arbeitsverhältnis, befristetes 220
Arbeitsverhältniss, projektbezogenes 219
Armut 205
Asien 7, 24, 51, 60, 67, 75, 80, 83, 107, 230
AT&T 20, 39, 171
Atomenergie 185
Atomkraftwerk 219
Aufschwung, wirtschaftlicher 186

Stichwortverzeichnis

Aufstiegschance 148, 205
Ausbeutung 53, 56, 205
Ausbildung 140, 144, 145, 146, 226
Ausbildungssteuer 267
Auslandsmarkt 236
Auslandsstudium 229
Ausschlußmethode 265
Ausschreibung, öffentliche 173
Außenhandelsdefizit 80
Außenhandelsüberschuß 80
Austausch, unternehmerischer 240
Australien 141
Automobilbranche 70, 84, 88, 129, 193, 231

Bangladesch 65
Bank, Schließung von 243
Bankeinlage 203
Bankers Trust 26
Baubranche 218
Belgien 52
Bell Labs 20, 123
Bentley 44
Benzinpreis 184
Bergbau 21, 68, 218
Berufschance 146
Beschäftigung, lebenslange 147, 150
Beschäftigungsproblem 222
Bevölkerungswachstum 183
Bibliothek, elektronische 134, 135, 136
Bildungsniveau 51, 101, 112, 141, 144, 145, 153, 209, 214, 215, 220, 263

Bildungsstätte, gewinnorientierte 47
Bildungssystem 67, 72, 141, 209, 262, 263, 264, 265
Bildungsweg, zweiter 267
Bildungswesen, staatlich finanziertes 140, 152
Billiglohnkraft 106
Billiglohnland 58, 89, 90
Binnenmarkt 59, 250
Biotechnologie 11, 19, 48, 95, 108, 119, 128, 130, 135, 183, 227, 229, 234, 235, 239, 276
BMW 44, 58, 89, 90, 110
Bodenschätze 142
Boeing 121, 137
Börsengewinn 201
Börsenkrach 74, 77, 82
Börsenkurs 159
Börsenmarkt 73, 76, 85
Brasilien 8, 24
Breitbandkommunikationssystem 168
Brennstoff, fossiler 193
Brennstoffzelle 184
British Airlines 172
British Telecom 20
Bruttoertragsrate 168
Bruttoinlandsprodukt (BIP) 9, 52, 60, 77, 88, 100, 102, 145, 158, 163, 179, 246
Bruttosozialprodukt 188
Bürokratie 95, 235, 240

Caymaninseln 46
Chaos 225, 227, 230, 231, 233
Chemieindustrie 32

Stichwortverzeichnis

China 50, 60, 67, 81, 85, 86, 101, 181, 182, 185, 225, 250, 251, 259
Chrysler 26, 44, 45, 75, 162
Coca-Cola 22, 211
Compaq 210
Computerbranche 9, 11, 19, 35, 39, 98, 210, 229
Cowboy-Kapitalismus 24, 107
Cyberspace 31

Darlehen 79
Datenbank 136
Datensystem 135
Datenverarbeitung, elektronische 131, 158
Defekt, genetischer 134
Deflation 88, 89, 91, 92, 104, 244
Dell 210
Demokratie 32, 238
Deregulierung 171, 173, 175
Designerwerkstoff 19, 130
Deutsche Bank 26
Deutschland 32, 33, 34, 45, 58, 69, 95, 99, 102, 110, 112, 115, 120, 123, 145, 161, 163, 168, 179, 235, 256, 257, 266, 268
Devisenmarkt 82
Devisenreserve 79, 82
Dienst, öffentlicher 218
Dienstleistungssektor 51, 88, 143, 218, 219, 220, 221, 262, 268
Dienstleistungssektor, privater 217

Digital Equipment Corporation 131, 210
Diskriminierung 205
Disparität, ökonomische 60
Dollar 87, 88
Downsizing 73, 163, 254
DRAM (dynamischer Speicher) 71, 228, 254
Dritte Welt 8, 9, 60, 85, 86, 137, 143, 204
Dschibuti 185
Durchschnittslohn 110

Ehrgeiz 30, 205, 207
Eigenkapital 79, 163, 245
Eigentum, geistiges 130, 131, 132, 133, 134, 135, 136, 138, 259, 260, 261
Eigentumsrecht 130, 136, 199
Einfluß, politischer 29
Einfuhrbeschränkung 59
Einfuhrzoll 59
Einkaufserlebnis 42
Einkommensdisparität 57, 230
Einkommenseinbuße 58, 88
Einkommensniveau 53, 111, 144, 146, 200
Einkommenssteuerkredit 258
Einzelhandel 40, 131, 243
Einzelkämpfer 264
Elektrifizierung, flächendeckende 34
Elite, kreative 232
Energie 89
Energiegewinnung 184
Energiepreis 179
Energieverbrauch 179

291

Stichwortverzeichnis

Entwicklungsinvestition, private 159
Entwicklungsland 49, 120, 125, 137, 181, 187, 193
Entwicklungsphase, kostenintensive 125, 128
Erdgas 192
Erfindergeist 115
Erfolg 200
Erste Welt 51, 60, 86, 112, 143, 205
Ertrag, volkswirtschaftlicher 126, 127, 212
Ertragsrate 163, 168
Ertragssteigerung 220
Erwärmung, globale 179, 189, 190, 191, 192, 194, 270
Erziehung 145
Etatplanung 169
Euro 87, 100
Europa 8, 9, 18, 24, 45, 51, 58, 60, 66, 87, 98, 100, 103, 104, 106, 107, 110, 111, 113, 122, 152, 159, 161, 181, 209, 221, 252, 256, 257, 259, 263, 264
Europäische Union (EU) 100, 101, 122
Existenzgründung 72, 99, 112, 123, 170, 208, 256
Export 10, 236, 251
Exportüberschuß 99

Faktorpreisausgleich 109
Federal Express 211
Fehlinvestition 170
Fernunterricht 47

FIAT 253
Fijitsu 25
Finanzgesetz 272
Finanzierung, staatliche 129
Finanzierungskosten 126
Finanzkrise 74, 75, 76, 78, 80, 83, 84, 85, 90, 94, 152, 242
Finanzkrise, asiatische 73, 86
Finanzkrise, globale 86
Finanzmarkt 36, 46, 79, 83, 87, 130, 207, 241, 244, 272
Finanzmarkt, globaler 25
Finanzmittel, öffentliche 235
Firma, globale 44, 97
Firmenbeteiligung 203
Firmenkredit 84
Firmenneugründung 59
Flexibilität des Arbeitsmarktes 113
Flexibilität, industrielle 107, 253
Ford 44
Forschung und Entwicklung (F&E) 33, 108, 112, 116, 119, 121, 122, 123, 125, 127, 128, 139, 166, 235, 260, 271
Forschung, angewandte 119
Forschung, genetische 135
Forschung, militärische 120
Forschungsdrang 118
Forschungsetat 123
Fortbildung am Arbeitsplatz 143
Fortbildung, persönlich initiiert 151
Fortbildungsmaßnahme, berufliche 147, 150, 151, 220, 221, 262

Stichwortverzeichnis

Fortschritt, wissenschaftlicher 120
Frankreich 58, 95, 99, 120, 123, 256, 267
Freihandelszone 100
Freizeit 46, 52, 56
Fremdkapitalbasis 245
Führungsmacht, technologische 34, 123
Führungsmacht, wirtschaftliche 234
Führungsposition 47
Fusion 44

Geburtenkontrolle 182, 183
Geheimhaltung 134
Geldpolitik 104
General Electric 39, 108
General Motors 44
Genforschung 119
Genialität, individuelle 118, 231, 280
Genmanipulation 95, 96, 119
Gesamtarbeitsstundenzahl 158
Gesamteinkommen, nationales 67, 110
Gesamtinvestitionssumme 158
Gesamtkosten 173
Gesamtproduktivität 53, 54, 55, 56, 162
Gesamtvermögen 201, 202, 205, 208
Gesamtwirtschaftswachstum 38
Geschäftskultur 45
Geschäftsstrategie 131
Gesellschaft, kreative 116

Gesellschaftsstruktur 65, 66, 242, 259
Gesellschaftssystem 74
Gesundheitswesen 65, 183
Gewinnmaximierung 151
Gewinnspanne 37, 126, 168, 171, 173
Gimbels 59
Glasfaserkabel 124, 168
Glaubensbekenntnis, kapitalistisches 164
Gleichgewichtsrendite 36
Global Player 83
Globales Unternehmen 26
Globalisierung 25, 42, 46, 74, 89, 90, 143, 151
Glück 207, 208
Gold 180
Grenze, technologische 17
Grenzertrag, volkswirtschaftlicher 127
Großbank 24
Großbritannien 34, 58, 68, 69, 89, 99, 108, 184, 206, 232, 256
Großhandel 243
Großkunde 247
Großrechnerindustrie 39
Großunternehmen 121, 209, 236, 247, 253, 254, 256, 259
Grundbesitz 142
Grundlagenforschung 11, 18, 45, 119, 121, 128, 139

Haiti 65
Halbleiterbranche 11, 108, 228
Halbleiterprozessor 185

Stichwortverzeichnis

Handelsdefizit 87, 88, 101, 162
Handelsüberschuß 101
Hardware 123, 163, 207
Hatachi 25
Haushaltsdefizit 161
Haushaltseinkommen 57
Haushaltsüberschuß 83, 269
Heilmittel, genetisches 135
High-Tech-Firma 108, 111, 125, 219, 256
High-Tech-Produkt 105
High-Tech-Region 255
Hitachi 83
Hochenergiephysik 99
Hochlohnsektor 21
Hochschulausbildung 47
Höchstpreis 211
Hongkong 50, 86, 181, 182, 248
Humankapital 142
Hypothek 84

IBM 20, 39, 72, 114, 121, 209, 210
IBM-Großrechner 124, 167, 229
Immobilie 203
Immobilienmarkt 74, 248
Immobilienpreis 75, 76
Import 250
Importwettbewerb 88
Indien 259, 265
Indonesien 7, 60, 80, 94, 250
Industrie, verarbeitende 121, 218
Industrie, wissensbasierte 98, 112, 130, 132, 217

Industriegesellschaft, urbane 183
Industrielle Revolution 17, 259, 274
Industrielle Revolution, dritte 19, 21, 29, 40, 43, 48, 56, 61, 67, 69, 71, 114, 130, 142, 143
Industrielle Revolution, erste 21, 66, 69, 74, 114
Industrielle Revolution, zweite 21, 28, 32, 35, 38, 48, 61, 67, 69, 110
Inflation 9, 55, 89, 92, 104
Informationsgesellschaft 12
Informationsrevolution 12
Informationssystem 135
Informationstechnik 123
Infrastruktur 51, 99, 112, 118, 155, 169, 174, 230, 248, 269
Infrastruktur, öffentliche 158, 174, 214
Infrastruktur, soziale 176
Infrastrukturprojekt 174, 175
Innovation 156
Insiderwissen 82
Intel 39, 71, 121, 131, 210, 211, 254
Intelligenzquotient 144
Internationaler Währungsfond (IWF) 22, 93
Internet 19, 31, 44, 98, 118, 124, 133, 167, 210, 211, 217, 238
Intervention, staatliche 8
Investition 36, 52, 53, 85, 87, 91, 98, 120, 123, 150, 155,

Stichwortverzeichnis

156, 157, 158, 159, 161, 162, 164, 168, 169, 170, 174, 208, 214, 238, 268, 269
Investition, gesellschaftliche 158
Investition, öffentliche 166, 167
Investition, private 168
Investition, zukunftsorientierte 238
Investitionsausgabe 163, 212, 213
Investitionsbereitschaft 156
Investitionsgut 162, 165
Investitionskalkulation, kapitalistische 164
Investitionskosten 126, 127, 174
Investitionsphase 129
Investitionsrate 163, 233
Investmentbank 86
Investor 81
Island 185
Israel 25, 117, 118, 122
Italien 99, 108, 120

Jaguar 44
Jahreseinkommen 199
Japan 18, 25, 40, 52, 58, 60, 66, 68, 71, 73, 75, 76, 77, 81, 82, 83, 84, 88, 90, 93, 94, 100, 101, 111, 115, 120, 141, 152, 159, 161, 163, 179, 206, 209, 225, 228, 229, 231, 235, 242, 244, 245, 249, 250, 251, 263, 264, 266, 268
Jungunternehmer 255, 256

Kabelfernsehen 172
Kanada 50, 60, 141, 192
Kapital 37, 69
Kapital, geistiges 40, 144
Kapitalausstattung 53
Kapitaleinsatz pro Arbeitsstunde 221
Kapitalertrag 109
Kapitalfluß 215
Kapitalintensität 102, 158, 214, 215
Kapitalintensität, weltweite 109
Kapitalinvestition 112
Kapitalismus 32, 74, 129, 142, 152, 155, 156, 157, 162, 164, 165, 166, 178, 193, 199, 234, 235, 238, 240, 245, 246, 249
Kapitalismus, wissensbasierter 13, 136
Kapitalmarkt 46, 82
Kapitalmarkt, globaler 85, 111
Kapitalproduktivität 53
Kapitalzuwachs 213
Karriere, innerbetriebliche 151
Karriere, lebenslange 150
Karrieremöglichkeit 146, 149, 221, 236, 262
Karrierestrategie 147
Katastrophenschutz 193
Kaufkraft 100, 249
Kenntnis, kreative 145
Klima, unternehmerfreundlicheres 252
Klimakatastrophe, globale 178, 189, 191, 192
Klonen 134

Stichwortverzeichnis

Kodak 131
Kohlendioxidemission 193
Kommunikation, globale 47
Kommunikationssystem 167, 186
Kommunikationstechnologie 42
Kommunismus 142, 238, 240
Konditionierung, soziale 165
Konditionierungsfaktor 238
Konkurrenz 240, 241
Konkurrenz, ausländische 59
Konkurs 59, 160, 170
Konsensgesellschaft 249
Konsum 52, 158, 161, 164, 175, 200, 205, 208, 214, 268
Konsum, lebenslanger 164
Konsumverhalten 74, 165
Konsumverzicht 56, 158, 164
Konsumwahn 178, 181
Konsumzwang 160
Konzern, multinationaler 110, 112, 273
Kooperation 240
Kopfarbeiter 150
Korea 72, 80, 83, 84, 108, 111, 231, 247
Korruption 230
Kosten 260
Kosten-Nutzen-Analyse 129, 183
Kostenersparnis 139
Kostenreduzierung 92
Kreativität 30, 101, 116, 118, 138, 141, 152, 225, 230, 231, 233
Kreativität, ökonomische 227, 228

Kreativitätsproblem 76
Kredit 162, 243, 249
Kreditgeber, supranationaler 79, 272
Kreditpolitik 104
Kreditvolumen 80
Kreditzins 79
Kultur 46
Kündigungsschutz 221
Kurs-Gewinn-Verhältnis 81
Kuwait 185

Landwirtschaft 21, 69, 114, 183, 185, 188, 189, 192, 218
Laptop 114, 124
Laser 11, 123, 217
Lateinamerika 60, 75, 204
Lebenserwartung 183, 238
Lebensgewohnheit 35
Lebensstandard 10, 60, 141, 156, 159, 178, 181, 182, 187, 193, 199
Lebensversicherung 203
Lehrplan 152
Leistungsbilanz 99
Leitzinsrate 24
Liquiditätsengpaß 79
Lizenzgebühr 131, 133, 137
Logistiksystem 131
Logistiksystem, globales 43
Lohn, konkurrenzfähiger 256
Lohngefälle 58, 101, 109, 144, 219, 221
Lohnkosten 92, 102, 104, 252, 256
Lohnkürzung 58, 67, 103, 109, 110, 144

Stichwortverzeichnis

Lohnnebenkosten 99, 258
Lohnnebenleistung 110
Lohnniveau 88, 99, 109, 112
Lohnsteuerkredit 252, 253
Lohnzuwachs 144
Low-Tech-Industriezweig 219
Lucent 20, 121
Luxusgut 182, 193
Luxusmarkt 45

Macht 29, 200
Malaysia 80
Markenname 211
Marketing 105
Markt, freier 145, 164, 208, 263
Markt, gemeinsamer 45
Markt, globaler 59
Markt, regionaler 167
Marktanteil 81
Marktidee 235
Marktnachfrage 166
Marktnische 59
Marktpreis 36
Marktsituation, ungleichgewichtige 37
Marktvermögen 52, 53, 57
Marktwert 249
Marktwirtschaft, globale 105
Marktwirtschaft, soziale 252
Marktwirtschaft, wissensbasierte 259
Marshall-Plan 18
Massenentlassung 213, 216, 219
Massenmarkt 45
Mazda 44
Medien, elektronische 47
Meerwasserentsalzung 185

Mehrwertsteuer 257, 258
Mercedes 26, 44, 45, 58, 110, 162
Methan 193
Mexiko 75, 83, 106
Microsoft 39, 121, 130, 207, 210, 211, 226
Mikrobiologie 31, 48, 119, 128, 235
Mikroelektronik 11, 19, 89, 107, 130
Mikroprozessor 39, 72, 114, 211, 228
MIT (Massachusetts Institute of Technology) 70, 255
– Technologien 255
– von gegründete Unternehmen 255
Mitbestimmung 253
Mittelklasse, industrielle 274
Mittelschicht 10, 57, 182, 229
Mittlerer Osten 75
Mobilisierung von Kapital 67
Mobilisierung von Ressourcen 67
Mobilität 266
Mobilität, globale 273
Monopol, natürliches 166, 173, 175
Monopolstellung 170, 260
Monopolstellung, öffentliche 172
Musikbranche 136

Nachahmung 107, 139
Nachfrage 36, 109, 174, 180, 249, 273

Stichwortverzeichnis

Nahrungsmittelindustrie 182
Nahrungsmittelüberschuß 69
Naturkatastrophe 189, 191
Naturwissenschaft 99
Navigationssystem 31
NEC 24
Negativvermögen 202
Negativwachstum 25, 88, 161, 217, 243
Nettoertrag aus Investitionen 127
Nettogläubiger 87
Nettoschuldner 87
Nettosparquote 164
Nettosteuereinnahme 257
Nettovermögen 57, 201
Nettozeitwert, diskontierter 126
Netz, soziales 59
Neugier 118, 156
Niederlande 43
Niedriglohnland 233
Niedriglohnsektor 21, 105, 218
Nikkei Index 76
Nippon Telephone 26, 171, 244
Nissan 25
Nordafrika 106
Norwegen 43
NTT 24
Nullsummengeschäft 160
Nutzen, gesellschaftlicher 260
Nutzungskontrolle 174

Ökonomie, globale 12, 22, 23, 100, 109, 112, 143, 147, 162, 271, 272
Ökonomie, nationale 110

Ökonomie, wissensbasierte 69, 108, 144, 145, 149, 151, 211
Ölbranche 43, 130, 211
Ölkrise 180
Ölpreis 87
Ölvorkommen 119, 179
On-Line-Shopping 12, 40, 42
OPEC 180
Opferbereitschaft 155
Ordnung 117, 118, 225, 228, 230, 232, 233
Ordnung, chaotische 226, 227
Organisation für wirtschaftliche Zusammenarbeit und Entwicklung (OECD) 59, 103
Organisation, gesellschaftliche 280
Osteuropa 99, 105
Outsourcing 90, 219
Ozonloch 270

Patentrecht 125, 131, 132, 133, 260, 261
Patentrechtsverletzung 131
Personalkosten 103
Personalkürzung 146, 150
Pharmakonzern 108
Philippinen 80
Philips 108
Planwirtschaft 240
Polaroid 131
Preis-Leistungsverhältnis 35
Preis/Profit-Verhältnis 36
Preisentwicklung 78, 90, 173
Preisgestaltung 92, 272
Preisindex 88

Stichwortverzeichnis

Preisverfall 79, 90
Prestige 200
Privateigentum 13, 129
Privatinitiative 240
Privatinvestor 167
Privatisierung 172, 175
Privatkonsum 165
Privatvermögen 199, 200, 202, 203
Privatverschuldung 160
Pro-Kopf-Einkommen 60, 106, 233
Pro-Kopf-Ertrag 214
Pro-Kopf-Vermögen 141
Produkt, genmanipuliertes 95
Produktion, globale 44
Produktionsauslagerung 70
Produktionsgüterindustrie 105
Produktionskapazität 90, 163
Produktionskosten 36, 37, 92, 147
Produktionsmittel 129, 132, 157
Produktionspotential 90
Produktionsprozeß 140
Produktionsstätte 147
Produktivität 53, 105, 110, 163, 199, 212, 213, 215, 217, 221, 222
Produktivitätsrückgang 55
Produktivitätswachstum 54, 58, 67, 68, 102, 213, 214, 217, 218, 221
Produktivvermögen 141
Profit 36, 37, 50, 81, 248
Publizieren, elektronisches 136

Qualifikation, berufliche 101, 109, 112, 113, 143, 148, 214, 262, 267
Quersubvention 172

Rationalisierungsmaßnahme 10, 70, 90, 213, 216
Raubkopie 136, 137
Raumfahrt 184
RCA 108
Reaktionszeit 59
Realeinkommen 150
Reallohn 92, 144, 220, 221, 229
Realzins 91, 244
Regierung, globale 271
Regulierung, staatliche 173
Reinvermögen, inflationsbereinigtes 57
Rendite 48, 215
Rentabilität 169, 245
Rente und Pension 203
Rentenversicherung 111
Ressource 53, 56, 76, 117, 157, 158, 177, 230, 233
Ressource, natürliche 111, 179, 182, 187, 188, 189, 194, 199
Reuters 137
Reverse Engineering 132
Revolution, ökonomische 114, 209, 232
Revolution, technische 128
Rezession 74, 86, 152, 250
Rezession, globale 10
Risiko 126, 256, 260, 278
Risikobereitschaft 30, 206, 209, 234

Stichwortverzeichnis

Risikokapital 72
Roboter 217
Robotertechnik 11, 19
Rolls Royce 44, 59
Route 128 116, 125, 255
Rover 44, 89
Royal Dutch Shell 26
Rückkopplungsmechanismus 192
Rückzug, strategischer 105
Rußland 24, 84, 85, 94, 99, 192, 225, 242

Saab 44
Sachanlage 161, 162, 168, 173, 175
Sachinvestition 158
Sachkapital 155, 158, 169, 214
Satellitenzeit 172
Sättigungsniveau 37
Saudi-Arabien 87
Schattenwirtschaft 111
Schiffbauindustrie 231
Schulden 203
Schuldenabschreibung 245
Schuldentilgung 245
Schulpflicht, allgemeine 140, 141, 262
Schwarzmarkt 85
Schweiz 24, 115
Selbstreinigung 188
Selbstzerstörung 48
Shopping, elektronisches 31, 95
Siemens 26, 108
Siemens-Nixdorf 98
Silicon Valley 116, 125, 195, 255

Singapur 67, 117, 136, 181, 233, 268
Skandinavien 111
Skoda 110
Software 109, 123, 131, 207, 229
Softwaremarkt 211
Sozialausgaben 59
Sozialismus 142, 240
Sozialleistung 8, 112, 220
Sozialversicherungsabgabe 256, 257
Spanien 122
Sparanreiz 36, 208
Sparquote 67, 160, 205
Sparquote, nationale 161, 162
Sparquote, negative 159, 160
Spekulant, internationaler 82
Spekulationsgeschäft 249
Spitzenposition, technologische 116, 123
Spitzenposition, wirtschaftliche 107
Spitzenqualifikation 267
Staatsausgaben 77
Städteplanung 31
Stagnation 225, 243
Stahlindustrie 68, 88, 111, 231
Standard 264
Standardisierung 229
Starbucks 49
Stellenabbau 149
Steuer, regressive 258
Steuererhöhung 110
Steuererleichterung 25, 244, 249
Steuerharmonisierung 112

Stichwortverzeichnis

Steuerpolitik 244, 256
Stromversorgung 171
Subvention, staatliche 25, 59
Südamerika 272
Südkorea 121, 181, 263
Super-Computer 43
System, ökonomisches 189
System, sozioökonomisches 190
Taiwan 9, 98, 181
Taiwan-Chinese 106
Team, globales 265
Technologie, neue 37, 38, 41, 48, 51, 68
Technologie, revolutionäre 108, 112, 215
Technologie, wissensbasierte 8
Technologie-Lizenz 131
Teilzeitarbeitsplatz 43, 219, 220, 221
Telefonbranche 211
Telefongesellschaft 172
Telekommunikation 19, 112, 123, 130, 171, 172
Telekommunikationsnetz 168
Telekommunikationssystem 35
Telekommunikationstechnik 11, 19
Tendenz, monopolistische 18, 261
Texas Instruments 131
Textilindustrie 68
Thailand 80
Top-Management 246, 247
Top-Verdiener 262
Toshiba 25, 83
Totalitarismus 238

Transferdenken, wirtschaftliches 50
Transfervorgang 51
Transportsystem 186
Treuhandvermögen 203
Trinkwasserversorgung 182
Tschechei 110

Überkapazität 90
Überlebenskampf 59
Umstrukturierung 70, 75, 77, 210, 244, 268
Umweltschutz 53, 177, 178, 181, 186, 187, 189
Umweltschutz, nationaler 189
Umweltschutztechnologie 183
Umweltverschmutzung 53, 56, 188, 189, 192
Umweltverträglichkeit 183
Ungleichgewicht 48, 208
Ungleichgewicht, entwicklungsbedingtes 49, 51, 207
Ungleichgewicht, soziologisches 49, 207
Ungleichgewicht, technologisches 51, 116, 207
Ungleichgewicht, wirtschaftliches 38
Ungleichgewichtsrendite 36
Ungleichheit 200, 252, 274
Ungleichheit, wirtschaftliche 273
United Parcel 211
Universität, private 262
Unsicherheitsfaktor 126, 149

Stichwortverzeichnis

Unterhaltungselektronik 68, 70
Unternehmen, globales 25
Unternehmen, mittelständisches 59
Unternehmensfusion 26
Unternehmenskrise 80
Unternehmensriese 248
Unternehmergeist 95, 96, 97, 107, 141, 256
Unternehmerpersönlichkeit 112
Unternehmertum 67
Unzufriedenheit 156
Urheberrecht 133, 134, 135
USA 7, 9, 17, 19, 22, 33, 34, 45, 51, 52, 54, 56, 58, 59, 60, 67, 68, 69, 70, 71, 72, 88, 90, 93, 99, 100, 101, 102, 103, 107, 108, 109, 110, 111, 120, 121, 123, 125, 138, 141, 144, 145, 150, 152, 158, 160, 161, 163, 166, 168, 171, 179, 180, 188, 200, 201, 204, 205, 212, 220, 221, 225, 230, 231, 235, 238, 242, 252, 263, 265, 268

Verantwortung 246
Verbraucher 277, 278
Verbrauchsgut 161
Verbrauchssteuer 257
Vereinte Nationen (UN) 22
Vermögensform 203
Vermögensverteilung 201, 202, 204, 206
Vermögenswert 130

Verschuldung 202
Versorgungsunternehmen, öffentliches 171
Vetternwirtschaft 242
Virtuelle Realität 31
Vision, unternehmerische 279
Volksvermögen 201
Volkswagen 44, 110
Vorsprung, technologischer 18, 232
Vorstandsgehalt 58

Wachstum, exportinduziertes 81, 91
Wachstumsmarkt 37, 39
Wachstumspotential 50, 51
Wachstumsrate 36, 37, 38, 48, 86, 114, 212, 222, 251
Wachstumsstrategie 250
Währungsreserve 250
Wall Street 81
Walmart 41
Wandel, sozialer 66
Wandel, technologischer 216
Warenaustausch 240
Warenzeichenrecht 133
Wechselkursrate 272
Wehrtechnik 99
Weiterbildung 124, 151, 228
Welt-BIP 181
Weltbank 22
Weltbevölkerung 182
Welthandelsorganisation (WTO) 22
Weltkonzern 273
Weltmarkt 111
Weltwirtschaft 86, 251

Stichwortverzeichnis

Weltwirtschaft, wissensbasierte 252
Werbung 166
Werkstoffe, neuartige 11, 19, 180
Wertpapier 203
Wertschöpfungskette 36, 209
Wertzuwachs 105
Western Electric 20
Westinghouse 108
Wettbewerb 37, 92, 166, 172
Wettbewerbsvorteil 71, 99, 130
Wirtschaft, geplante 274
Wirtschaft, wissensbasierte 10, 12, 13
Wirtschaftsboom 10, 60, 74
Wirtschaftsmacht, globale 232
Wirtschaftsmanager, globaler 23
Wirtschaftspolitik 93
Wirtschaftssystem, globales 21, 44
Wirtschaftssystem, kapitalistisches 199
Wirtschaftssystem, wissensbasiertes 21
Wirtschaftstheorie 80
Wirtschaftswachstum 8, 32, 53, 60, 67, 86, 101, 102, 105, 164, 177, 181, 186, 187, 212, 217, 250
Wirtschaftswunder 52
Wissen 12, 13, 107, 142, 151
Wochenstundenzahl 220
Wohlstand, allgemeiner 99, 144
Wohlstand, privater 199
Wohlstand, wissensbasierter 13
Wohlstandsexplosion 32
Wohlstandsgeneration 12, 36
Wohnungsbau 161
Wucherzins 79

Yen 87

Zeitarbeit 219
Zentralafrika 65
Zentralasien 119
Zentralbank 104
Zentralrechner 124
Zerstörung, kreative 96
Zinsrate 83, 244, 249
Zukunft 237, 238
Zukunftsangst 10, 158
Zukunftsplanung 221
Zulieferer 79, 236, 247
Zwangssparmaßnahme 230
Zweite Welt 60